此书获国家社会科学基金项目"建立扶贫政策跟踪审计机制研究"资助(项目批准号：17BZZ003)

"建立扶贫政策跟踪审计机制研究" 课题组

负责人：吕劲松

成　员：黄　崐　张金若　刘国城
　　　　孙小丽　曾稳祥　邓世军

国家社科基金丛书
GUOJIA SHEKE JIJIN CONGSHU

新时代扶贫政策跟踪审计机制研究

Research on Follow-up Audits Mechanism of
Poverty Alleviation Policy for New Era

吕劲松　等著

人民出版社

前　言

　　贫困是世界各国共同关注的发展问题,既影响人的尊严和体面生活的权利,其内生的外部性也易引发诸多社会、环境和安全问题。党的十九大报告指出,中国特色社会主义进入新时代,我国社会主要矛盾已经转化为人民日益增长的美好生活需要和不平衡不充分的发展之间的矛盾。让贫困人口和贫困地区同全国一道进入全面小康社会是我们党的庄严承诺。正因如此,摆脱贫困是我国全面进入小康社会进程中面临的重要议题。党的十八大以来,以习近平同志为核心的党中央就扶贫开发工作出台了一系列具有重大历史意义和现实意义的方针政策,这一系列的政策构成了精准扶贫、精准脱贫的完整政策体系。深化扶贫政策跟踪审计,是完善国家扶贫治理体系、更好发挥审计监督重要作用的内在要求。国家制定的"十三五"规划、"十三五"脱贫攻坚规划中也都明确要求审计机关加强对脱贫攻坚政策落实和重点资金项目的跟踪审计。在此背景下,审计署深入贯彻党中央精准扶贫、精准脱贫决策部署,组织全国各级审计机关开展了扶贫政策跟踪审计。

　　2014年以来,审计署持续组织扶贫政策跟踪审计,陆续发现了扶贫政策制定和执行、扶贫资金分配和管理使用项目中存在的一些突出困难和薄弱环节,有力地促进了扶贫政策落实和扶贫资金规范管理,推动加大扶贫开发力度,提高了扶贫资金使用绩效,也推动了扶贫政策的调整完善。从这些年的审计实践情况来看,扶贫政策跟踪审计已经取得显著成效。但由于审计实践时间较短,审计目标思路、内容重点、组织方式、审计方法、成果利用、保障条件等环节,促进审计工作更加有效嵌入国家扶贫政策运行体系,形成有序高效的扶贫政策跟踪审计运行机制等方面,仍然不够成熟到位,亟须改进提升。加之贫困产生的原因受到政治、经济、政策、人口、自然环境、资源禀赋、历史等多方面因素影响,而且这些因素并不是独立地影响着贫困和减贫政策的制定,而是相互作用、相互影响,进而对扶贫政策跟踪审计的绩效也会产生显著影响。基于此种考虑,为制定和完善扶贫政策跟踪审计机制提供科学的政策支持和建议,更好地服务国家治理,由审计署机关党委(巡视办)吕劲松同志牵头主持了国家社会科学基金项目《建立扶贫政策跟踪审计机制研究》(项目批准号:17BZZ003)课题研究,课题组成员包括:重庆大学张金若教授,南京审计大学刘国城教授,重庆市扶贫办孙小丽同志,审计署重庆特派办黄崑、曾稳祥、邓世军同志等相关研究人员。在课题组的共同努力下,历经三年,项目最终圆满结题。研究期间,课题组成员多篇研究成果发表在《财政研究》《审计研究》《会计之友》《当代党员》《中国审计报》等核心期刊和报纸上,其中:《扶贫政策跟踪审计能促进脱贫攻坚吗? ——基于西南四省/直辖市的经验证据》,被《财政研究》2019 年第 5 期作为封面文章采用;《大数据审计的发展态势、总体策划与流程分析》被中国人民大学报刊复印资料《审计文摘》转载。为了更全面地反映研究成果,现将上述研究成果汇总整理并出版。考虑到结构的合理性,我们对相关章节的研究成果进行了整合,最终形成了本书的研究框架。

全书由吕劲松同志拟定总体框架和各章节内容概要,黄崑同志进行了总撰。各章节分工如下:导论由黄崑、张金若撰写;第一章由孙小丽撰写;第二章由吕劲松、张金若、曾稳祥、黄崑撰写;第三、五、八、九章由刘国城撰写;第四章由曾稳祥、符芮三撰写;第六、七章由邓世军撰写;第十章由吕劲松、张金若、黄崑撰写。其中引用的大数据案例由肖敏、杨静和卢阳禄提供。

本课题研究工作在数据收集过程中得到了审计署重庆特派办、成都特派办、昆明特派办，重庆市审计局、重庆市扶贫办，以及四川省、贵州省、云南省、重庆市等四个省（直辖市）扶贫办的大力支持；感谢审计署郝书辰教授、中山大学管理学院谭劲松教授，以及在课题开题过程中审计署农业农村审计司和杰司长、审计科研所姜江华所长、政策研究室籍吉生副主任，重庆特派办一级巡视员赵田录同志，重庆大学经济工商管理学院刘斌教授，重庆市扶贫办原主任刘戈新、副主任莫杰给予的专家咨询；感谢审计署重庆特派办余春萍、赵拓、罗安、黄燕、梁萍、刘玉、李亚捷、陈实、张璐、符昕怡等团队成员给予的支持和帮助。特别感谢重庆市社科联规划办唐旺虎处长对课题研究的全程支持，感谢人民出版社郑海燕编审为本书出版提供的帮助和指导。

　　本课题研究过程中我们以严谨、细致和高度负责的学术态度，力求从长远和总体两方面进行统筹考虑，但由于面对脱贫攻坚的新形势、新情况，新的举措、新的政策不断出台，特别是党的十九届四中全会强调"坚决打赢脱贫攻坚战，建立解决相对贫困的长效机制"，因此，到2020年消除绝对贫困后，在相对贫困还会长期存在的情况下，扶贫工作的重心逐步会由消除绝对贫困转为解决相对贫困问题，探索建立长效机制。我们在新时代乡村振兴战略背景下开展的扶贫政策跟踪审计机制研究，提供的政策建议在未来一段时间仍有一定的针对性和指导性。同时，缓解相对贫困是一项长期任务，面对的新情况新问题还很多，扶贫政策跟踪审计机制研究必须不断完善和探索，特别是在乡村振兴战略背景下，相关部门亟待启动后脱贫攻坚时期新的具有前瞻性、战略性的扶贫审计策略框架才能不断适应时代的发展和变化。鉴于此，恳请各位专家、学者、审计同仁多提宝贵意见，实践发展永无止境，理论创新未有穷期，做审计如此，做学问亦然。

吕劲松

2020 年 9 月 18 日于北京

目　　录

导　　论

第一节　研究背景与意义

一、　扶贫政策的新时代背景

贫困、失业和不平等,被认为是当今世界最突出的三大社会问题,是人类社会面临的严峻挑战,其中居于首位的是贫困。[1] 贫困既影响人的尊严和体面生活的权利,其内生的外部性也会引发诸多社会、环境和安全问题。正因如此,贫困问题成为各国政府和国际社会极为关注的政治议题。2015 年 6 月 5 日,联合国发布《新的征程和行动——面向 2030》(*Transforming Our World by 2030：A New Agenda for Global Action*) 报告,将"消除全球极端贫困"作为 2030 年 17 个总目标中的首个目标。世界银行发布的《2016 年贫困和共同繁荣》报告显示,截至 2013 年,全球有 7.67 亿人口(根据联合国的报告,此前 15 年中有 6 亿人口摆脱了贫困)生活在极端贫困中,极端贫困人口仍占世界总人口比重的 11%,全球摆脱贫困任重道远。

党中央、国务院历来非常重视扶贫工作,历届领导人都大力强调扶贫工作

---

[1]　谭诗斌:《现代贫困学导论》,湖北人民出版社 2012 年版,第 1 页。

的重要性,把它作为政治稳定和社会长治久安的重要安全阀和稳定器。改革开放刚刚起步之时,邓小平同志指出"贫穷不是社会主义,社会主义要消灭贫穷"①。改革开放以来,党和国家将农村扶贫纳入国家整体发展规划,不断推进扶贫开发的理论创新、政策创新和制度创新,总结完善国家扶贫战略和政策体系,扶贫模式和方式日益成熟完善。首先是以体制改革推动扶贫和区域瞄准为重点的救济扶贫模式(1978—1985 年),我国政府将推进农村经济体制改革作为解决农村大面积贫困的主要手段,也就是体制改革推动扶贫,并以区域瞄准为重点,具有民政部门牵头主导救济式扶贫开发的特点。其次是以贫困县瞄准为重点的大规模开发扶贫模式(1986—2000 年),我国扶贫工作实现了由道义性扶贫转变为专项性扶贫,进入了政府主导下有组织、大规模、开发式的扶贫阶段,扶贫开发的瞄准单元确定为国定贫困县。再次是以贫困村瞄准为重点的综合性扶贫模式(2001—2010 年),在保持和改进专项扶贫政策连续性的基础上,国家开始注重以宏观政策视角审视贫困问题,形成了以宏观政策推动和专项扶贫政策为主要动力的综合性扶贫。经过持续不断的努力,我国已成为全球最早实现联合国千年发展目标中减贫目标的国家,为世界减贫事业作出了重大贡献。② 根据《2020 中国统计年鉴》,1978 年中国农村贫困人口达 7.7 亿人,贫困发生率为 97.5%;截至 2014 年年末,农村贫困人口减少为7017 万人,减少人数约 7 亿人,贫困发生率为 7.2%,已下降 90.3%;2019 年年末,农村贫困人口已经下降为 551 万人,贫困发生率仅为 0.6%,人数上比2018 年年末减少了 1109 万人,比率上比 2018 年年末下降了 1.1%。

党的十八大以来,中央提出"两个一百年"奋斗目标,擘画"五位一体"总体布局和"四个全面"战略布局,我国改革发展和社会主义建设事业进入历史新时期。党的十九大报告提出:"中国特色社会主义进入新时代,我国社

---

① 《邓小平文选》第三卷,人民出版社 1993 年版,第 116 页。

② 部分阶段标准来源于曾小溪、汪三贵:《中国大规模减贫的经验:基于扶贫战略和政策的历史考察》,《西北师大学报(社会科学版)》2017 年第 6 期。

会主要矛盾已经转化为人民日益增长的美好生活需要和不平衡不充分的发展之间的矛盾。""让贫困人口和贫困地区同全国一道进入全面小康社会是我们党的庄严承诺。"可以看到,党的十八大以来,我国在扶贫领域取得了巨大成就。党的十八大以来,根据我国现行贫困标准,农村贫困人口规模已经由2012年年底的9899万人显著下降为2019年年底的551万人,累计减少9348万人,贫困发生率也从2012年年底的10.2%逐步降为2019年年底的0.6%。当然,我国的扶贫工作还面临一些严峻挑战,"农村空心化""农业边缘化""农民老龄化"等新"三农"问题①依然比较突出,并和贫困问题互为因果、相互交织。脱贫领域"低垂的果实"已基本摘尽,相对贫困问题逐渐凸显,深度贫困地区已进入攻坚阶段。同时,贫困问题的特点也发生了重要变化:从原来普遍的经济落后致贫为主演变为相对资产和福利剥夺致贫为主;从原来的长期性贫困为主演变为暂时性贫困为主;从原来的外部因素致贫为主演变为内生因素致贫为主。②

针对扶贫开发面临的新形势,以习近平同志为核心的党中央就扶贫开发工作的诸多问题、难关出台了一系列具有重大实践意义的方针政策,这一系列的政策成功构建了精准扶贫、精准脱贫的完整战略体系。特别是,习近平总书记在2015年中央扶贫开发工作会上指出"消除贫困、改善民生、逐步实现共同富裕,是社会主义的本质要求,是我们党的重要使命"③。2015年11月,《中共中央 国务院关于打赢脱贫攻坚战的决定》提出,到2020年,稳定实现农村贫困人口"两不愁三保障",确保现行标准下农村贫困人口实现脱贫,贫困县整体摘帽,解决区域性整体贫困。为确保如期实现扶贫战略目标,中央提出了精准扶贫、精准脱贫基本方略,其基本要求与主要途径是"六个精准"和"五个

①　廖彩荣、陈美球:《乡村振兴战略的理论逻辑、科学内涵与实现路径》,《农林经济管理学报》2017年第6期。

②　曾小溪、汪三贵:《中国大规模减贫的经验:基于扶贫战略和政策的历史考察》,《西北师大学报(社会科学版)》2017年第6期。

③　《习近平谈治国理政》第二卷,外文出版社2017年版,第83页。

一批"。国家扶贫工作进入精准扶贫、精准脱贫的攻坚阶段。

二、 实施扶贫政策跟踪审计是党和人民交给审计机关的重要政治任务

深化扶贫政策跟踪审计,是完善国家扶贫治理体系、更好发挥国家审计监督重要作用的内在要求。2015 年 11 月 27 日,习近平总书记在中央扶贫开发工作会议上指出:"要加强扶贫资金阳光化管理,加强审计监管,集中整治和查处扶贫领域的职务犯罪,对挤占挪用、层层截留、虚报冒领、挥霍浪费扶贫资金的,要从严惩处!"①《中共中央 国务院关于打赢脱贫攻坚战的决定》明确提出,加强审计等工作,建立扶贫资金违规使用责任追究制度;中华人民共和国国民经济和社会发展第十三个五年规划纲要、"十三五"脱贫攻坚规划等也都明确要求加强对脱贫攻坚政策落实和重点资金项目的跟踪审计。特别是2018 年 6 月印发的《中共中央 国务院关于打赢脱贫攻坚战三年行动的指导意见》对今后三年脱贫攻坚作出全面系统部署,对扶贫政策跟踪审计工作提出了新的更高的要求。实施扶贫政策跟踪审计是党和人民交给审计机关的一项重要政治任务,审计是党和国家监督体系的重要组成部分,各级审计机关必须要以强烈的政治责任感、高度的历史使命感和职业荣誉感,把这项任务落实好。

国家审计作为国家政治制度安排,是国家治理的重要组成部分。2014 年10 月,国务院下发《关于加强审计工作的意见》,提出审计机关要对国家重大政策措施和宏观调控部署落实情况进行跟踪审计,发挥审计促进国家重大决策部署落实的保障作用。2015 年 12 月印发的《中共中央办公厅 国务院办公厅关于完善审计制度若干重大问题的框架意见》,要求对公共资金、国有资产、国有资源和领导干部履行经济责任情况实行审计全覆盖。2014 年年底以

---

① 《习近平关于社会主义经济建设论述摘编》,中央文献出版社 2017 年版,第 228 页。

来,审计署组织开展地方贯彻落实国家重大政策措施情况跟踪审计,为保障中央重大决策部署、推动经济社会和谐可持续发展、促进党中央宏观调控政策的具体落实,均发挥了不可或缺的推动作用。在这种背景下,根据中华人民共和国审计署官网发布的《2016 年第 7 号公告:审计署关于 40 个县财政扶贫资金的审计结果》,2016 年 2 月至 4 月,审计署在 2013 年至 2015 年间对河北等 17 个省、直辖市的 40 个县、区(其中国家扶贫开发工作重点县 26 个)的财政扶贫资金管理使用情况进行了审计,发现这些地区扶贫资金管理使用过程中的一些违规违法事实,包括长时间闲置资金 8.43 亿元、骗取套取资金以及使用用途不合规定的资金 1.38 亿元、已经投入但未能发挥其预期效能的低效率投入资金 2.99 亿元,对贫困人口建档立卡程序重视程度不够也导致了部分扶贫资金未能得到合理分配。此后,审计署开始对贫困地区持续组织扶贫政策跟踪审计,陆续发现了扶贫政策执行、扶贫资金分配和管理使用项目中的一些问题,有力地促进了扶贫政策落实和扶贫资金规范管理,推动加大了扶贫开发力度,提高了扶贫资金使用绩效,也推进了扶贫政策的调整完善。

三、 扶贫政策跟踪审计机制亟待完善

尽管扶贫政策跟踪审计已经取得显著成效,但由于实践时间比较短,审计目标、审计思路与审计方式方法仍然不成熟,亟须改进,主要体现在"五多五少":一是审计中关注资金管理使用较多,关注扶贫政策总体落实情况较少;二是关注重大违规违纪问题线索较多,评价扶贫工作整体成效和脱贫攻坚长效机制建立情况较少;三是关注问题结果较多,研究致贫、返贫原因较少;四是关注财政扶贫政策实施情况较多,统筹关注财政、金融、土地、环保、社会扶贫政策实施情况较少;五是关注专项扶贫政策跟踪审计较多,与其他类型审计协同较少。此外,在审计实施过程中,还存在审计力量投入不均衡,对深度贫困地区和贫困县以外贫困人口的脱贫攻坚情况监督不够,审计发现问题督促整改机制不够完善,审计质量和效率有待进一步提高等问题,与党中

央、国务院对审计工作的期望和要求还有较大差距。归纳起来主要存在以下两点不足：

一是扶贫政策制定环节，扶贫政策跟踪审计具有明显的"滞后"特征，对政策制定过程保持应有的关注度不足，预防性功能缺位。

政策制定的科学性、可操作性是政策生命力的核心要素，也是政策实施绩效的有力保障。中国幅员辽阔，各地情况千差万别，扶贫政策要科学、可行，就必须尽可能地考虑到各层级扶贫实施主体在执行过程中面临的政治、经济、文化、地理甚至乡土文化等因素。深究近几年扶贫政策跟踪审计发现的产业扶贫项目屡屡出现失败、资金损失的原因，可以发现，一些地区在扶贫政策的制定上，忽略了各地自然环境、气候、市场、区位等因素。尤其是在选择扶贫开发项目上，政策制定前期调研、论证不充分，盲目照搬其他地方的经验和做法是导致扶贫项目失败的深层次原因。从审计监督的角度来看，往往是扶贫项目完工后，审计机关才开展审计，对政策前期制定和项目论证阶段，审计机关缺乏审计监督意识，导致国家审计的预防性作用没有得到充分发挥，一定程度上影响了扶贫政策目标的实现。

二是在扶贫政策执行环节，审计全覆盖有待进一步加强，揭示性功能不足。

在我国现行扶贫治理结构中，从横向来看，扶贫资金、扶贫项目分配、管理涉及的部门包括各级财政、发展改革委、扶贫办、农业、民宗委等多个部门；从纵向来看，资金使用从中央到省、市、县，再到具体实施的镇、乡直至农户，涉及落实扶贫政策的资金呈现出点多、面广、分散、交叉、链条长等网状特点。由于审计资源、技术方法手段有限等原因的制约，在短时间内难以做到所有扶贫政策、项目和资金的审计全覆盖，因此，在时间紧、任务重的情况下，审计关注单项扶贫政策和个案较多，难以对扶贫政策落实的整体成效和脱贫攻坚长效机制的建立情况进行全面绩效评价。

四、　扶贫政策跟踪审计的学术研究亟待突破

在扶贫政策跟踪审计方面,从总体上看,由于政治体制、经济体制的不同,国内学者对扶贫政策跟踪审计的研究较国外学者活跃,研究的视角也更为多元化。通过文献检索,国外学者几乎没有和国内研究同口径可比较的扶贫政策跟踪审计,而是主要围绕绩效审计展开。

随着国家扶贫政策不断深入,国内越来越多的学者开始从审计的视角研究扶贫政策,取得了丰硕的研究成果。李渊文(2010)以 C 市扶贫资金审计监督为例,就扶贫资金安排使用情况、审计监督现状、审计监督效果评价及其局限性等方面进行了阐述,提出了扶贫资金审计监督机制的创新目标思路与路径。[①] 陈新秀(2016)提出政府扶贫政策跟踪落实审计是财政扶贫资金不可缺少的外部监督机制,并论证了扶贫绩效审计的效率性和效果性。[②] 李军(2016)提出针对审计发现的虚报冒领、挤占挪用、管理不规范等问题,扶贫资金审计要从优化资金审计的角度入手。[③] 李鹏杰(2016)以财政扶贫专项资金为切入点,提出了完善我国扶贫专项资金审计法律制度建设、建立健全绩效审计评价体系等建议。[④] 刘静(2016)针对扶贫资金使用效率低下以及挤占挪用、贪污腐败等行为,分析认为我国扶贫资金审计在目标、内容、方法、成果利用、信息公开、制度建设等方面存在一些不足。[⑤] 胥毅(2016)提出新常态、新理念下,精准扶贫政策落实跟踪审计重点要关注财政涉农资金统筹使用、推进"扶贫精准度"的提升等。[⑥]

---

① 李渊文:《我国扶贫资金审计监督机制创新研究——以重庆市扶贫资金审计监督为例》,西南大学 2010 年硕士学位论文。
② 陈新秀:《财政扶贫资金绩效审计探究》,《时代金融》2016 年第 26 期。
③ 李军:《国家扶贫资金审计监督的深化探讨》,《现代经济信息》2016 年第 3 期。
④ 李鹏杰:《浅谈财政扶贫专项资金绩效审计》,《财会研究》2016 年第 6 期。
⑤ 刘静:《完善扶贫资金审计的对策研究》,《审计研究》2016 年第 5 期。
⑥ 胥毅:《新常态、新理念下精准扶贫政策落实跟踪审计研究》,《审计与理财》2016 年第 10 期。

纵观国内现有扶贫政策跟踪审计研究,还存在一些不足。一是研究方法比较单一。现有研究主要针对某个地区、某项具体政策或某项资金展开,实务性研究较多,理论性研究偏少,缺乏横向和纵向之间的比较研究。定性研究比较多,定量研究比较少,缺乏宏观经济理论、政策评估理论以及大数据思维,未对扶贫政策的效果进行精准测定,不能比较全面、准确地反映扶贫政策的效果。二是研究内容还不完整。现有扶贫政策跟踪审计研究主要集中在重大扶贫政策、重点资金和社会关注较多的领域,对扶贫政策跟踪审计的基础研究还不深入,如扶贫政策跟踪审计背后的制度基础、功能定位、作用机制、国内外比较研究等还比较缺乏。三是碎片化研究比较多,综合性研究比较少。现有研究大多从扶贫政策跟踪审计的某一个角度切入,研究相对零散,系统性不足,缺乏对贫困成因、扶贫政策、扶贫政策跟踪审计等方面系统性、深入性的分析。四是创新性不够强。针对扶贫政策跟踪审计,现有文献主要站在传统审计的视角。新形势下,加强审计与扶贫政策相结合,突出审计在促进国家治理体系和治理能力现代化方面的研究还不够。

研究扶贫政策跟踪审计机制创新,对于改进扶贫政策跟踪审计方式、推动完善国家扶贫治理体系,进而促进精准扶贫、精准脱贫目标实现具有现实紧迫性。同时,即使我国于 2020 年如期实现现行标准下贫困人口全部脱贫,但由于经济社会发展不完全均衡等客观环境制约,相对贫困的问题在较长一段时期内将依然存在,因而本书的研究也具有深远的未来价值。

第二节　研究内容与研究方法

一、 总体研究目标

本书的研究对象与总体目标是:着眼于中央脱贫攻坚战略落实,立足于我国贫困人口分布状况及成因,在梳理国家扶贫政策体系与运行机制的基础上,结合国家审计基本职能,厘清扶贫政策跟踪审计的功能定位与作用机理,研究创新审计目标思路、内容重点、组织方式、审计方法、成果利用、保障条件等,促进审计工作更加有效地嵌入国家扶贫政策运行体系,形成有序高效的扶贫政策跟踪审计运行机制,包括目标瞄准机制、审计计划机制、组织实施机制、成果利用机制、审计保障机制,推动优化国家扶贫治理体系,促进精准扶贫、精准脱贫,确保如期全面建成小康社会。

二、 研究的具体内容

为了实现上述目标,本书分成导论和十章。

导论。本部分主要阐述研究背景与意义、研究内容与研究方法,并简要概括本书的贡献与不足。

第一章,贫困理论及我国扶贫政策演变与实践。本章首先探索贫困的主要类型、与贫困根源相关的主要理论以及贫困的基本属性;接着,阐述党的十八大前我国扶贫历史及政策演变,包括计划经济下的广义扶贫期、经济体制改革引发的大规模缓解贫困期、农村贫困人口稳定减少阶段、解决农村贫困人口温饱问题重要阶段、加快推进社会主义现代化建设的新的发展阶段等五个阶段贫困政策的历史演变;最后,针对党的十八大以来扶贫开发进入精准扶贫新阶段,系统阐述精准扶贫战略的提出,精准扶贫战略的目标任务、基本要求及主要做法等,并从战略目标、扶贫形式、扶贫方式、扶贫对象、扶贫主体等多角度阐述新时代精准扶贫创新实践以及取得的巨大成效。

第二章,扶贫政策跟踪审计理论、实践与效果。本章首先阐述现行扶贫政策跟踪审计的理论与实践情况。扶贫政策跟踪审计属于政策落实跟踪审计的组成部分,扶贫政策跟踪审计理论研究也应超越单纯研究扶贫审计的窠臼,从政策落实的视野进行研究,才能从根本上把握扶贫政策跟踪审计的规律。因此,本章首先从政策落实跟踪审计、绩效审计、扶贫政策跟踪审计等梳理相关研究。然后,介绍了精准扶贫、精准脱贫基本方略实施以来,扶贫政策跟踪审计取得的显著成效。特别是，对扶贫政策跟踪审计效果进行实证检验。采用实证研究方法，以我国西南四省（直辖市）的国定贫困县的扶贫及其政策落实跟踪审计 2013—2017 年数据，实证考察扶贫政策及其跟踪审计的实施效果。只有精准把握扶贫政策及其跟踪审计的实施效果，挖掘扶贫政策跟踪审计取得的成绩和存在的不足，才能有的放矢地对如何妥善组织并稳步实施扶贫政策跟踪审计的过程进行改进，并在此基础上对扶贫政策跟踪审计的革新性发展提出切实可行的科学方案。

第三章，新时代扶贫政策跟踪审计运行机制分析。在前述章节实证我国扶贫政策跟踪审计成效和问题的基础上，本章转入对新时代扶贫政策跟踪审计运行机制的分析。本章将重点研究扶贫政策"精准性"审查、扶贫资金"安全性"审查以及扶贫项目"绩效性"审查三项内容的审计运行机制。这三者在审计的对象、过程和方法等方面具有较大程度的交融性，但是在审计的目标、思路和程序等方面却存在差异，因此，本章对这三项内容展开并行研究，并结合案例予以阐释，分析这些审计运行机制的落实情况。

第四章，新时代扶贫政策跟踪审计保障机制分析。科学的审计运行机制，离不开健全的保障机制。组织事业运行保障基础包括组织实施保障、技术方法保障、资源投入保障和质量控制保障，本章也将围绕这四个方面展开说明。首先从内部组织领导机制和外部联合监管机制入手分析组织实施保障；从人才队伍建设、时间资源以及经费资源角度分析资源投入保障机制。在技术方法保障方面，主要从扶贫政策评估方法、扶贫资金总体投向分析方法、实地调查方法视角分析审计方法体系的优化问题，后续章节还将专门论述大数据分析方法。最后，从扶贫政策落实跟踪审计质量控制面临的困难与挑战出发，剖析审计质量控制机制的创新与完善。

第五章，新时代扶贫政策跟踪审计评价机制分析。跟踪评价是对审计客体所实施的综合性鉴定，但是，当前，我国扶贫政策跟踪审计评价机制的研究与实践都仍处于探索阶段。本章将以审计事实为基础，围绕合理设计评价指标体系、科学构建评价过程与方法、集聚各类评估数据，探索扶贫政策跟踪审计评价工作问题。

第六章，新时代扶贫政策跟踪审计整改机制分析。只有被审计单位确实根据扶贫政策跟踪审计所揭示的问题进行整改，才能确实提高扶贫管理水平和扶贫效能，从而达到扶贫审计的目的。因此，本章重点研究扶贫政策跟踪审计整改机制，探讨了整改机制的构成要素，现行整改机制的不足及成因，在此基础上提出完善扶贫政策跟踪审计整改机制的路径措施。

第七章，新时代扶贫政策跟踪审计问责机制分析。审计工作属于问责环节，新时代扶贫政策跟踪审计的问责机制，要求被审计单位及相关主体对履职情况给予说明解释，并对不良后果承担责任。本章将分析新时代扶贫政策跟踪审计问责的政治基础及现实意义、问责面临的重要挑战，在此基础上探讨完善新时代扶贫政策跟踪审计问责长效机制的框架设计。

第八章，新时代扶贫政策跟踪审计服务机制分析。服务和制约都是国家审计发挥作用的两个方向。本章将探讨扶贫政策跟踪审计如何发挥好服务功能，构建有力的服务机制，以推广扶贫政策过程中成功的典型做法和先进经验，发现和纠正扶贫政策及落实过程中的缺陷或不足。为此，本章首先介绍扶贫先进经验的推广、扶贫实践效果的应用；接着分析如何开展政策评估，以推进政策措施的科学性和可行性；最后，研究健全精准扶贫的体制与机制问题。

第九章，大数据技术在扶贫政策跟踪审计中的应用。大数据给新时代扶贫政策跟踪审计带来前所未有的挑战，审计人员如何将结构化数据与非结构化数据相融合，如何在 PB 量级数据中快速而精准地提取有价值的信息，如何习惯并熟练地获取及处理非结构化数据，这些都是"大数据驱动的扶贫政策跟踪审计"中亟待解决的难题。因此，本章将结合实际案例，对新时代扶贫政策跟踪审计创新机制如何在大数据条件下落地生根进行研究。

第十章，研究结论与展望。作为国家社会科学基金项目资助课题的最终成果，本书尤其注重研究结论的政策价值。本章将在梳理全书主要结论的基础上,针对扶贫政策跟踪审计提出具有操作性的政策建议,探讨若干重要的未来设想。

三、 研究方法

在研究方法上,将采用以定性研究为主,定性研究与定量研究相结合的方法,具体如下:

一是文献研究法。将综合梳理并在此基础上研究国内外众多学者有关扶贫政策跟踪审计、贫困成因及贫困政策等相关主题的文献,梳理我国贫困人口分布及成因,掌握扶贫政策历史沿革特别是精准扶贫政策内涵,厘清扶贫政策跟踪审计的功能定位,为探析扶贫政策跟踪审计作用机理与运行体系奠定基础资料与基本理论基础。

二是调查研究法。依托政策跟踪审计实践平台,与地方政府、扶贫主管部门、相关专业机构开展座谈,获取扶贫政策实施的基础资料,深入农村实地考察扶贫政策落实成效与难点。

三是实证研究法。通过梳理扶贫政策跟踪审计实施数据、审计结果公告数据、扶贫政策体系基础数据,构建扶贫政策跟踪审计实证模型,检验审计方式、审计投入与审计效果之间的关系。

四是系统研究法。以系统论原理为基础,将扶贫政策跟踪审计置于国家扶贫治理体系、扶贫政策运行体系中进行系统研究,运用马克思主义政治经济学、制度经济学、公共政策评估理论对审计作用机理、审计运行机制进行多维度、多角度研究。

第三节　贡献与不足

第一,首次采用实证研究方法,科学检验了扶贫政策跟踪审计的实施效果及其存在的不足。本书第一次利用手工收集的我国西南四省(直辖市)

2013—2017 年国定贫困县的扶贫及扶贫政策跟踪审计的相关数据,检验了扶贫政策及其跟踪审计的绩效。

第二,辩证地认识扶贫政策跟踪审计的积极成效及其存在的不足。根据实证研究结论发现,扶贫政策跟踪审计有助于发现扶贫政策执行过程中存在的一些违规违纪问题的线索和管理不规范的情况,但是,由于审计实践时间还比较短,审计目标、思路与方式方法等仍然不够成熟,存在的不足重点体现在两个方面。其一,扶贫政策跟踪审计具有明显的"滞后性",较少参与到政策前期制定和项目论证阶段过程,对政策制定过程缺乏必要的和充分的关注。其二,扶贫政策跟踪审计的"跟踪"成色不足,目前的监督过程主要为事后审查,而这并不能达到管理人员所预期的扶贫资金使用效率明显提升的效果,审计人员应考虑将扶贫政策跟踪审计真正嵌入到扶贫政策的执行过程中,真正实现"事前、事中和事后"审计的有机整合,实现"全覆盖"审计。

第三,基于大数据时代背景,从多学科融合视角,正确把握了大数据审计的发展态势,在扶贫政策跟踪审计的顶层设计与全局规划过程中,将大数据关键技术全面融合于扶贫政策跟踪审计的全生命周期流程,形成了"风险→取证→预警→防御"的前后逻辑关联,进而由单一目标决策转换为高度融合的全系列目标决策,丰富了以往扶贫政策跟踪审计研究的单一范域,为新时代扶贫政策跟踪审计实务,组织开展扶贫政策跟踪审计提供"一站式"服务与"全覆盖"支持,深化问题解决方案,促进多轮驱动,全局共筑合力。

第一章　贫困理论及我国扶贫政策演变与实践

第一节　贫困内涵及主要理论依据

自人类进入文明社会以后,贫困一直以一种社会现象长期存在,因概念上难以把握,人们往往从感性上进行认识,很难进行明确定义。《说文解字》中将"贫"释义为"财分少也",《广雅·释诂四》将"困"释义为"穷也","贫困"一词便一直用来形容人们处于财物极为缺乏的艰难窘迫境况。① 美国经济学家萨缪尔森(Samuelson)在其著作《经济学》中表示,"贫困是一个难以捉摸的概念,对不同人意味着不同的事情"。随着社会发展进步,对贫困问题展开研究越来越被重视,近100年来许多学者分别从经济、政治、文化、环境以及收入、能力、权利等视角提出不同看法。英国汤森(Townsend)在《英国的贫困:家庭财产和生活标准的测量》中提出"那些缺乏食物、缺少参加最基本的社会活动和最低生活条件资源的个人、家庭和群体就是所谓贫困"。欧桑斯基(Orshansky)、拉瓦雷(Ravllion)等从收入的视角认为"贫困的产生主要是源于收入和物质资源的可获得性,当个人、家庭和群体缺乏必要的资

---

① （东汉）许慎:《说文解字》,吉林美术出版社 2015 年版,第 522 页。

源但又无法获得物质生活资料及基本社交条件时,就产生了贫困"。阿玛蒂亚·森(Amartya Sen)、世界银行从能力的视角对贫困进行了界定,指出贫困是一种"缺少达到最低生活水准的能力,贫困的根源往往是因为能力不足"。国内学者康晓光(1995)认为"贫困是人的一种生存状态,在这种生存状态中,人由于不能合法地获得基本的物质生活条件和参与基本的社会活动的机会,以至于不能维持一种个人生理和社会文化可以接受的生活水准"。童星、林闽钢(1994)等认为"贫困是经济、社会、文化落后的总称,是由低收入造成的基本物质、基本服务相对缺乏或绝对缺乏以及缺少发展机会和手段的状况"。也有部分学者认为贫困问题是由政治、经济、社会、文化等多种要素影响形成的综合现象,是一个动态的概念。总体上,目前对贫困的定义,普遍认为是指在特定的社会背景下,部分社会成员由于缺乏必要的资源,在经济上或精神上的贫乏窘困,是在物质世界和精神世界都存在的综合现象。

一、 贫困的主要类型

(一)按照贫困标准,可分为绝对贫困和相对贫困

较早提出"绝对贫困"和"相对贫困"概念的是英国企业家本杰明·西伯姆·朗特里(Benjamin Seebohm Rowntree),他在1901年出版的《贫困:城市生活的研究》(Poverty:A Study of Town Life)一书中提出"一个家庭其所拥有的收入不足以维持其生理功能的最低需要即为贫困,这种最低需要包括食品、住房、衣着和其他必需品"。同时,他还估计了一个最低生活支出线(即贫困线),为此后的贫困计量研究奠定了基础。绝对贫困又称生存贫困,是指在一定条件的生存背景和生活方式下,个人和家庭依靠其劳动所得和其他合法收入不能维持其基本的生存需要,这样的个人或家庭就被称为贫困人口或贫困户。相对贫困也叫相对低收入型贫困,是指在特定的生存背景和生活方式下,

依靠个人或家庭的劳动力所得或其他合法收入虽能维持其食物保障,但无法满足在当时条件下被认为是最基本的其他对于物质和精神层面需求的状态①,相对贫困是动态的长期的过程。2020 年全面打赢脱贫攻坚战后,我国的绝对贫困问题将全面解决。但是随着人们生活水平的提高和收入的增加,收入差距拉大,相对贫困问题仍会逐渐显现。

(二)贫困根据内涵可分为广义贫困和狭义贫困

狭义的贫困是指在一定的社会生产方式下,不能满足最基本的生存需要,生命的延续受到威胁。从满足人的生理需要的意义上来说,缺乏维持生理需要的最低生活标准就是贫困。广义的贫困包括除了最基本的生存需要以外,还将文化、环境、社会等因素考虑在内,比如文化教育水平、医疗卫生保障状况、基础设施构建情况、人口预期寿命等,其包含的内涵远远大于狭义贫困的范围。《2000/2001 年世界发展报告》对贫困进行了广义定义,认为贫困除了物质上的匮乏、低水平的教育和健康外,还包括风险和面临风险时的脆弱性,以及不能表达自身的需求和缺乏影响力。②

(三)贫困依据成因可分为普遍性贫困、制度性贫困、区域性贫困和阶层性贫困

普遍性贫困,是指因为经济和社会的发展水平较低,从而无法满足人们的需求所造成的贫困。例如原始社会,由于当时还未形成真正意义上的社会,人们的生产力水平低,也没有充分发挥人类的生产力,再加上食物十分匮乏,最基础的填饱肚子都是奢求,因此这就是一种社会普遍贫困状态。制度性贫困,

---

① Yamamori, T., "The Smithian Ontology of 'Relative Poverty': Revisiting the Debate between Amartya Sen and Peter Townsend", *Journal of Economic Methodology*, 2019, 26(1).

② World Bank, *World Development Report 2000/2001: Attacking Poverty*, Oxford, England: Oxford University Press, 2001.

是由于社会经济、文化、政治、生存环境制度导致生活资源分配不平等,所造成的某些区域、社会群体处于贫困状态。正如马克思认为无产阶级的贫困根源就是资本主义制度,在资本主义私有制下,工人被榨取剩余价值,最终导致失业和贫困。区域性贫困,是指某些地区由于自然环境恶劣,加之社会发展水平低下所导致的一种贫困现象。例如,我国农村贫困就是典型的区域性贫困,主要分布在一些自然条件相对恶劣的偏远地区。阶层性贫困,是指某些个人、家庭或社会群体由于受教育程度较低、家庭缺少劳动力、缺少必要的社会关系等原因而导致的贫困。

二、 贫困根源的主要理论研究

致贫原因是贫困发生的关键。解决贫困问题,必须搞清楚致贫原因,才能有的放矢、药到病除。从宏观角度看,贫困是社会制度、经济水平、资源要素、自然环境等多因素造成的结果;从微观角度看,贫困更多与个人家庭经济条件直接相关。对此,经济学家有多种理论分析。

(一)马尔萨斯的人口理论

英国经济学家马尔萨斯(Malthus,1798)认为,有限的生产生活资料无法满足持续增长的人口规模最终会导致贫困产生,且贫困是无法彻底消除的。20世纪末,西方人口理论界对马尔萨斯的理论进行了修正,提出人口规模是产生贫困的重要原因,而非唯一因素,解决贫困问题的根本在于科技创新带来的经济增长而非人口抑制。

(二)发展经济学的投资不足理论

美国经济学家拉格纳·纳克斯(Ragnar Nurkse,1953)认为,许多发展中国家无法摆脱贫困的根本原因,在于存在两条恶性循环链,即供给端的"低收入→低储蓄能力→低资本形成→低生产率→低产出→低收入",以及需求端的"低收入→低购买力→投资引诱不足→低资本形成→低生产率→低产出→低收入"。只有在资本供给上下功夫,通过增加储蓄、扩大投资,才有机会实现快速发展、摆脱贫困。美国经济学家纳尔逊(Nelson,1956)认为,人口自然增长率高于人均收入增长率会导致生活水平下降,从而产生贫困。要突破这一陷阱,必须通过大规模投资,促进经济增长,使人均收入增速快于人口增速,最终达到人口增长和国民收入增长在高水平上的均衡。

(三)平等与效率权衡理论

美国经济学家萨缪尔森(1948)认为,个人收入分配不公平是造成贫困的重要原因,而提高收入公平性会在很大程度上牺牲效率。政府实施公共政策最大的难题,就是在减少相对贫困和提升经济运行效率上作出合适的选择。美国经济学家弗里德曼(Friedman,1962)则认为,解决相对贫困的重点不应该是"劫富济贫",追求结果均等,而是为个人提供奋斗的机会均等,如果实施高福利政策以期消除贫困,则会造成福利国家运行效率低下和政府不堪重负。

(四)福利经济学的能力贫困论

阿玛蒂亚·森(1981)的能力贫困论认为,贫困的形成更多属于自我发展权力的失败,包括自然禀赋的损失、生产失败、交换失败和转移失败四个方面。这种理论突破了传统经济学将贫困与低收入等同的观念,而从能力赋予的角度来探讨能力与收入的关系。这一理论认为是贫困人口的权利被制度性地忽视乃至剥夺,导致贫困人群工作机会缺失、健康不佳、教育低下、社会保障体系不健全,以至于丧失自由选择的能力和权利,从而产生贫困,只要有效地重建个人能力,就能避免贫困。这种理论与传统的"输血"扶贫理论相比,更加强调"造血"的重要性。

三、　贫困的属性

从贫困的定义和致贫根源的理论分析中,我们可以得知,贫困具有经济性、社会性和顽固性三个特性。

（一）经济性

无论是收入的低下、物资的缺乏,还是支出难以为继、发展机会不足,从根本上讲都属于经济范畴,是不同层次的经济发展水平低下的表现。从贫困的经济性质出发,可以把贫困分为三个层次。最底层是生存型贫困,即生产生活资料的极度匮乏,难以有效满足自身最低生活要求,在这个阶段首要问题是解决基本温饱。中间层是温饱型贫困,这种经济状态在正常情况下,能够得到基本的食物和衣物等供给,但生活水平依然较为低下,抵御各类风险的能力较弱,一旦出现大量花销,就可能陷入有上顿没下顿的困窘局面,自身收入难以有效支持进一步发展。贫困的最高层次是发展型贫困,即能够稳定解决基本的生存问题,但在后续个人发展中存在资源不足的相对贫困。

（二）社会性

不管从"低收入"标准看,还是从"难以维持最起码的生活水平"标准看,贫困的判定标准都应该是得到社会公认的,而不是自我宣称。比如,当前城市中存在的一些"月光族",自认为属于贫困之列,但究其原因在于超出自我承受能力的不必要高消费,一旦消费行为趋于理性,则能维持体面的生活。这种自认为的"贫困"不被社会所认可,也不属于我们讨论的范畴。为准确界定贫困特别是绝对贫困,国际上广泛基于收入或消费,对贫困与否进行判定。据中国国际扶贫中心 2010 年调查分析显示,全球有 194 个国家和地区有社会认可的贫困标准,其中 86 个属于国家的官方贫困标准。目前,世界银行提出的国际贫困线得到世界公认。1990 年,世界银行选取当时一组最穷的国家贫困线,采用购买力平价换算后,将贫困线设定在每人每天 1 美元。2009 年,这一数据上调到 1.25 美元。2015 年,根据全球不断上升的生活成本,世界银行再次将国际贫困线标准提高到了每人每天 1.9 美元。

(三)顽固性

从概念上来看,贫困既是绝对的,又是相对的。[①] 从绝对意义上讲,贫困是缺乏维持个人基本生存的必需品,这个内涵是不随时间或地域而改变的。19 世纪以前,全世界大部分群众生活水平都处在温饱线左右,贫困发生率非常高。随着世界经济迅猛发展,处于绝对贫困的人口已经大量减少。根据联合国发布的《千年发展目标 2015 年报告》显示,2015 年全球有 8.36 亿人口生活在极端贫困之中,占世界总人口的 11.4%,他们面临贫困问题叠加和贫困代际传递等困难。联合国《2016 年人类发展报告》指出,2016 年发达国家相对贫困人口依然超过 3 亿人。我国自 2013 年提出并于 2015 年大规模实施精准扶贫、精准脱贫基本方略以来,通过集全国之力深入开展脱贫攻坚战。2019 年的"中央一号文件"明确指出,2020 年确保现行标准下农村贫困人口实现脱贫、贫困县全部摘帽、解决区域性整体贫困。2020 年是我国扶贫攻坚收官之年,需要解决"剩下的人口怎么脱贫"和"已经脱贫的如何防止返贫"这两个关键问题。[②] 具体而言,这些困难至少包括:(1)剩下的贫困人口,很多是特殊贫困群体;(2)存在解决区域性整体贫困的地区,绝大多数是深度贫困地区,特别是西藏和四省藏区、南疆四地州、四川凉山、云南怒江、甘肃临夏等地区,生存环境恶劣,致贫原因复杂,交通等基础设施和教育、医疗公共服务缺口大,都是经过多轮攻坚没有啃下来的"硬骨头";(3)部分扶贫资金使用管理不够严格,贪污、挤占、挪用、闲置等老问题仍时有发生;(4)部分扶贫政策不够完善,

---

① Townsend, P., "The Meaning of Poverty", *British Journal of Sociology*, Vol.61, No.3, 1962.

② 2019 年 2 月 19 日,中共中央、国务院发布 2019 年指导"三农"工作的"中央一号文件"——《中共中央 国务院关于坚持农业农村优先发展做好"三农"工作的若干意见》。

实施的针对性不够强,造成脱贫质量不高、稳定性不强,脱贫后扶持政策减弱,极易返贫。

正是由于贫困的这些特性,决定了反贫困工作必须突出当前、着眼长远。一方面,要从保障困难群众基本生活所需入手,根据实际情况合理地制定和调整贫困标准,并依此采取有效扶持措施,兜住社会稳定底线,逐步消除现有贫困;另一方面,要加快建设长效机制,大力提升区域经济发展能力,确保人民群众生活水平不断提升,在更高层次上化解贫困问题。

第二节　中国扶贫历史及政策演变

新中国成立以来,中国共产党团结带领全国各族人民,持续向贫困宣战,坚持不懈地致力改变贫穷落后的面貌。根据各个历史阶段的不同贫困特点,立足实际,具体问题具体分析,实行不同的扶贫救助举措,不断调整优化扶贫发展战略,优化扶贫开发的政策体系。改革开放之前,扶贫主要以紧急救助和民政救济为主。改革开放之后才逐步明确提出扶贫,主要方式为扶贫开发。自 1978 年改革开放以来,我国在全国范围实施了有计划有组织的开发式扶贫,已经使 7 亿多人摆脱了贫困,对世界减贫的贡献率超过 70%,是世界上减贫人口最多的国家,也是全球最早实现联合国千年发展目标中减贫目标的发展中国家。①

回顾新中国成立 70 年来我国农村扶贫开发历程,汪三贵、胡骏(2020)认为,我国最早以区域扶贫开发为主要战场,开始的扶持以县为单位,1986 年开始确定贫困县。2001 年开始,扶持对象变成了县或村。2001—2010 年有 592 个贫困县、15 万个贫困村。到 2011 年,扶贫又加了一个片区的层次,共 14 个

---

① 国家统计局:改革开放 40 年经济社会发展成就系列报告之五《扶贫开发成就举世瞩目 脱贫攻坚取得决定性进展》,2018 年 9 月 3 日,见 http://www.stats.gov.cn/ztjc/ztfx/ggkf40n/201809/t20180903_1620407.html。

扶贫片区。① 王爱云(2019)认为 1978 年至今 40 多年来农村扶贫开发工作大致分 5 个阶段,1978—1985 年为起始阶段,1986—1993 年为全面开展阶段,1994—2000 年为"八七"攻坚阶段,2001—2011 年为新世纪新阶段,2012 年至今为最后决胜阶段。② 熊丽(2017)将 1986 年以来的乡村扶贫划分为三个阶段,即解决基本温饱问题阶段(1986—1993 年)、解决多维贫困问题阶段(1994—2010 年)、精准扶贫全面进入小康社会阶段(2011—2020 年)。③ 程承坪、邹迪(2019)将新中国成立以来的扶贫历程细化为六个阶段④,这也是当前学术界普遍认可的划分方式。其中,第六阶段是新时代精准扶贫战略实施阶段,本章将单独说明。

一、 第一阶段（1949—1977 年）：计划经济体制下的广义扶贫期

1949 年新中国成立时,长期战乱遗留下来"一穷二白"的落后局面,当时中国是世界上最贫穷的国家之一。我国政府为了改善贫困落后的局面,实施了一系列反贫困措施,逐步消除贫困,极大地解决了人民群众的基本生存问题。但由于这一时期我国整体经济比较落后,贫困地区和贫困农户的公共负担较重,经济政策趋同,党和政府在当时的经济条件下没有足够实力进行大范围的扶贫救助活动,只能进行小规模的扶贫救济活动以帮助贫困人口。

我国农村在这一阶段实行了土地革命、农村合作化运动、人民公社化运动。1950 年冬,中央政府开始在全国新解放区进行土地改革,到 1952 年年

---

① 汪三贵、胡骏:《从生存到发展:新中国七十年反贫困的实践》,《农业经济问题》2020 年第 2 期。

② 王爱云:《改革开放 40 年中国农村扶贫开发历程与经验》,《泰山学院学报》2019 年第 1 期。

③ 熊丽:《立下愚公志 共奔小康路——党的十八大以来我国扶贫开发工作取得的成就》,《经济》2017 年第 11 期。

④ 程承坪、邹迪:《新中国 70 年扶贫历程、特色、意义与挑战》,《当代经济管理》2019 年第 9 期。

底,共有约 3 亿无地和少地的农民,分得约 7 亿亩土地,废除了在我国存续两千多年的封建土地所有制,使农村生产力得到了极大的解放,对我国经济的发展具有极大的历史意义,这也从根本上奠定了消除贫困的制度基础。1953 年年底,在北京召开的第三次全国农业互助合作会议上,毛泽东同志发表重要讲话,提出了带领农民共同富裕的思想,要"使农民能够逐步完全摆脱贫困的状况而取得共同富裕和普遍繁荣的生活"[①]。他指出"全国大多数农民,为了摆脱贫困改善生活,为了抵御灾荒,只有联合起来,向社会主义大道前进,才能达到目的"。到 1956 年年底,农业合作化道路已经成为绝大多数农民的选择。此时的中国也基本确立了社会主义制度。到 1957 年年底和 1958 年年初,为了适应当时兴修水利的需要,毛泽东同志认为农业合作社还需要进一步发展,需要小社并大社,组建人民公社。

　　这一阶段,我国基本确立了农村社会保障与社会救助制度。农村基础医疗卫生事业迅速发展,乡村卫生所建设、乡村合作医疗和免费教育、赤脚医生等政策举措,为农村地区人口的发展保驾护航。初步建立了以社区"五保"制度和农村特困人口救济为主的农村社会基本保障体系,为农村人口中没有劳动能力和无法解决最低生存需要的特困人口提供了最低生活水平的生活保障,农业生产力和绝大多数农村人口的生活水平都有了明显提高。[②] 但因受到"大跃进""文化大革命"等影响,计划经济形成的城乡二元结构导致农村各种资源要素流向城市,城乡差距不断扩大,农村和农民的贫困状况并没有从根本上改变。至 1978 年,按照当时扶贫标准,我国农村还有 2.5 亿贫困人口,农村贫困发生率达到 30.7%,贫困人口占全国人口总数的 25.97%,占世界贫困人口总数的 1/4。[③]

[①] 《中国共产党中央委员会关于发展农业生产合作社的决议》,《人民日报》1954 年 1 月 9 日。

[②] 黄承伟、刘欣:《新中国扶贫思想的形成与发展》,《国家行政学院学报》2016 年第 3 期。

[③] 燕连福、赵建斌、王亚丽:《70 年我国农村扶贫工作取巨大成就 创造史上伟大奇迹》,《经济日报》2019 年 10 月 16 日。

二、 第二阶段（1978—1985 年）：经济体制改革引发的大规模缓解贫困期

这一时期是我国发展历史上贫困改善效果最突出的阶段,农村绝对贫困人口从 1978 年的 2.5 亿人减少到 1985 年的 1.25 亿人,年均减少 1786 万人,贫困发生率从 30.7%下降到 14.8%(朱小玲、陈俊,2012)。这个时期贫困人口急剧减少的原因,主要是废除农村人民公社制度,实行以家庭联产承包责任制为主的生产责任制和统分结合的双层经营体制,打破了"平均主义""大锅饭",放开了农民的手脚,理清了我国农村基本的生产关系,农村的生产力得到了极大的解放。

1978 年作为我国经济发展史上的关键转折点,党的十一届三中全会召开,标志着我国从长期不稳定的政治动荡转回到经济建设的正确道路上。1987 年 6 月,邓小平同志在谈到为什么改革从农村开始时强调,"因为农村人口占我国人口的百分之八十,农村不稳定,整个政治局势就不稳定,农民没有摆脱贫困,就是我国没有摆脱贫困"。党的十一届三中全会后,我国政府开始逐步由计划经济体制向市场经济体制转变,并实行对外开放政策。我们从根本上改变了对贫困现象的认识,从思想深处深刻地认识到了发展生产力的重要性。在 1992 年邓小平同志南方谈话中,在总结社会主义探索的全部经验时,他指出:"社会主义的本质,是解放生产力,发展生产力,消灭剥削,消除两极分化,最终达到共同富裕。"

消除贫困道阻且长,我们在农村进行了制度变革。首先,以家庭联产承包责任制替代人民公社体制,这标志着农民再次取得了土地经营权,农民生产积极性空前高涨,成功打破了农村以"平均主义"为核心的分配格局,基本确立了"交足国家的,留足集体的,剩下的全是自己的"分配原则,进一步提高了生产积极性。其次,对农产品的价格改革,提高了一些主要农产品的价格。1978 年我国开始了农产品价格形成和流通体制的市场化改革,对 18 种主要农产品

的收购价格进行调整,价格平均提高20%,同时放开有关城乡农产品经营和农产品交易价格。而且,土地所有制的改革和人口管理的松绑为农民提供了更多机会。1978年以后,乡镇企业有了很大发展,促进了农村剩余劳动力向非农产业转移,促进了农村经济的发展。这一阶段,中央政府大力开展专项扶贫活动。1979年至1980年,国务院先后两次下发通知,中央财政根据国家实际财力,设立了"支援经济不发达地区发展资金",此项资金占国家财政支出总额的2%,由中央专项拨款,专门用来支持老少边穷地区的经济发展,增加了扶贫投入。1982年12月,国务院启动实施"三西"(甘肃的定西、河西,宁夏的西海固)地区的农业建设扶贫工程,成立"三西"地区农业建设领导小组,连续10年每年安排2亿元专项资金,专门支持"三西"地区扶贫开发建设。为了支持贫困地区基础设施建设,1984年中央开始实行实物形式的"以工代赈"扶贫活动。同年9月,中共中央、国务院印发《关于帮助贫困地区尽快改变面貌的通知》,从思想上、政策上、投入上、领导上帮助贫困地区摆脱贫困,专门划定18个贫困地带进行重点扶持。这些措施,在一定程度上缓解了农村的贫困状况。

三、 第三阶段(1986—1993年):农村贫困人口稳定减少阶段

在这一时期,随着市场化经济改革的逐渐展开,农村经济增长和农民生活改善趋于停滞,农村区域发展不平衡问题开始逐渐凸显,农村地区特别是老少边远地区的经济、社会和文化发展水平与沿海发达地区相比落后较为明显,成为"需要特殊对待的政策问题"。贫困人口的分布呈现出明显的区域集中特点,主要分布在革命老区、少数民族自治地区、陆地边境地区和欠发达地区等"老、少、边、穷"地区。

1986年,我国政府开始在全国实施有组织、有计划、大规模的扶贫开发。1986年4月,第六届全国人民代表大会第四次会议通过《中华人民共和国国民经济和社会发展第七个五年计划》(1986—1990),专题谋划推动"老、少、

边、穷地区经济发展",继续在资金方面实行扶持政策、减轻税收负担的情况下,进一步组织发达地区和城市对"老、少、边、穷"地区进行对口支援。同时,为了加强对贫困地区经济开发工作的指导,尽快改变这些地区的贫困面貌,我国于1986年成立了专门的扶贫机构。在中央层面,印发了《国务院办公厅关于成立国务院贫困地区经济开发领导小组的通知》,成立了国务院贫困地区经济开发领导小组及办公室;在省、地方层面,省地县各级也成立了相应机构,农村扶贫开发进入了组织化、制度化、专业化。

1987年10月,国务院印发《关于加强贫困地区经济开发工作的通知》,制定贫困地区休养生息的具体政策,确定了开发式扶贫的方针。把扶贫工作的重点向贫困地区延伸,并对全国的贫困县进行了一次界定和调整,以县为单位,1992年农民人均纯收入低于400元的县全部列入国定贫困县,高于700元的原国定贫困县一律退出。该文件在18个集中连片的贫困区域的基础上,细分了国家重点贫困县,共计592个,并将这些重点贫困县纳入国家重点扶持范围,针对贫困县的具体情况出台了许多优惠政策,并拨付了扶贫专项资金。国务院力图通过不断建设完善基础设施和大力培育特色产业,增强贫困地区和贫困人口不断发展的内生动力。经过国家和地方的不懈努力,国家重点贫困县的农民人均纯收入实现了较大的增长:从1986年的206元增加到1993年的483.7元,仅7年时间增幅高达1.3倍多。这一时期国家确定的开发式扶贫政策的重点是以地方区域开发带动整体扶贫取得进展,在我国某些贫困地区,在扶贫政策引导下,"促进区域经济增长带动扶贫"的项目开发式反贫困战略逐步演变为"贫困地区工业化项目投资"的开发式战略。此方式虽有利于县域经济发展,但缺乏与贫困农户的直接联系。在此阶段,全国农村绝对贫困人口进一步大幅度减少:从1.25亿人降低到8000万人,年均减少人数为640万人左右,贫困发生率更是从14.8%下降到8.72%。①

---

① 中华人民共和国国务院新闻办公室:《中国的农村扶贫开发》,2001年10月,见 www.gov.cn/zwgk/2005-05/26/content_1293.html。

四、 第四阶段（1994—2000 年）：解决农村贫困人口温饱问题重要阶段

这一时期以国务院 1994 年颁布和实施的《国家八七扶贫攻坚计划》为重要标志。[①] 截至 1993 年年底，我国农村绝对贫困人口仍有 8000 万人，而国家重点扶持的 592 个贫困县汇聚了大部分农村绝对贫困人口，这 592 个贫困县分布在中西部的各类地区：荒漠区、高寒山区、石山区、深山区、黄土高原区、水库库区以及地方病高发区，而且大多集中在少数民族地区和革命老区。这些地区具有一定的相似点：地域偏远、经济发展缓慢、交通不便、文化教育落后、人畜饮水困难、生态失衡、生产生活生态条件极差。这是扶贫攻坚的主战场，与前一阶段扶贫工作比较，解决这些地区群众的温饱问题难度更大。为此，党中央、国务院大幅度增加对扶贫开发的投入，着力夯实扶贫工作责任，并建立起东西扶贫协作机制，致力于推动东部沿海地区加大对西部欠发达地区的支持。此外，国务院还推行了最低生活救助、科技扶贫、劳动力转移等多元化扶贫措施。

1994 年 2 月 28 日至 3 月 3 日，全国扶贫开发工作会议在北京举行，全面部署实施"国家八七扶贫攻坚计划"。同年 4 月，国务院正式出台了《国家八七扶贫攻坚计划》，该计划决定用从 1994 年到 2000 年的 7 年时间，集中人力、财力、物力，集合调动社会各界力量，深入开展扶贫攻坚战，力求基本解决 8000 万农村贫困人口的温饱问题。《国家八七扶贫攻坚计划》是我国历史上第一个有明确目标、明确措施、明确对象和明确期限的扶贫开发行动纲领。该计划的公布实施，标志着我国的扶贫开发开始进入攻坚阶段，标志着我国扶贫工作从救济式扶贫向开发式扶贫的转变。

为集中力量打赢脱贫攻坚战，中央根据各地扶贫开发进展情况，本着实

①　黄承伟：《我国新时代脱贫攻坚阶段性成果及其前景展望》，《江西财经大学学报》2019年第 1 期。

事求是、有进有出的原则,调整了扶持的范围和重点,国定贫困县由原来的331个扩大为592个,其他比较贫困的县和零星分散的贫困乡、村,由所在省(区)、地、县负责扶持。动员和组织有条件的机关、企事业单位对贫困县进行对口帮扶,不脱贫、不脱钩;广泛发动社会力量参与扶贫济困;大力增加扶贫投入,主要用于发展种养业和以农产品为原料的加工业,原则上不办工业;扶持到村到户,尽快解决群众温饱;从制度上和责任上加强对扶贫攻坚的领导。

扶贫开发事关人民福祉,党中央、国务院始终高度重视,分别在1994年、1996年、1999年三次召开全国扶贫开发工作会议,对扶贫开发工作进行动员部署。尽管国家财力有限,仍坚持逐年加大对扶贫开发的财政投入,在1994年到2000年的6年时间里,中央拨款额从97.85亿元增加到248.15亿元,累计高达1127亿元,而上一个7年,即1986年至1993年,中央扶贫资金投入总量仅为其三分之一。截至2000年年底,全国农村贫困人口已实现大幅减少,由1993年的8000万人减少到3000万人,平均每年减少710多万人,贫困发生率下降到3%左右。全国592个国定贫困县的农民人均纯收入由1994年的648元提高到2000年的1348元,基本解决了贫困人口的温饱问题,成为世界反贫困史上的伟大壮举。

五、 第五阶段（2001—2011 年）：推进现代化建设的新的发展阶段

这一阶段,我国制定并实施了全国第一个十年扶贫纲要,扶贫开发也进入了一个新的阶段。在这一阶段里,我国减贫速度较上一阶段明显趋于缓慢,贫困人口数量始终在3000万人左右徘徊。主要有两大类:第一类群体是还没有解决温饱的贫困人口。我国2000年的标准是农民人均纯收入625元即可解决温饱。按照这个标准,全国尚未解决基本温饱问题的贫困人口还有3000万人,这类特困群体值得党和政府及全社会加以特别关注、进行重点

扶持。第二类群体是已初步解决温饱问题的贫困人口。这类群体虽然已暂时告别绝对贫困，但由于生产生活条件并未得到根本性的改善，没有充足的能力抵御自然灾害、重大疾病等风险，一旦遇到灾病的威胁，又有大部分人暖而复寒、饱而复饥。这些虽然初步解决温饱但并不巩固的贫困人口，同样需要国家继续进行扶持。帮助这两类人群尽快解决温饱问题并在此基础上实现稳定脱贫，是这一阶段扶贫开发的首要任务。从我国扶贫整体进程来看，贫困人口数量已实现逐年稳步降低，分布范围也逐年不断集中，主要为我国中西部的革命老区、少数民族地区、边疆地区和特困地区，而这些地区又主要集中在贫困乡村。

党中央、国务院顺应时代发展需要，于2001年颁布了《中国农村扶贫开发纲要（2001—2010年）》。该纲要在全国中西部地区确定国家扶贫开发重点县多达592个，以村为单位将贫困重心下移，在全国范围内确定了共15万个贫困村，以整村推进、劳动力转移、产业发展为重点，全面推进扶贫开发措施。这些重点县覆盖了农村贫困人口的60%以上，而贫困村则覆盖了80%以上。从2007年开始，我国开始推行农村最低生活保障制度的全面覆盖，迈入将扶贫开发政策与最低生活保障制度相互衔接的全新阶段。经过多年的不懈努力，扶贫开发重点县和贫困村的农民人均纯收入逐年稳步上升，而绝对贫困人口数量则逐年稳步下降。从贫困人口数量来看，以2010年的1196元贫困标准线为基准，中国贫困人口数量减少到2688万人，贫困发生率更是下降到2.8%。从农民人均纯收入的角度来看，国家扶贫开发重点县农民人均纯收入实现了大幅增长，从1723元增加到3273元，年均增幅为10.28%，比全国平均水平高出0.95个百分点，净增长1550元。

2011年，为进一步加快贫困地区发展，促进共同富裕，实现到2020年全面建成小康社会奋斗目标，中共中央、国务院颁布了《中国农村扶贫开发纲要（2011—2020年）》，确定了14个连片特困地区为扶贫开发主战场，提出了"两不愁三保障"目标，即到2020年，稳定实现扶贫对象不愁吃、不愁穿，基本医疗、义务教育和住房安全有保障。该目标要求贫困地区农民人均纯收入增长幅度超过全国平均增长幅度、基本公共服务主要领域指标则要求接近全国平均水平,竭力扭转地区间发展差距扩大趋势。

六、 第六阶段（2012 年至今）：扶贫开发进入精准扶贫新阶段

党的十八大以来,以习近平同志为核心的党中央把脱贫攻坚摆到治国理政的突出位置,纳入国家"五位一体"总体布局和"四个全面"战略布局,作为实现第一个百年奋斗目标的重点工作。党的十八大闭幕不久,习近平总书记到河北阜平革命老区考察,进村入户看望困难群众,提出了"两个重中之重"（"三农"工作是重中之重,革命老区、少数民族地区、边疆地区、贫困地区在"三农"工作中要把扶贫开发作为重中之重）和"三个格外"（对困难群众要格外关注、格外关爱、格外关心）的重要要求。①

党的十九大之后,党中央把打好精准脱贫攻坚战作为全面建成小康社会的三大攻坚战之一,不断开创中国特色扶贫开发事业新局面。习近平总书记多次深入贫困地区调研,40 多次国内考察涉及扶贫,连续 7 年新年国内首次考察看扶贫。2015 年以来,连续 6 年先后在陕西省延安市、贵州省贵阳市、宁夏回族自治区银川市、山西省太原市、四川省成都市、重庆市、北京市主持召开 7 次跨省区市脱贫攻坚座谈会,多次强调脱贫攻坚的目标、任务和工作重点,提出了系列新思想和新观点,作出了系列新决策和新部署。习近平总书记关于扶贫工作的重要论述,为打赢脱贫攻坚战提供了强大武器和根本遵循,推动了中国减贫事业的快速进展,同时也对世界减贫事业作出了巨大贡献,为其他致力于实现自身发展、消除贫困的国家做了表率和示范。自 1986 年开展大规模扶贫以来到 2000 年的十五年的时间里,中国每年平均减少贫困人口 639 万

---

① 杨英杰:《"精准扶贫、精准脱贫"重要思想是打赢脱贫攻坚战的根本指针》,《前线》2017年第 12 期。

人。从 2001 年到 2010 年的十年时间里,每年减少 673 万人。由 2012 年年底的 9899 万人减到 2019 年年底的 551 万人,贫困发生率由 10.2% 降至 0.6%,连续 7 年每年减贫 1000 万人以上。到 2020 年 2 月底,全国 832 个贫困县中已有 601 个宣布摘帽,179 个正在进行退出检查,未摘帽县还有 52 个,区域性整体贫困基本得到解决。①

第三节 新时代精准扶贫战略及实践

党的十八大以来,我国根据宏观经济形势、贫困特点、致贫原因和脱贫任务,充分发挥中国特色政治优势和制度优势,确定了精准扶贫、精准脱贫基本方略,逐步创新和完善了保证全过程精准扶贫的政策体系。

一、"精准扶贫"的提出及深化

改革开放初期,我国农村普遍贫困,主要采取"大水漫灌"式扶贫,通过普惠性的政策措施,向以贫困县为扶贫单元的区域瞄准,为大量贫困人口参与经济发展创造条件。随着时代发展,农村贫困人口状态呈现多样化、分布碎片化的特点,许多地方扶贫开发出现底数不够清、指向不够准、针对性不够强等突出问题,这种"大水漫灌"式扶贫逐渐显示出投入大、浪费多、见效慢、易返贫的问题。在新的发展阶段,如果不直接针对贫困户进行精准扶贫,实施"精确滴灌",消除贫困的目标就很难实现。"谁是真正的贫困户""贫困原因是什么""怎么针对性帮扶""帮扶效果又怎样""脱贫之后如何退出"等,成为新时代做好扶贫工作亟待深入研究思考解决的核心问题。精准扶贫正是在这样的背景下提出,体现了与时俱进、实事求是。

2012 年年底,习近平总书记到河北省阜平县考察时,关于扶贫工作,他就

---

① 习近平:《在决战决胜脱贫攻坚座谈会上的讲话》,人民出版社 2020 年版,第 3 页。

讲过,不要用"手榴弹炸跳蚤"。2013 年 11 月,在湖南省,习近平总书记考察湘西州十八洞村时首次提出"精准扶贫"概念,指出"扶贫要实事求是,因地制宜。要精准扶贫,切忌喊口号,也不要定好高骛远的目标"。2014 年 1 月,中共中央办公厅、国务院办公厅印发了《关于创新机制扎实推进农村扶贫开发工作的意见》,提出建立精准扶贫工作机制,切实做到扶真贫、真扶贫,对精准扶贫工作模式的顶层设计作出明确要求,推动了"精准扶贫"战略落地。

2014 年 3 月,习近平总书记参加全国两会代表团审议时指出"精准扶贫,就是要对扶贫对象实行精细化管理,对扶贫资源实行精确化配置,对扶贫对象实行精准化扶持,确保扶贫资源真正用在扶贫对象身上、真正用在贫困地区"①。

2015 年 6 月,习近平总书记在部分省区市扶贫攻坚与"十三五"时期经济社会发展座谈会上指出"切实做到精准扶贫。扶贫开发推进到今天这样的程度,贵在精准,重在精准,成败之举在于精准"。"要做到六个精准,即扶持对象精准、项目安排精准、资金使用精准、措施到户精准、因村派人(第一书记)精准、脱贫成效精准。各地都要在这几个精准上想办法、出实招、见真效"。②

2015 年 11 月 27 日至 28 日,在中央扶贫开发工作会议上,习近平总书记发表重要讲话,系统阐述精准扶贫、精准脱贫基本方略;会后,中共中央、国务院出台了《关于打赢脱贫攻坚战的决定》,要求各级党委和政府把扶贫开发工作作为重大政治任务来抓,实施全党全社会共同参与的脱贫攻坚战。

2016 年 11 月,国务院印发了《"十三五"脱贫攻坚规划》,提出要按照党中央、国务院决策部署,坚持精准扶贫、精准脱贫基本方略,坚持精准帮扶与区域整体开发有机结合,大力推进实施一批脱贫攻坚工程。系统阐述了"十三五"时期脱贫攻坚工作的指导思想、目标,以及产业发展等多项贫困人口和贫困地区脱贫的具体路径和方法。

---

① 《习近平扶贫论述摘编》,中央文献出版社 2018 年版,第 58 页。
② 《习近平扶贫论述摘编》,中央文献出版社 2018 年版,第 58 页。

2017 年 3 月,习近平总书记在中央政治局常委会会议上强调"精准扶贫,首先要精准识贫""精准扶贫,要分类施策"。①

2018 年 2 月,在四川成都,习近平总书记主持召开打好精准脱贫攻坚战座谈会,他强调"脱贫攻坚,精准是要义。必须坚持精准扶贫、精准脱贫,坚持扶持对象精准、项目安排精准、资金使用精准、措施到户精准、因村派人(第一书记)精准、脱贫成效精准等'六个精准',解决好扶持谁、谁来扶、怎么扶、如何退问题,不搞大水漫灌,不搞'手榴弹炸跳蚤',因村因户因人施策,对症下药、精准滴灌、靶向治疗,扶贫扶到点上扶到根上"②。

2019 年 4 月,在重庆,习近平总书记主持召开解决"两不愁三保障"突出问题座谈会,他强调,解决"两不愁三保障"突出问题,摸清底数是基础,并要求有关部门要指导各地摸清底数,确保工作有的放矢。③

随着脱贫攻坚工作的深入推进,"精准扶贫"的含义也在逐步深化、扩展,内涵越来越丰富,操作性越来越强,精准扶贫是新时期党和国家扶贫工作的精髓和亮点,是对我们应对新时期扶贫工作新挑战与新要求的正确指引。

二、 精准扶贫战略的目标任务、基本要求及主要做法

改革开放以来,通过不懈努力,数亿中国人甩掉了贫困的帽子,但中国的扶贫仍然面临艰巨的任务。按照中国扶贫标准,截至 2013 年年底我国还有8000 多万农村贫困人口,贫困地区发展滞后的面貌没有根本改变。精准扶贫的要义就是"对症下药,药到病除"。精准扶贫、精准脱贫基本方略是习近平总书记从坚持实事求是思想路线、全面深化扶贫领域改革、构建贫困治理体系的高度,提出的扶贫论述,核心内容就是做到"六个精准",即扶持对象精准、项目安排精准、资金使用精准、措施到户精准、因村派人精准、脱贫成效精准,

---

① 《习近平扶贫论述摘编》,中央文献出版社 2018 年版,第 78 页。
② 《习近平谈治国理政》第三卷,外文出版社 2020 年版,第 151 页。
③ 《习近平谈治国理政》第三卷,外文出版社 2020 年版,第 161 页。

确保各项政策好处落到扶贫对象身上。[①] 总体来看,就是要解决"四个问题",即扶持谁、谁来扶、怎么扶、如何退。"不搞大水漫灌,不搞'手榴弹炸跳蚤',因村因户因人施策,对症下药、精准滴灌、靶向治疗,扶贫扶到点上扶到根上。"党的十九大报告明确提出,到 2020 年我国现行标准下农村贫困人口实现脱贫,贫困县全部摘帽,解决区域性整体贫困。实现这一目标,将标志着我国彻底消除绝对贫困,提前 10 年实现联合国 2030 年可持续发展议程确定的减贫目标,具有重要的历史意义和国际意义。

(一)精准识别扶贫对象,解决"扶持谁"的问题

准确识别贫困人口,搞清贫困程度,找准致贫原因,是精准扶贫的第一步。2014 年以前,我国没有建档立卡,贫困人口情况只能通过抽样调查推算分省贫困人口总量,至于贫困人口是谁、在哪里、致贫原因是什么等情况难以掌握,因此各类帮扶措施没有办法精确做到到村、到户、到人。只有掌握了贫困人口的规模大小、分布情况、居住条件、就业渠道、收入来源等准确情况,才能做到精准施策、精准管理,进而做到因户施策、因人施策。2014 年,按照"县为单位、规模控制、分级负责、精准识别、动态管理"的要求,全国组织 80 多万人逐村逐户开展大规模的贫困识别。从贫困村来看,识别标准为"一高一低一没有",即贫困发生率高于全省贫困发生率一倍以上、农民人均纯收入低于全省平均水平 60%、没有集体经济收入。从贫困户来看,识别标准为收入低于国家扶贫线并综合考虑"两不愁三保障"情况。主要通过群众评议、入户调查、公示公告、抽查检验、信息录入等举措,公开、公平、公正合理确定扶贫对象,确保真正的扶贫对象进入帮扶范围。按照脱贫出、返贫进的原则,以年度为节点,以脱贫目标为依据,逐村逐户建立贫困帮扶档案,及时进行数据更新,做到有进有出、逐年更新、分级管理、动态监测。按照这个标准,全国共识别出贫困

---

① 《习近平关于社会主义经济建设论述摘编》,中央文献出版社 2017 年版,第 212 页。

村 12.8 万个、贫困户 2948 万户、贫困人口 8962 万人。通过这次大规模贫困识别、建档立卡，基本摸清了我国贫困人口分布、致贫原因、脱贫需求等信息，建立起一套全国统一的扶贫信息系统。2015—2016 年，全国动员 200 多万人开展建档立卡"回头看"，不搞规模控制，解决了部分地区非贫困县、非贫困村没有开展贫困识别的问题，新识别纳入贫困人口 1656 万人，清退识别不准人口 1341 万人，同时开展动态调整，对返贫人口和新发生贫困人口及时纳入帮扶。2016 年至 2018 年，纳入帮扶的新发生贫困人口 656 万人，返贫人口 95 万人。为进一步巩固脱贫成果，减少和防止脱贫后返贫，确保 2020 年脱贫攻坚战圆满收官，2019 年 7 月，国务院扶贫办下发了《关于组织开展脱贫人口"回头看"工作的通知》。据各地初步摸底，已脱贫人口中还有近 200 万人存在返贫风险，边缘人口中还有近 300 万人存在致贫风险。① 为防止脱贫人口返贫、边缘人口致贫，2020 年 3 月，国务院扶贫开发领导小组下发了《关于建立防止返贫监测和帮扶机制的指导意见》，明确了对出现返贫和新致贫的，要及时纳入建档立卡，实施精准帮扶。我国在实施精准扶贫解决"扶持谁"的问题上，做到了建档立卡完整记录贫困人口识别、帮扶、退出全过程，贫困数据第一次实现了到村、到户、到人，贫困分布、致贫原因、脱贫措施、脱贫成效等清清楚楚，为实施精准扶贫精准脱贫、实行最严格的考核评估制度，高质量脱贫打下了坚实的基础。

（二）精准派驻扶贫干部，解决"谁来扶"的问题

自实施精准扶贫、精准脱贫基本方略以来，习近平总书记在扶贫干部选派方面多次强调"因村派人精准"。2013 年 12 月，中共中央办公厅、国务院办公厅印发《关于创新机制扎实推进农村扶贫开发工作的意见》，明确"要健全干部驻村帮扶机制"。2015 年 4 月，中央组织部、中央农村工作领导小组办公室、国务院扶贫开发领导小组办公室下发《关于做好选派机关优秀干部到村

---

① 习近平：《在决战决胜脱贫攻坚座谈会上的讲话》，人民出版社 2020 年版，第 8 页。

任第一书记工作的通知》,对选派机关优秀干部到村任第一书记工作作出安排。2015 年 6 月 18 日,习近平总书记在部分省区市扶贫攻坚与"十三五"期间经济社会发展座谈会上提出,选派扶贫工作队是加强基层扶贫工作的有效组织措施,要做到每个贫困村都有驻村工作队、每个贫困户都有帮扶责任人。同年 11 月 27 日,习近平总书记在中央扶贫开发工作会议上指出,要解决好"谁来扶"的问题,加快形成中央统筹、省(自治区、直辖市)负总责、市(地)县抓落实的扶贫开发工作机制,做到分工明确、责任清晰、任务到人、考核到位。① 在村级层面,要注重选派一批思想好、作风正、能力强的优秀年轻干部和高校毕业生到贫困村工作,根据贫困村的实际需求精准选派第一书记、精准选派驻村工作队。②

"致富不致富,关键看干部",选派优秀干部到贫困村担任第一书记,夯实农村基层基础,对改变农村贫困面貌、带领贫困人口脱贫致富,至关重要。为更好发挥驻村工作队脱贫攻坚生力军作用,加强贫困村驻村工作队选派管理,做到尽锐出战,2017 年 12 月 24 日,中共中央办公厅、国务院办公厅印发的《关于加强贫困村驻村工作队选派管理工作的指导意见》明确:一是坚持因村选派、分类施策。要求根据贫困村实际需求精准选派驻村工作队,做到务实管用。二是坚持因村因户因人施策。精准扶贫、精准脱贫成效作为衡量驻村工作队绩效的基本依据。三是坚持县级统筹、全面覆盖。县级党委、政府根据派出单位帮扶资源和驻村干部综合能力,对帮扶力量统筹整合,科学组建驻村工作队,实现建档立卡贫困村一村一队。原则上驻村工作队队长兼任驻村第一书记。四是坚持严格管理、有效激励。加强日常管理,建立完善管理制度,从严从实要求,培养优良作风。健全保障激励机制,鼓励支持干事创业、奋发有为。五是坚持聚焦攻坚、真帮实扶。严格目标标准,集中资源力量帮助贫困村贫困户稳定脱贫,用心、用情、用力做好驻村帮扶工作。在干部综合素质和能

① 《习近平谈治国理政》第二卷,外文出版社 2017 年版,第 84 页。
② 《习近平关于社会主义经济建设论述摘编》,中央文献出版社 2017 年版,第 227 页。

力提升上,2018 年中央组织开展脱贫干部分级分类培训,至 2019 年上半年,全国培训干部 1180 多万人次,其中驻村干部 200 余万人次。在干部选派上,截至 2020 年 3 月,全国共派出 25.5 万个驻村工作队、累计选派 290 多万名县级以上党政机关和国有企事业单位干部到贫困村和软弱涣散村担任第一书记或驻村干部,目前在岗 91.8 万人。①

(三)精准落实帮扶举措,解决"怎么扶"的问题

2015 年 11 月 27 日,习近平总书记在中央扶贫开发工作会议上指出,开对了"药方子",才能拔掉"穷根子"。② 在精准识别的基础上,工作重点就是要做到精准施策、分类施策,即因人因地施策、因贫困原因施策、因贫困类型施策。为解决好"怎么扶"问题,大力实施"五个一批"工程,并在工作中不断探索实践,推动精准帮扶举措扎实落地。一是发展生产脱贫一批,引导和支持所有具备劳动能力的人依靠自己的双手开创美好明天,立足当地资源,实现就地脱贫。支持贫困地区发展特色优势产业,有产业基础的做大,有发展潜力的培育,陕西苹果、贵州刺梨、甘肃马铃薯、江西柑橘、云南草果等一大批对贫困户增收带动作用明显的特色优势产业快速发展起来。同时通过创新实施扶贫小额信贷政策、培育贫困村创业致富带头人、建立带贫益贫机制,以及推进对口支援帮扶、发展新业态等方式,支持贫困地区产业发展、带动贫困地区产业升级、带动贫困户增收。二是易地搬迁脱贫一批,对很难实现就地脱贫的贫困人口实施易地搬迁,按规划、分年度、有计划组织实施,确保搬得出、稳得住、逐步能致富。"十三五"期间,主要是对"一方水土养不活一方人"的地方实施易地搬迁,国家按照人均 6 万元筹集专项资金,按照人均 25 平方米住房建设标准指导各地因地制宜选择搬迁安置方式。在后续帮扶中,注重强化产业就业帮扶,完善安置区公共服务设施,让搬迁户尽快融入社区。三是生态补偿脱贫一

---

① 习近平:《在决战决胜脱贫攻坚座谈会上的讲话》,人民出版社 2020 年版,第 5 页。

② 《习近平关于社会主义经济建设论述摘编》,中央文献出版社 2017 年版,第 218 页。

批,加大贫困地区生态保护修复力度,增加重点生态功能区转移支付,扩大政策实施范围,让有劳动能力的贫困人口就地转成护林员等生态保护人员。四是发展教育脱贫一批,治贫先治愚,扶贫先扶智,国家教育经费继续向贫困地区倾斜、向基础教育倾斜、向职业教育倾斜,帮助贫困地区改善办学条件,对农村贫困家庭幼儿特别是留守儿童给予特殊关爱。全面实施义务教育薄弱环节改善与能力提升工作,加强控辍保学,防止失学辍学。除实施义务教育阶段学生"两免一补"外,建档立卡贫困家庭学生普通高中和中等职业教育免除学杂费,义务教育阶段贫困家庭非寄宿学生纳入生活补助范围,学生资助服务对贫困家庭学生全覆盖。实施贫困地区定向招生专项计划,为贫困地区学生升入重点高校提供更多机会。五是社会保障兜底一批,对贫困人口中完全或部分丧失劳动能力的人,由社会保障来兜底,统筹协调农村扶贫标准和农村低保标准,实现应保尽保、应扶尽扶,加大其他形式的社会救助力度。加强医疗保险和医疗救助,新型农村合作医疗和大病保险政策对贫困人口倾斜。高度重视革命老区脱贫攻坚工作。在具体实践中,不断探索实施就业扶贫、健康扶贫、旅游扶贫、电商扶贫、消费扶贫、资产收益扶贫等,缺什么就补什么,能做什么就做什么,扶到点上,扶到根上。

截至 2020 年 3 月,建档立卡贫困人口中,90% 以上得到了产业扶贫和就业扶贫支持。10.8 万所义务教育薄弱学校办学条件得到改善,农网供电可靠率达到 99%,960 多万贫困人口通过易地扶贫搬迁摆脱了"一方水土养活不了一方人"的困境。2013 年至 2019 年,832 个贫困县农民人均可支配收入由 6079 元增加到 11567 元,年均增长 9.7%,比同期全国农民人均可支配收入增幅高 2.2 个百分点。全国建档立卡贫困户人均纯收入由 2015 年的 3416 元增加到 2019 年的 9808 元,年均增幅 30.2%。贫困群众"两不愁"质量水平明显提升,"三保障"突出问题总体解决。[1]

---

[1] 习近平:《在决战决胜脱贫攻坚座谈会上的讲话》,人民出版社 2020 年版,第 4 页。

（四）精准衡量脱贫成效，解决"如何退"的问题

精准扶贫是为了精准脱贫。总体就是设定时间表，实现有序退出，既防止拖延病，又防止急躁症。国家统一明确贫困县、贫困村、贫困人口退出标准和程序，指导各地科学合理制定脱贫滚动规划和年度计划，对拟退出的贫困县组织第三方进行严格评估，有关政策保持稳定。贫困县退出标准和程序：西部地区贫困发生率降到3%以下，中部地区降到2%以下；由县申请，市级初审，省级核查，社会公示，各省宣布，国务院扶贫开发领导小组抽查。在政策上留出一定缓冲期，摘帽不摘政策。实行严格评估，按照摘帽标准验收，明确摘帽标准和程序，增强脱贫工作绩效的可信度。贫困村退出标准和程序：西部地区贫困发生率降到3%以下，中部地区降到2%以下，统筹考虑村内基础设施、基本公共服务、产业发展、集体经济收入等因素。贫困村的退出主要经乡镇公示无异议后，公告退出。贫困人口的退出标准和程序：以户为单位，年均纯收入稳定超过国家扶贫标准且吃穿不愁，义务教育、基本医疗、住房安全有保障。主要由村"两委"组织民主评议后退出，经村"两委"和驻村工作队核实、贫困户认可，在村内公示无异议后，公告退出。对建档立卡的贫困户实行动态管理，脱贫了就销号，返贫户重新建档，做到有进有出，客观真实，群众认可。为确保退出结果真实，国家每年组织第三方对贫困人口识别准确率、退出准确率和群众满意度进行评估，对申请退出的贫困县组织专项评估检查。

三、 新时代精准扶贫创新实践

（一）从战略目标来看，由基本解决温饱向实现"两不愁三保障"、全面建成小康社会转变

我国过去扶贫开发战略的基本目标是解决农村贫困人口的温饱问题，随着经济社会发展水平不断提高，人们的需求不断发展变化，现阶段扶贫战略目

标成为到 2020 年稳定实现农村贫困人口"两不愁三保障"。可见,精准扶贫的战略目标随着人类更高层次的需求而转变,最终的目标是要让贫困人口生活得有尊严、有幸福感。

（二）从扶贫形式来看,由"大水漫灌"向"精准滴灌"转变

2015 年 11 月,《中共中央 国务院关于打赢脱贫攻坚战的决定》出台,精准扶贫、精准脱贫成为打赢脱贫攻坚战的基本方略。强调突出问题导向,创新扶贫体制机制,由"漫灌"形式向"滴灌"形式转变,由多头分散向统筹集中转变,由偏重"输血"向注重"造血"转变,由重地区生产总值向重脱贫成效转变。2016 年 11 月,国务院印发了《"十三五"脱贫攻坚规划》,重申坚持精准扶贫、精准脱贫的基本方略以及加快创新扶贫体制机制的原则。扶贫政策的重点在于:在大扶贫格局下,以破解贫困地区发展瓶颈和提升贫困人口发展能力为路径,将精准扶贫与区域整体开发有机结合,确保全面建成小康社会战略目标的实现。可见,扶贫政策基本方针和实施重点的变化与中国扶贫战略目标的调整相对应,体现了扶贫开发工作的不断深入,即由解决主要问题向根本解决深层次矛盾递进。

（三）从扶贫对象来看,由突出"面上"向聚焦"点上"转变

扶贫对象的转变体现了精准扶贫的内在要求,瞄准到户且不断探索精确瞄准的机制,减少错漏是提升扶贫绩效的有力保证。2013 年 12 月,中共中央办公厅、国务院办公厅印发的《关于创新机制扎实推进农村扶贫开发工作的意见》在已经明确的扶贫瞄准方针的基础上,进一步完善了精准识别机制,按照国家制定的、统一的扶贫对象识别办法,以县为单位精准识别,为每个贫困村、贫困户建档立卡,并实施规模控制和动态管理。《中共中央 国务院关于打赢脱贫攻坚战的决定》在健全精准识别机制方面,着重强调要抓好精准识别、建档立卡这个关键环节,并定期进行全面核查,建立精准扶贫台账、贫困户脱

贫认定机制及重点县退出机制。可见,在对象瞄准方面,精准扶贫政策强调的不仅是瞄准到户,而且要精确识别,防止错漏,同时完善退出机制,实施有进有出的动态管理,确保"扶真贫"。

（四）从扶贫方式来看,由单一产业扶持向多维覆盖的精准扶贫方式转变

实施脱贫攻坚之前,主要依托单一的产业发展脱贫方式,通过扩大农民经营主动权、改善贫困地区运输条件、提升产后服务水平等措施,在贫困地区因地制宜发展多种经营,通过促进区域商品经济发展来减贫。中国扶贫开发逐步告别了单一方式时代,并在后续的扶贫开发实践中不断探索完善。《关于创新机制扎实推进农村扶贫开发工作的意见》继续探索多样的扶贫方式,强调要在深入分析制约贫困地区发展瓶颈的基础上,因地制宜,灵活采取整村推进、易地扶贫搬迁、以工代赈、就业促进、生态建设等方式,共同助力扶贫开发。《中共中央 国务院关于打赢脱贫攻坚战的决定》主张分类实施扶贫,通过产业扶持、转移就业、易地搬迁、教育支持、医疗救助等方式,帮助绝大多数建档立卡贫困人口实现脱贫;其余完全或部分丧失劳动能力的贫困人口,则由社保政策兜底来实现脱贫。基于扶贫战略目标、方针原则、瞄准对象的转变,中国扶贫开发的方式显现出逐渐由单一产业扶持转向多拳组合出击,这是精准扶贫的内在要求。

（五）从扶贫主体来看,由政府单一主体向政府、市场、社会协同发力的大扶贫开发格局转变

过去很长一段时间,我国扶贫的主体只有单一的政府。1986年6月10日国务院办公厅转发《国务院贫困地区经济开发领导小组第一次全体会议纪要的通知》,提出要动员全社会的力量,关心和支持贫困地区改变面貌。1996年10月23日发布的《中共中央 国务院关于尽快解决农村贫困人口温饱问题

的决定》,明确消除贫困既是各级党和政府的任务,也是全社会的共同责任。党政机关、民主党派、群众团体、人民解放军、武警部队、工商企业、科研院所、大专院校以及大中城市、发达地区,都要各尽所能,为贫困地区献爱心、送温暖、做贡献。进一步强调中央党政机关要定点帮扶到县,省、地、县机关要定点帮扶到贫困乡、村。2010 年 7 月,中共中央办公厅、国务院办公厅印发了《关于进一步做好定点扶贫工作的通知》。2015 年 12 月,习近平总书记就机关企事业单位做好定点扶贫工作作出重要指示。2016 年 10 月,中共中央办公厅、国务院办公厅印发《关于进一步加强东西部扶贫协作工作的指导意见》。2017 年 8 月,国务院扶贫开发领导小组印发《中央单位定点扶贫工作考核办法(试行)》。进一步强调发挥社会主义制度集中力量办大事的优势,动员各方面力量合力攻坚。精准扶贫呈现多主体参与、多部门协同、多区域合作的特征,大扶贫开发格局逐渐形成。

(六)从扶贫组织来看,管理体制不断完善,考核、监测机制从无到有

1984 年 9 月 30 日,中共中央、国务院印发的《关于帮助贫困地区尽快改变面貌的通知》提出,国家有关部门应指定专人负责,分别作出帮助贫困地区改变面貌的具体部署,有关省、自治区要成立贫困山区工作领导小组,负责检查督促各项措施的落实。1987 年 10 月 30 日,国务院印发的《关于加强贫困地区经济开发工作的通知》提出,各个贫困县都要将解决群众温饱问题的整体目标分解为分年分批扶贫的具体任务,层层落实到县、乡、村主要领导干部身上,并把扶贫任务完成的好坏,作为述职、绩效考核、职务升降的重要内容和依据。同时明确,各省、自治区要为贫困县配备坚强的领导班子,并保持相对的稳定;省、地、县都要选拔得力干部,健全和充实经济开发办事机构。贫困县各级干部以及各机关、各部门还要选派干部深入贫困地区。1996 年10 月 23 日,中共中央、国务院发布的《关于尽快解决农村贫困人口温饱问

题的决定》提出,实行党政一把手扶贫工作责任制。加强和充实扶贫开发工作机构,各省、自治区和贫困县扶贫工作机构的规格和编制,要与扶贫攻坚任务相适应,从而进一步明确了"实行党政一把手扶贫工作责任制"。实施脱贫攻坚以来,中央更加强调层层落实扶贫目标责任制,强化对基层扶贫绩效的考核与监督,从考核指标、考核主体等方面对脱贫成效考核如何精准进行不断完善。在考核标准上,不但强调减贫数量,而且更注重脱贫质量。引入社会力量参与考核,加强对扶贫工作绩效的社会监督,建立对扶贫成效的第三方评估机制。考核机制长效化与严格化,明确扶贫责任分工,实行年度逐级督查制度。同时,在严格扶贫绩效考核的基础上,强化执纪问责。针对考核结果,建立明确的奖惩机制。对违规行为,严肃处理;对贪腐行为,绝不姑息。相应地,对落实脱贫攻坚任务完成好的,给予适当的奖励,形成助益于扶贫开发工作良性循环的激励机制,对未按期完成脱贫攻坚任务的严格问责。

四、 新时代精准扶贫成效

(一)全国脱贫攻坚取得决定性进展

党的十八大以来,我国脱贫攻坚力度之大、规模之广、影响之深前所未有,脱贫攻坚取得决定性进展,谱写了人类反贫困历史新篇章。

1. 现行标准下农村贫困人口大幅减少

改革开放以来,我国农村居民收入水平持续提高,生活水平显著改善,贫困人口大幅减少,农村从普遍贫困走向整体消除绝对贫困。按照当时标准,有50%未解决温饱问题的农民在 1978 年至 1985 年间解决了温饱问题。按照1984 年贫困标准,全国农村未解决温饱人数从 1985 年的 1.25 亿人减少到1993 年的 7500 万人。到 2000 年,全国未解决温饱的农村人口减少到 3209 万人。进入 21 世纪,中共中央、国务院颁布实施了《中国农村扶贫开发纲要

(2001—2010年)》,到2010年,按照1196元的贫困标准线,全国贫困人口减少到2688万人。2011年,中共中央、国务院颁布实施《中国农村扶贫开发纲要(2011—2020年)》,扶贫标准提高92%,至2012年年底,贫困人口为9899万人。① 党的十八大以来,党中央从全面建成小康社会全局出发,把扶贫开发工作摆在治国理政的突出位置,全面打响脱贫攻坚战。党的十九大之后,党中央又把打好脱贫攻坚战作为全面建成小康社会的三大攻坚战之一。习近平总书记亲自部署、亲自挂帅、亲自督战。这些年来,脱贫攻坚力度之大、规模之广、影响之深前所未有,取得了决定性进展。取得这样的成绩实属不易,谱写了人类反贫困历史新篇章。2012年至2019年,中国农村的贫困人口从9899万人减少到551万人,累计减少9348万人。每年的减贫人数都保持在1200万人以上,贫困发生率由10.2%降至0.6%。其中,10个省份的农村贫困发生率已降至1.0%以下,中华民族千百年来的绝对贫困问题有望得到历史性解决。改变了以往新标准实施后减贫人数逐年递减的趋势,打破了前两轮扶贫中出现的每当贫困人口减到3000万人左右就减不动的瓶颈。从总体来看,到2020年年底,中国的所有贫困县、贫困村、贫困人口将实现全面脱贫,为全面打赢脱贫攻坚战、全面建成小康社会奠定了坚实基础。

2. 贫困地区基础设施和公共服务大大改善

不仅贫困人口受了益,所有农民也都一起共享了这些成果。在教育扶贫方面,全面改善贫困地区办学条件,贫困地区10多万所义务教育薄弱学校得到改善,通过持续核查劝返,全国贫困家庭适龄子女辍学人数由每年20万人,减少到目前的5万人左右。实施农村义务教育学生营养改善计划,覆盖14万所学校、3700多万名学生。实施贫困地区定向招生专项计划,招生人数由每年1万人增至10万人,累计招收57万余人。在健康扶贫方面,加强县、乡、村

---

① 中共国务院扶贫办党组:《创造人类反贫困历史的中国奇迹——改革开放40年我国扶贫工作的重大成就与经验》,《求是》2018年第18期。

医疗卫生机构建设,全国1007家三级医院与832个贫困县医院对口帮扶,派出6174名医生开展组团式支援。832个贫困县中,88%的乡镇卫生院和75%的卫生室完成标准化建设。在交通扶贫方面,全国累计新建改建贫困地区农村公路50多万公里,贫困地区24420个建制村通硬化路,占具备条件建制村总数的98.6%,2019年年底100%通硬化路。在电力扶贫方面,无电人口生活用电问题全面解决,绝大多数自然村实现通动力电,贫困地区农网供电可靠率超过99%。通过基础设施和公共服务设施建设,群众生产生活条件显著改善,呈现出新的发展面貌。

3. 贫困地区内生动力和发展活力明显增强

贫困地区以脱贫攻坚统领县域经济社会发展全局,把脱贫攻坚与推动主导产业发展结合起来,以县域经济激活区域经济发展,为脱贫攻坚打下了坚实的物质基础。22个中西部省份和832个贫困县编制了产业精准扶贫规划,培育了一大批对贫困户增收带动明显的特色优势产业。创新实施扶贫小额信贷政策,截至2020年第一季度末,全国扶贫小额信贷累计发放4443.5亿元,累计支持建档立卡贫困户1067.81万户次[①],破解了贫困户贷款难、贷款贵难题,增强了贫困群众市场意识。在每个贫困村培育3—5名创业致富带头人,全国大约有40万人。在全国27个省(自治区、直辖市)、1400多个县建设了6万多个村级光伏扶贫电站。在2.26万个贫困村搞旅游扶贫,推广"两带四起来"模式,即景区带动贫困村,能人带动贫困户,把老百姓组织动员起来,把利益联结机制建立起来,把穷人带动起来,把文化弘扬起来。全国832个贫困县平均每县有17家市级以上龙头企业,全国12.8万个贫困村平均每村有2个合作社,超过三分之二的贫困户由新型经营主体带动。同时,大力推进劳务协作,全国建档立卡贫困人口中,有近2380万贫困劳动力外出务工。其中,跨省务工960多万人,县外省内务工420多万人,县内务工近1000万人。各地充

---

① 数据来源:《四部门:全国扶贫小额信贷累计发放4443.5亿元》,2020年7月7日,见http://finance.people.com.cn/n1/2020/0707/c1004-31773907.html。

分利用村集体闲置土地、废弃学校、外出务工人员闲置房屋庭院等建立扶贫车间,帮助贫困弱劳动力、半劳动力就地就近就业增收。通过实施贫困人口职业技能提升培训和创业培训,累计培训贫困劳动力2100万人,帮助1096万人实现就业。

4.巩固了党在农村的执政基础

通过驻村帮扶和大规模干部轮训,300多万县以上党政机关、国有企事业单位的干部到贫困村担任第一书记和驻村干部。他们与当地干部群众同吃同住同劳动,为贫困群众办实事,转变了工作作风,全心全意为人民服务,党群关系、干群关系更加密切。通过组织开展贫困识别、精准帮扶、贫困退出,培养锤炼了一大批干部和人才,成为提升农村贫困治理水平,推动农村实现更好更快更可持续发展的重要力量,农村基层党组织凝聚力和战斗力明显增强,农村基层治理能力和管理水平明显提升,巩固了党在农村的执政基础。脱贫攻坚促进了各项改革发展成果更多更公平地惠及全体人民,不断增强贫困群众获得感,贫困群众自力更生的精神得到焕发,为打赢脱贫攻坚战奠定了坚实基础,为应对经济发展新常态、打造经济增长新引擎创造了有利条件,为巩固党的执政根基凝聚了党心民心。

5.形成了全社会合力攻坚的浓厚氛围

各方力量积极投入脱贫攻坚,全社会合力攻坚的局面基本形成,弘扬了中华民族扶贫济困、守望相助的优良传统,营造了向上向善的社会氛围,彰显了社会主义核心价值观。深化东西部扶贫协作、中央单位定点扶贫,促进了西部地区脱贫攻坚和区域协调发展,为党政军机关了解农村与贫困地区畅通了渠道,推进了作风转变和干部培养。例如,2016年以来,充分发挥东西部扶贫协作和对口支援机制作用,推动东部地区与新疆、西藏、青海三省区现场签约项目2182个,签约资金415亿元,已到位资金291亿元。2018年,东部地区9省(直辖市)共拨付财政援助资金177亿元,是2017年的3倍;完成协议任务的132%,动员社会帮扶资金47.7亿元,是上年的1.3倍;互派挂职干部和专业技术人员 2.85 万名,是 2017 年的 1.4 倍,完成协议任务的 213%;帮助贫困人口实现就业 144 万人,是上年的 7.2 倍。

6.为全球减贫作出了巨大贡献

脱贫攻坚取得的巨大成就,为消除中华民族千百年来的绝对贫困问题打下了坚实的基础,为有效避免我国掉入"中等收入陷阱"作出了重要贡献,形成了脱贫攻坚伟大精神。在发展中国家,只有中国在快速发展的同时实现了大规模减贫,彰显了中国共产党领导的政治优势和社会主义制度优势。我国的脱贫攻坚得到了国际社会的广泛赞誉。按照世界银行每人每天 1.9 美元的国际贫困标准,从世界银行发布数据看,我国贫困人口从 1981 年年末的 8.78 亿人减少到 2013 年年末的 2511 万人,累计减少 8.53 亿人,减贫人口在全球减贫总规模中占比超过 7 成。贫困发生率年均下降 2.7 个百分点,减贫速度比全球平均快 1.7 个百分点。2018 年世界银行发布的《中国系统性国别诊断报告》称,中国在经济快速增长和减少贫困方面取得了史无前例的成就。

(二)形成了中国特色脱贫攻坚制度体系

我国实施脱贫攻坚以来,围绕精准扶贫、精准脱贫,党中央不断加强四梁八柱顶层设计,逐步形成了中国特色脱贫攻坚制度体系,为脱贫攻坚提供了有力制度保障,为全球减贫事业贡献了中国智慧、提供了中国方案。

1.建立了各负其责、各司其职的责任体系

党中央确立了"中央统筹、省负总责、市县抓落实"的管理机制。2015 年 11 月 27 日至 28 日,中央扶贫开发工作会议期间,中西部 22 个省(自治区、直辖市)党政主要负责同志向中央签署脱贫攻坚责任书。各省(自治区、直辖市)将相关厅局列为扶贫开发领导小组成员单位,覆盖扶贫领域各类专项工作,同时与各市(地)、县(市、区)逐年制定减贫计划,组织市(地)和各贫困县逐年签订脱贫任务责任书,以责任落实倒逼工作和政策落实。省、市、县、乡、

村层层压实责任,形成了五级书记抓扶贫、全党动员促攻坚的局面。攻坚期内,贫困县党政一把手保持稳定,不脱贫不调离。

2.建立了精准识别、精准脱贫的工作体系

在总结过去扶贫实践的成功经验与失败教训的基础上,我国摸索出了一套行之有效的精准识别方法,以确保扶贫工作是"扶真贫"。在国家制定统一的扶贫对象识别办法的基础上,提出"按照县为单位、规模控制、分级负责、精准识别、动态管理的原则,对每个贫困村、贫困户建档立卡,建设全国扶贫信息网络系统";对建档立卡贫困村、贫困户和贫困人口定期进行全面核查,建立精准扶贫台账,实行有进有出的动态管理;制定严格、规范、透明的国家扶贫开发工作重点县退出标准、程序、核查办法;重点县退出,由县提出申请,市(地)初审,省级审定,报国务院扶贫开发领导小组备案。

3.建立了上下联动、统一协调的政策体系

围绕《中共中央 国务院关于打赢脱贫攻坚战的决定》,国务院制定实施《"十三五"脱贫攻坚规划》。党的十九大后,出台《中共中央 国务院关于打赢脱贫攻坚战三年行动的指导意见》,中央在财政、金融、土地、交通、水利、电力、住房、教育、健康、科技、人才、宣传动员和建档立卡、驻村帮扶、考核评估等方面,出台了一系列含金量高的政策,中共中央办公厅、国务院办公厅制定相应的配套文件,中央和国家机关出台200多个扶贫政策文件或实施方案;各地以脱贫攻坚统揽经济社会发展全局,结合本地实际制定年度脱贫计划和滚动规划,出台和完善"1+N"脱贫攻坚系列文件,打出政策组合拳,层层分解任务,落实到县到村到户到人,解决了很多扶贫领域的"老大难"问题。

4.建立了保障资金、强化人力的投入体系

为确保扶贫投入与打赢脱贫攻坚战要求相适应,扶贫资金由过去的中央财政投入为主,转变为中央、省、市县投入"三三制"局面,金融资金、社会资金成为新的投入渠道。2013—2019年,国家出台扶贫再贷款和扶贫小额信贷政策,加强保险扶贫、资本市场扶贫和土地政策支持等,中央财政专项扶贫资金平均每年增长21%,省级财政扶贫资金平均每年增长27.4%。市、县两级财政投入大幅增加,金融投入、社会投入大幅增加,现在每年都有过万亿资金投入贫困地区和县乡村。2018年中央财政专项扶贫资金达到1061亿元,比2017年增长23.2%,省和市县财政专项扶贫资金超过2000亿元。2019年中央财政专项扶贫资金1260.95亿元,比2018年同口径增加200亿元,增长18.85%。

5. 建立了因地制宜、因村因户因人施策的帮扶体系

在深入分析致贫原因和探究制约贫困地区发展瓶颈的基础上"因户施策、因人施策",做到"真扶贫"。《中共中央　国务院关于打赢脱贫攻坚战的决定》提出分类扶持,即利用产业扶持、易地搬迁、转移就业、医疗救助、教育支持等方式帮助绝大多数建档立卡贫困人口脱贫,余下完全或部分丧失劳动能力的贫困人口则由社保政策兜底。在此基础上,从产业发展脱贫、转移就业脱贫、易地搬迁脱贫、社会扶贫、健康扶贫、生态保护扶贫、教育扶贫、兜底保障、提升贫困地区区域发展能力及保障措施十个方面提出了具体实施措施。可见,在精准扶贫框架下,扶贫的方式达到了前所未有的多样化,各项政策措施则既延续了之前的有效经验,又进行了更为深入、系统的探索。此外,还提出积极探索贫困人口参与机制,通过"提高贫困人口参与市场竞争的自觉意识和能力,建立健全贫困人口利益与需求表达机制","推动扶贫开发模式由'输血'向'造血'转变"。

6. 建立了广泛参与、合力攻坚的社会动员体系

发挥社会主义制度集中力量办大事的优势,动员各方面力量合力攻坚。加强东西部扶贫协作,调整完善结对关系,实现对全国30个民族自治州的全覆盖,启动"携手奔小康"行动,东部发达地区267个经济较强县(市、区)结对帮扶西部406个贫困县。深化细化中央单位、军队和武警部队定点扶贫。工会、共青团、妇联、残联等加大扶贫工作力度。中央企业开展"百县万村行动",重点帮助贫困村解决水电路问题。动员民营企业开展"万企帮万村"精准扶贫行动、帮助贫困村发展特色产业,带动贫困户增收。2014 年 8 月 1 日,国务院决定从 2014 年起,将每年 10 月 17 日设立为"扶贫日",设立全国脱贫攻坚奖和全国脱贫攻坚模范,建设中国社会扶贫网,加大宣传表彰,构建社会扶贫"人人皆愿为、人人皆可为、人人皆能为"的参与机制。

7. 建立了多渠道全方位的监督体系

把全面从严治党要求贯穿脱贫攻坚全过程、各环节。中央出台脱贫攻坚督查巡查工作办法,连续三年组织开展督查巡查,查找突出问题,督促整改落实。党中央将脱贫攻坚作为巡视工作重要内容,开展脱贫攻坚专项巡视。全国人大常委会两次听取国务院关于脱贫攻坚工作情况的报告并开展专题询问,全国政协常委会三次围绕精准扶贫建言献策。八个民主党派中央开展脱贫攻坚民主监督。纪检监察机关开展扶贫领域监督执纪问责,检察机关开展集中整治和加强预防扶贫领域职务犯罪专项工作,审计机关开展扶贫资金管理使用和政策跟踪审计,财政部与扶贫办对财政专项扶贫资金开展集中检查和绩效考核;扶贫办设立"12317"全国扶贫监督举报电话,加强与纪检监察、检察、审计、财政等部门和媒体等监督力量的合作,把各方面的监督结果运用到考核评估和督查巡查中。

8. 建立了最严格的考核评估体系

中央出台省级党委和政府扶贫开发工作成效考核办法、东西部扶贫协作考核办法、中央单位定点扶贫考核办法,建立最严格的考核评估制度。在考核方式上,组织实施了扶贫第三方评估、省际间交叉考核、媒体暗访。在考核内容上,2016 年交叉考核和第三方评估都将"两率一度"(贫困人口识别准确率、贫困人口退出准确率和群众满意度)作为重点,2017 年和 2018 年将交叉考核重点调整为考核各地责任落实、政策落实、工作落实情况,主要分析建档立卡数据、贫困监测数据和财政专项扶贫资金绩效评价结果。2016 年增加了纪检机关、审计机关、民主监督、督查巡查等环节,2017 年再增加梳理平时情况,

2018 年增加脱贫攻坚巡视发现问题等。在考核评定结果上，改变了打分排队的方法，结合年底集中考核情况与平时掌握情况，进行综合分析评价。通过考核，激励先进，发现解决问题，有效推进工作。

第二章　扶贫政策跟踪审计理论、实践与效果

　　作为党和国家监督体系的重要组成部分,国家审计是国家治理中不可替代的反馈和纠偏的制度安排,其主要目标就是通过审计督促政策制定、执行主体建立科学、有效的制度,并及时弥补制度缺陷以实现政策制定初衷。国家审计发挥作用的途径就是按照党中央的要求,服务国家治理目标,由国家审计机关在法定职权范围内,监督政策制定、执行过程,评价政策绩效,提高政策质量,促进国家良治。

　　长期以来,审计机关着眼于促进党中央、国务院各阶段扶贫战略与政策落实,持续组织开展了扶贫政策跟踪审计,理论和实务界也积极开展了研究。2013 年 11 月,习近平总书记提出精准扶贫、精准脱贫基本方略后,脱贫攻坚成为中央提出的三大攻坚战之一,上升为事关全面建成小康社会、实现"两个一百年"奋斗目标的重大战略抉择,一系列政策措施密集出台,扶贫工作进入新的历史阶段。在此背景下,扶贫政策跟踪审计实践无论是广度、深度还是力度都显著拓展和提升,理论研究也随之加力提效。为此,本章重点梳理研究精准扶贫、精准脱贫基本方略实施以来的扶贫政策跟踪审计理论研究与实践情况。

第一节　扶贫政策跟踪审计理论研究

理论研究的起点是实践,研究的目的是揭示规律、指导实践。扶贫政策跟踪审计实践旨在揭示扶贫政策落实中存在的突出问题,分析原因,提出建议,促进政策落实和绩效提高。因此,扶贫政策跟踪审计属于政策落实跟踪审计的组成部分,扶贫政策跟踪审计理论研究也应超越单纯研究扶贫审计的窠臼,从政策落实的视野进行研究,才能从根本上把握扶贫政策跟踪审计的规律。与此同时,从我国国家审计的实践看,整体上从真实合法性审计阶段逐步转型升级为绩效审计阶段。为此,从共性与个性相结合的角度,扶贫政策跟踪审计研究既要探析自身的特殊规律,也要解剖政策落实跟踪审计和绩效审计的共同规律,方能完整、准确地把握本质特征、内在机理和演进方向。基于以上分析,本节分别从政策落实跟踪审计研究、绩效审计研究、扶贫政策跟踪审计研究三个方面梳理相关研究情况。

一、政策落实跟踪审计研究

国家审计是基于公共受托责任产生的,对公共资金、国有资产、国有资源分配和管理使用的真实、合法、效益情况开展监督和评价。公共组织在分配和管理使用公共资金、国有资产、国有资源的过程中,必须依据相应的政策规定来实施。因此,国家审计本身就包括对政策落实情况的审查和监督。一直以来,我国审计法对审计工作的界定是对各级政府财政收支的真实、合法、效益进行审计监督。而政策落实跟踪审计正式提出的标志是于 2014 年 10 月发布的《国务院关于加强审计工作的意见》,该意见提出要发挥审计促进国家重大决策部署落实的保障作用,明确要求持续组织对国家重大政策措施和宏观调控部署落实情况的跟踪审计。具体地,要对稳增长、促改革、调结构、惠民生、防风险等政策措施落实情况,以及公共资金、国有资产、国有资源、领导干部经济责任履行情况进行审计,实现审计监督全覆盖,促进国家治理现代化和国民经济健康发展。为落实上述要求,审计署自 2014 年年底开始持续组织政策落实跟踪审计,逐步形成了比较稳定的运转模式。2018 年 5 月,习近平总书记在中央审计委员会第一次会议上的讲话中指出,要"加大对党中央重大政策措施贯彻落实情况跟踪审计力度",进一步强调了政策落实跟踪审计的重大意义。自政策落实跟踪审计实施以来,相关研究明显增多。从研究对象与内容看,主要集中在政策落实跟踪审计的概念、内容重点、组织管理、方式方法、审计整改等方面。

(一)政策落实跟踪审计研究的简要发展情况

在政策跟踪审计理论研究方面,从 19 世纪 50 年代开始,国外已有学者开始研究公共政策审计,并取得了一些成果,如拉斯维尔(Harold D. Lasswell,1951)对公共政策审计和评估的标准进行了探讨。邓恩(Dunn, 1994)首次提出了公共政策评估的适应性标准。相比较而言,国内对政策跟踪审计的理论研究起步较晚,2008 年为应对国际金融危机,我国政府启动了扩内需、促增长等"一揽子"政策措施,为促进各项政策措施落实到位,审计署对中央扩内需、促增长政策措施贯彻落实、重点资金管理使用、重大投资项目建设情况开始了跟踪审计,而相应的理论研究成果直到 2011 年才开始出现,理论研究明显滞后于实践探索,其中,具有代表性的研究有:秦荣生(2011)[①]认为经济政策执行效果审计的评价指标体系应包括经济政策的合法性、科学性、合理性、适用性、可操作性和绩效性。由于推行经济政策执行效果审计还是一个全新的领域,因此必须加快经济政策执行效果审计的理论研究,创新审计程序和方法,健全相关法规体系和审计专业人才队伍建设。李越冬、崔振龙等(2015)[②]对

---

① 秦荣生:《政府审计新领域:经济政策执行效果审计》,《当代财经》2011 年第 11 期。
② 李越冬、崔振龙、王星雨、聂光光:《最高审计机关在维护财政政策长期可持续性领域的经验与启示——基于 48 个国家最高审计机关的审计实践》,《审计研究》2015 年第 3 期。

48 个国家最高审计机关在维护财政政策可持续性领域所发挥的作用进行系统分析后，发现最高审计机关拓展了在维护财政政策长期可持续性领域的权限和范围，在维护财政政策长期可持续性领域采用了科学多样的审计方法和审计方式，在维护财政政策可持续性领域积极与其他内外机构沟通和联动。结合我国国情，从中获得对我国最高审计机关在维护财政政策长期可持续领域更好发挥作用的六方面启示。此外，王彪华（2012）①、王慧（2015）②、蔡春等（2016）③从政策跟踪审计定位、目标、内容、具体方式等维度研究了政策跟踪审计现状，进而提出将政策执行机制与过程审计、政策制定评估等内容纳入政策跟踪审计范畴。

（二）关于政策落实跟踪审计概念

研究者们从主体、客体、属性、目标、作用等方面，对政策落实跟踪审计的概念进行了探析。如石慧芳（2015）④提出，政策措施落实跟踪审计一般是指审计机关就政府制定的重大政策措施和宏观调控要求的执行情况进行专门监督，以保证宏观政策措施得到有效执行，进而促进国民经济良性运行和健康发展。王慧（2017）⑤认为，政策措施落实情况跟踪审计是审计机关通过对有关部门和地方传递、落实中央重大决策部署等要求的过程和效果进行监督检查，及时发现有令不行、有禁不止的行为，反映好的做法、经验，揭示新情况、新问题，促进政策落地生根和不断完善，积极发挥审计监督的政策落实"督查员"、经济发展"助推器"的作用。李修文（2016）⑥从三个方面定义政策落实跟踪审计，包括"发现问题""对策反馈"以及"时效性"，更加关注此项审计的反馈

---

① 王彪华：《政策执行情况跟踪审计研讨会综述》，《审计研究》2012 年第 6 期。
② 王慧：《政策措施落实情况审计研讨会综述》，《审计研究》2015 年第 6 期。
③ 蔡春、唐凯桃、刘玉玉：《政策执行效果审计初探》，《审计研究》2016 年第 4 期。
④ 石慧芳：《如何有效开展政策措施落实跟踪审计》，《理财》2015 年第 10 期。
⑤ 王慧：《政策措施落实情况跟踪审计理论与实务研究综述》，《审计研究》2017 年第 2 期。
⑥ 李修文：《政策落实跟踪审计问题探讨》，《审计月刊》2016 年第 8 期。

性和时效性。

关于政策落实跟踪审计的目的,研究者们从促进政策落实、提高政策绩效、推动政策优化等方面进行了探讨。如严畅(2015)①提出了政策落实跟踪审计的三个特点,包括时效性、动态性和协调性,其重要作用在于推动中央政策的有效传递与落实,维护经济社会的有序运转。戴枫、杜秀红(2018)②进一步研究提出,政策落实跟踪审计应超越关注被审计单位的政策执行层面,例如执行过程的合法性、合规性,其执行结果是否达到预期等,还需拓展到关注政策本身层面,有无进一步优化的空间。有的学者进一步探讨了政策落实跟踪审计的属性研究,刘波(2016)③分析政策落实跟踪审计能对国家政策落实、政策性资金运用情况实现长期持续性的监督,且进一步提出,政策落实跟踪审计作为一项具有独立性质的监督活动,其本质上是一种绩效审计,监督重点包括政策实施过程及结果的经济性、效率性、效果性。

一些学者从政策落实跟踪审计在国家治理中的地位与作用进行了研究。如刘波(2016)提出,政策落实跟踪审计是国家治理体系和治理能力现代化的重要组成部分,拓展了审计监督的保障新职能。从总体上看,政策落实跟踪审计具有审计导向的绩效性、审计过程的动态性、审计内容的丰富性、审计报告的全面性等特点。朱智鸿等(2017)④从宏观层面探析了政策落实审计的作用,提出政策跟踪审计的审计对象涉及政策传播全流程的经济社会活动,对于推动政策落实营造良好的政商环境等方面,具有很好的监督效能和积极深远的影响。赵海霞(2018)⑤认为,国家治理中由于推动政策落实的要求,需要审

---

① 严畅:《政策措施落实跟踪审计初探》,《审计月刊》2015 年第 9 期。

② 戴枫、杜秀红:《对审计全覆盖背景下政策落实跟踪审计的探讨》,《中国审计报》2018 年 11 月 14 日。

③ 刘波:《政策措施落实跟踪审计的理论与实践研究》,《审计月刊》2016 年第 11 期。

④ 朱智鸿、赵明华、陈文红:《政策跟踪审计相关问题思考与对策建议》,《财会月刊》2017 年第 12 期。

⑤ 赵海霞:《浅析政策措施落实情况跟踪审计存在的问题及建议》,《中国商论》2018 年第 27 期。

计机关实施政策落实跟踪审计;另一方面,审计转型发展本身也依靠政策落实跟踪审计。

(三)关于政策落实跟踪审计的重点内容

研究者们结合重大政策体系和审计监督职责进行了研究。石慧芳(2015)[①]认为,政策落实跟踪审计内容主要包含五个方面:一是财政资金的到位和使用情况;二是重大政策措施的贯彻落实情况;三是重大建设工程的推进情况;四是推进简政放权政策的落实情况;五是跟踪审计发现问题的整改情况。刘波(2016)指出,政策落实跟踪审计应该突出体现审计的监督和评价职能,更好发挥审计的建设性作用。王慧(2017)[②]研究提出,政策落实跟踪审计要重点围绕中央重大政策措施发力,包括"放管服"改革、供给侧结构性改革和创新驱动战略实施等,跟踪检查"三去一降一补"(去产能、去库存、去杠杆、降成本、补短板)落实,区域协调发展、实体经济领域转型升级等情况,推动政令畅通。

(四)关于政策落实跟踪审计的组织管理

关于审计项目计划和实施等方面,学术界开展了丰富的研究,提出了应加强统筹的观点。如王慧(2017)认为,可以按照"五统一"的原则,组织各级审计机关联合开展全局性、行业性政策落实跟踪审计,审计中要跨层级、跨专业、跨部门整合配置审计资源,充分发挥结构优势和整体合力,实行"多兵种""大兵团"作战。上海市审计学会课题组、林忠华(2017)[③]提出,审计机关在安排年度审计项目计划时,应当以政策落实情况跟踪审计为主线,统筹安排预算执

---

① 石慧芳:《如何有效开展政策措施落实跟踪审计》,《理财》2015 年第 10 期。
② 王慧:《政策措施落实情况跟踪审计理论与实务研究综述》,《审计研究》2017 年第 2 期。
③ 上海市审计学会课题组、林忠华:《政策措施落实情况跟踪审计实务研究》,《审计研究》2017 年第 3 期。

行审计、经济责任审计以及其他有关审计项目,在综合分析的基础上,尽量安排在同一时间段,选择有关政策措施,针对同一审计对象的其他审计项目进行集中安排,采取联合进点的方式实施,避免多个审计组在较近的时间段内多次进驻同一审计对象。

(五)关于政策落实跟踪审计的方法

学者们基于政策落实跟踪审计环境、特点等,对审计方法进行了多维度的研究。王慧(2017)认为,可以选取审核财务资料、实地勘察、查阅资料等方法,开展政策落实跟踪审计,此外,随着信息化、大数据的发展,还应该基于更多的视角融合大数据审计技术。夏明省(2018)[1]指出,对于政策落实跟踪审计中遇到的问题,应该考虑全面性,采用综合性的模式解决,同时要灵活运用各种审计方法,形成完整的方法体系。大数据审计应用方面,研究者们从大数据环境下审计方式、范围调整创新进行了辨析。陈丽、夏诗明(2018)[2]认为,大数据环境下政策落实跟踪审计在取证方法上迎来新的发展机遇,可以实现从抽样分析扩展到总体分析,从因果关系分析拓展到相关性分析。杨杰(2016)[3]提出,要健全数据应用机制,深入探索跨行业的数据关联和彼此间的相互印证,实现对国家宏观政策的总体把握以及深层次问题的有效查处。戴枫、杜秀红(2018)[4]认为,互联网的蓬勃发展在金融业领域得到广泛应用,同时也给审计方法创新带来了机遇和挑战,如区块链技术可以运用到金融政策落实跟踪审计中,审计人员可以实时跟踪金融交易数据,及时发现有关风险隐患,推动金融业以及国民经济的稳定健康发展。

---

[1] 夏明省:《持续深化跟踪审计 推动重大政策措施落实》,《审计月刊》2018 年第 2 期。

[2] 陈丽、夏诗明:《大数据环境对政策落实跟踪审计技术方法的影响与对策》,《财会研究》2018 年第 1 期。

[3] 杨杰:《浅谈大数据下政策措施落实跟踪审计能力要求》,《审计月刊》2016 年第 3 期。

[4] 戴枫、杜秀红:《对审计全覆盖背景下政策落实跟踪审计的探讨》,《中国审计报》2018 年 11 月 14 日。

审计评价一直是审计理论研究的重点领域,学者们结合政策落实跟踪审计的特点进行了梳理和探讨。王慧(2017)①认为,政策落实跟踪审计的评价体系匮乏,评价标准不统一,导致审计结果的责任认定难度大,因此建立一套政策落实跟踪审计的规范体系显得十分必要。同时,她提出从改进审计组织方式、创新审计方法、完善评价机制和加强审计队伍素质建设等方面优化审计实践结果。淄博市审计局课题组、侯全明(2016)②以农村饮用水安全为案例进行了实证研究,着眼政策落实绩效跟踪评价,从价值、形式和事实等三个方面,尝试解决政策落实跟踪审计中的不协调问题。陈凤霞、张盛楠(2018)③探析了审计评价体系,认为可以结合平衡记分卡和 KPI 方法(关键绩效指标法),对政策落实跟踪的绩效开展评价。

(六)关于政策落实跟踪审计的整改与成果运用

研究者们从加强整改跟踪与部门协调、拓宽成果运用渠道等方面进行了探析。温利锐(2017)④提出,随着国家审计的不断发展,政策落实跟踪审计的作用范围不断拓展,具体分为四个层面:一是政策执行层面,政策落实跟踪审计发现的问题能够落实到相关责任人,推动精准整改,而对于移送的案件线索则可由对口部门进行立案查处;二是被审计单位层面,通过采纳审计意见,以及主管部门、政府、人大和党委批示审计意见,利用体制及管辖关系自上而下地解决问题,确保政策落实;三是反馈层面,审计发现政策执行过程中产生的各类问题和解决措施,都是未来执行政策的经验,通过举一反三,可以推动未来更有效地落实政策;四是社会公众层面,着眼"三去一降一补""稳增长、促改革、调结构、惠民生、防风险"等政策措施落地生根,针对审计发现的问题及

---

① 王慧:《政策措施落实情况跟踪审计理论与实务研究综述》,《审计研究》2017 年第 2 期。
② 淄博市审计局课题组、侯全明:《"三维"视角下政策措施落实情况跟踪审计分析》,《审计研究》2016 年第 1 期。
③ 陈凤霞、张盛楠:《政策执行效果审计研究现状述评》,《会计之友》2018 年第 3 期。
④ 温利锐:《强化政策跟踪审计成果运用的思考》,《审计月刊》2017 年第 7 期。

成果信息建言献策,从而形成社会广泛参与的良好局面。石慧芳(2015)[①]指出,要监督各部门整改过程,明确整改时间要求,在跟踪整改过程中应该更多关注重点问题,对于整改不力的单位或个人,应该酌情问责。还要提高审计结果及其整改的公示力度,推动提高社会公众对政策的关注度。与此同时,李自勇等(2015)[②]认为,应该完善组织机制,推动各部门协调合作以促进政策落实审计结果应用,加强向当地政协、人大的沟通和汇报力度,让政协和人大知晓政策跟踪审计结果,促进上级部门更加重视审计结果。应该协调检察、公安等部门,提请他们提前介入重大经济案件,扩大审计成果。

此外,还有一些研究者对政策落实跟踪审计机制进行了探讨。如赵海霞(2018)[③]认为,应出台统一、专门、可操作性强的政策落实跟踪审计制度规范、操作指南和评价依据,使政策跟踪审计有法可依、有章可循,最大限度地提升审计工作质量,防范审计风险,促进政策落实跟踪审计管理的规范化、制度化、科学化。

二、 绩效审计研究

长期以来,绩效审计一直是审计理论和实务研究的重要领域。绩效审计的概念肇始于西方,一般被称作"3E"(Economy,Efficiency,Effectiveness)审计,所谓"3E",即经济性、效率性和效果性。我国的经济社会制度与审计管理体制,决定了国家审计在目标理念、内容边界和审计方式上均与西方有较大差异,我国历经多年理论探索和实践创新,形成了中国特色社会主义绩效审计模式。从绩效审计的内涵看,《中华人民共和国国家审计准则》提出,效益性是指财政收支、财务收支以及有关经济活动实现的经济效益、社会效益和环境效

---

① 石慧芳:《如何有效开展政策措施落实跟踪审计》,《理财》2015 年第 10 期。
② 李自勇、贺磊、张华:《政策措施落实情况跟踪审计浅析》,《审计月刊》2015 年第 8 期。
③ 赵海霞:《浅析政策措施落实情况跟踪审计存在的问题及建议》,《中国商论》2018 年第 27 期。

益。也就是说,我国绩效审计不仅仅关注经济性、效率性,在效果性上更加注重社会效益和环境效益。从近年来的研究情况看,广大研究者除继续对绩效审计制度建设、绩效审计评价体系健全等方面开展研究外,在研究内容与重点方面也呈现出一些新的特点。主要有以下三个方面。

(一)关于绩效审计职能

研究者们从监督受托责任履行、服务国家治理的角度做了进一步研究。谢志华等(2006)①通过分析我国绩效审计理论与实践成果,提出绩效审计职能包括受托责任和决策有效性两个层面。王晓娜(2014)②认为政府绩效审计可以通过绩效评价对行政单位落实绩效发挥基础的鉴证性职能,还应体现对政府履职尽责的指导性职能,据此从兼顾双重职能的角度构建绩效审计评价建议框架。曲明、刘康(2014)③认为政府绩效审计的本质功能包括监督、鉴证和评价,从拓展的角度也具有撤销公共受托责任、服务以及价值增值的具体功能。魏红征(2019)④认为,在全面实施绩效管理的现实背景下,政府绩效评价与绩效审计是推进我国国家治理体系和治理能力现代化、提升政府财政支出绩效、实现民主财政的重要工具。他还提出,政府审计具有三大主要功能,包括监督公共责任履行、制约公共权力行使、发挥"免疫功能",在此基础上认为绩效审计作为国家治理的手段,通过监督政府行为的经济性、效率性、效果性,促进完善治理结构,推进民主与法治的建设,保障经济有效运行、资源有效配置、国家科学发展。

---

① 谢志华、孟丽荣、余应敏:《政府绩效审计职能之二维层面:解除受托责任与实现决策有用》,《审计研究》2006 年第 3 期。

② 王晓娜:《双重职能视角下的政府投资环保项目绩效审计研究》,中国海洋大学 2014 年硕士学位论文。

③ 曲明、刘康:《政府绩效审计理论框架的构建》,《河南工业大学学报(社会科学版)》2014 年第 3 期。

④ 魏红征:《政府绩效评价与绩效审计异同性探析》,《财会通讯》2019 年第 10 期。

（二）关于绩效审计内容重点

有的研究者从我国社会主要矛盾变化的角度，提出将环境性、公平性纳入绩效审计内容。基于促进我国经济持续健康发展的视角，环境性与公平性应当纳入绩效审计的视野，进而拓展绩效审计的功能。其中，环境性用于衡量对自然资源的利用和保护程度，公平性用于衡量收入分配的合理程度。秦晓晶（2010）[①]认为，政府制定公共政策、提供公共服务旨在体现公正性，应在资源供给政策、供给方向以及供应过程三个方面上体现公平，相应的公平性应当纳入绩效审计的重点内容中。

（三）关于绩效审计结果运用

一些研究者从政府治理深化、追责问责机制建立健全的角度，对绩效审计问责进行了探讨。何新容（2017）[②]提出，财政资金绩效审计作为国家治理的重要手段，将是未来财政审计发展的重要方向。通过审查被审计单位履行受托责任情况、公允评价和有效监督预算编制及执行、财政资金收支真实性、合理性，实施绩效审计问责制度，将推动现代政府及行政机构向有限、有能、有为、有责和有效的方向演进，推动国家治理现代化。

何新容还认为，审计实践中发现，因被审计单位不作为、低效现象，公共资源配置不及时或不合理，造成绩效目标无法达到预期，建立绩效审计问责制度则可发展和延伸审计问责制度，从而提高问责的精准度和有效性。吴茵（2018）[③]提出要完善通过实施结果公告及责任追究两大制度来强化审计监督机制，提高审计监督效率效果。除此之外，应通过多种方式打通百姓与审计监

---

① 秦晓晶：《浅谈我国绩效审计的现状和展望——基于"5E"审计的思考》，《中国经贸导刊》2010 年第 3 期。

② 何新容：《国家治理视角下的绩效审计问责制度构建》，《南京审计大学学报》2017 年第 2 期。

③ 吴茵：《论我国开展政府绩效审计的问题及对策》，《现代经济信息》2018 年第 13 期。

督的渠道,百姓的监督有助于扩大审计影响,提高审计监督功效。传统的审计追责、处罚大多针对被审计单位整体,而忽略了对个人的惩戒。在未来的审计追责工作中,不应忽视对个人的处罚,可利用个人征信、个人档案、职业升迁进行惩处,从而提高制约力。

三、 扶贫政策跟踪审计研究

在扶贫政策跟踪审计方面,从总体上看,由于政治体制、经济体制的不同,国内学者对扶贫政策落实情况跟踪审计的研究较国外学者更活跃,研究的视角也更为多元化。通过文献检索,国外学者几乎没有和国内研究同口径可比较的扶贫政策落实情况跟踪审计,国内的研究主要围绕绩效审计展开。

(一)关于扶贫政策跟踪审计的属性与目标的研究

研究者们基于国家审计基本职责,从宏观、微观等多个维度进行了探析。牛立燕(2019)[①]认为,基于当下政策法规,扶贫资金审计工作一般结合相关具体扶贫资金政策,对扶贫资金预算安排、扶贫资金管理、扶贫资金使用等工作的真实、合法和效果、效益情况进行审计。通过扶贫资金的审计,出具审计报告,发现扶贫政策落实与资金使用管理存在的主要问题,制定针对性应对措施进行整改,充分发挥绩效审计的监督和评价职能,扶贫资金审计具有整体性、多样性、复杂性的特点。李静、高海清(2019)[②]认为,扶贫审计的目标在于促进精准扶贫工作的完成,从宏观角度分析,扶贫审计的目标是客观公允地展现扶贫工作成果,反映扶贫成效,揭示存在的典型问题。通过扶贫政策跟踪审计发现扶贫工作中的问题,再从不同切入点分析原因,提出有针对性的解决方

---

① 牛立燕:《扶贫资金审计应关注的内容和重点研究》,《现代经济信息》2019 年第 15 期。
② 李静、高海清:《基于 PSR 与 AHP 理论的扶贫审计评价体系构建》,《榆林学院学报》2019 年第 1 期。

案,提升扶贫资源配置效率,强化配置合理性,维护资金安全,帮助脱贫攻坚政策充分贯彻落实。从微观角度分析,扶贫政策跟踪审计工作必须因地制宜,要适应当地实情、密切结合当地扶贫工作,力争做到扶贫重大政策落实、贫困县以及扶贫资金、投资较大的扶贫项目、扶贫协作项目等审计全覆盖。孙达新(2019)①认为,在扶贫工作中,国家审计由于其本质属性和功能的特殊性而不可替代,应该提升对扶贫政策跟踪审计重要性的认识,加大对扶贫政策跟踪审计的覆盖力度,加强扶贫政策跟踪审计与其他审计工作的联动,推动扶贫政策跟踪审计的大数据应用,坚持"三个区分开来"的重要要求。

(二)关于扶贫政策跟踪审计重点内容的研究

研究者们从政策落实、资金管理、绩效精准等方面进行了分析。李依航(2017)②提出,财政扶贫资金审计应当包括四个方面:一是以政策执行情况为重点,促使扶贫脱贫政策措施落地;二是以扶贫资金走向为主线,梳理扶贫专项资金的使用状况;三是以脱贫为出发点,重点关注扶贫项目立项审批及其管理;四是以促进经济发展为目标,监督扶贫项目的脱贫能力。胡东兰(2016)③则研究了财政扶贫资金绩效审计的重点内容:一是跟踪检查精准扶贫资金相关政策落实情况;二是着力监督检查扶贫资金绩效情况;三是重点监督检查扶贫资金项目建设运营情况;四是重点推动扶贫资金绩效审计结果的公开。胥毅(2016)④研究了精准扶贫政策落实跟踪审计的重点内容,提出要推进财政涉农资金统筹使用、推进"扶贫精准度"的提升、推进失能人员医保救助制度建设。

---

　　①　孙达新:《国家审计在精准扶贫中的作用》,《中国内部审计》2019 年第 5 期。

　　②　李依航:《财政专项扶贫资金的绩效审计》,《现代审计与经济》2017 年第 4 期。

　　③　胡东兰:《新常态下财政精准扶贫资金绩效审计研究》,《财政监督》2016 年第 22 期。

　　④　胥毅:《新常态、新理念下精准扶贫政策落实跟踪审计研究》,《审计与理财》2016 年第 10 期。

（三）关于扶贫政策跟踪审计方式方法的研究

扶贫政策跟踪审计方式方法研究主要集中在大数据的应用方面。秦荣生（2014）[①]认为，大数据可以促进总体审计模式的应用、审计成果的综合应用、相关关系证据的应用和持续审计方式的发展。刘冰洁（2017）[②]分析了大数据背景下的扶贫数据特点，包括扶贫人口数据更精准、扶贫资金数据更广泛、扶贫政策数据更细致，这些特点为多角度构建扶贫政策跟踪审计大数据、实现扶贫政策跟踪审计全覆盖提供了条件。庄晓萌（2018）[③]研究了大数据扶贫政策跟踪审计的优越性，包括"三个实现"：实现局部到整体转变，增加精准性和效率性；实现微观向宏观转变，提高审计成果利用率；实现事后向事前、事中转变，优化审计程序。杜永红等（2017）[④]提出，要大力推进事中实时大数据联网跟踪审计，助推精准帮扶。陈伟（2018）[⑤]研究了扶贫政策跟踪审计中大数据应用方法，包括数据查询方法、相关数据挖掘等智能分析方法、大数据可视化分析、外部公共数据分析。

（四）关于扶贫政策跟踪审计绩效评价理论研究

研究者们在研究绩效审计的基础上，对扶贫政策跟踪审计绩效评价进行了具体研究。李立（2017）[⑥]在引入整体性治理理论的基础上，提出要从四个方面构建扶贫政策跟踪审计绩效评价指标体系：一是要注重反映扶贫政策执

---

① 秦荣生：《大数据、云计算技术对审计的影响研究》，《审计研究》2014 年第 6 期。
② 刘冰洁：《大数据背景下扶贫资金专项审计》，《现代经济信息》2017 年第 19 期。
③ 庄晓萌：《大数据背景下开展扶贫审计工作的方法初探》，《江苏省审计机关第七届青年审计论坛论文集》，2018 年。
④ 杜永红、史慧敏、石买红：《大数据背景下精准扶贫的审计监督全覆盖研究》，《会计之友》2017 年第 20 期。
⑤ 陈伟：《大数据技术在扶贫审计中的应用》，《财务与会计》2018 年第 15 期。
⑥ 李立：《整体性治理视域下政府财政专项扶贫资金绩效审计研究》，《财政监督》2017 年第 5 期。

行情况的指标;二是要注重反映财政扶贫资金效率评价的指标;三是要注重反映扶贫项目投资效果情况的指标;此外还应评价项目建设对区域自然资源、生态环境的影响程度。王婧澜(2018)[①]在审计全覆盖的视野下,有针对性地提出指标构建原则,从经济效益、社会效益、环境效益三个维度出发,细分出定向与定量反馈,尝试构建一套具有系统性和层次性的财政扶贫资金绩效审计评价指标体系。李静、高海清(2019)[②]应用压力、状态、响应(Pressure-State-Response,PSR)理论刻画出扶贫政策跟踪审计工作评价指标,尝试构建了扶贫政策跟踪审计绩效评价体系,然后借助层次分析法(Analytic Hierarchy Process,AHP)理论确定了指标核算流程。曾祥锐、冯鹏宇、石东林(2018)[③]通过对现有扶贫政策跟踪审计机制的分析,从"扶贫审计目标多元化—精准扶贫内容精准化—创新精准扶贫审计模式"三个层面探索建立扶贫政策跟踪审计评估模式。还有的研究结合实例进行了论证,如孟志华、余瀚(2019)[④]基于公众满意度视角,利用满意度调查问卷的方法对甘肃省典型的经济欠发达地区的精准扶贫政策绩效进行审计评价。

(五)学者关于扶贫政策跟踪审计执行情况的评价研究

国内学者也针对我国扶贫政策跟踪审计实践现状进行了分析评价,指出我国扶贫政策跟踪审计实践仍然存在着一些不足。寇永红、吕博(2014)[⑤]分析了我国财政扶贫资金绩效审计现状,指出我国扶贫资金绩效审计工作存在

①　王婧澜:《全覆盖视野下的财政扶贫资金绩效审计评价指标体系研究》,《中国管理信息化》2018 年第 5 期。

②　李静、高海清:《基于 PSR 与 AHP 理论的扶贫审计评价体系构建》,《榆林学院学报》2019 年第 1 期。

③　曾祥锐、冯鹏宇、石东林:《构建精准扶贫审计评估新模式》,《农村实用技术》2018 年第 8 期。

④　孟志华、余瀚:《基于政策生命周期的精准扶贫政策审计评价问题研究》,《审计与理财》2019 年第 3 期。

⑤　寇永红、吕博:《财政扶贫资金绩效审计工作现状及改进措施》,《审计研究》2014 年第 4 期。

覆盖范围有限、审计力度和深度不够、资源整合不到位以及公开程度不高等问题，在此基础上研究提出了加强扶贫资金绩效审计的改进措施。陈新秀（2016）①提出，政府扶贫政策落实情况跟踪审计是财政扶贫资金不可缺少的外部监督机制，并论证了扶贫绩效审计的效率性和效果性。孙保敏（2016）②分析，扶贫政策跟踪审计就是对资金中影响绩效的问题进行分析和解决，而当前审计更多地是关注资金收支的真实合法性，提出应关注财政扶贫资金审计监管的"无影灯"效应，开展扶贫政策落实情况跟踪审计。李军（2016）③提出，针对审计发现的虚报冒领、挤占挪用、管理不规范等问题，扶贫资金审计监督的优化需要从资金管理、资金审计等方面入手。李鹏杰（2016）④以财政扶贫专项资金为切入点，提出了完善我国扶贫专项资金审计法律制度建设、建立健全绩效审计评价体系等建议。刘静（2016）⑤针对扶贫资金使用效率低下以及挤占挪用、贪污腐败等行为，分析认为我国扶贫资金审计在目标、内容、方法、成果利用、信息公开、制度建设等方面存在一些不足。

本节从政策落实跟踪审计、绩效审计、专项扶贫审计的角度，对扶贫政策跟踪审计理论研究情况进行了梳理，可以清晰地看出，随着国家扶贫政策不断深入，越来越多的学者开始从审计的视角研究扶贫政策，这些研究紧扣扶贫政策跟踪审计实践，从目标、主体、客体、属性、特征、方式、方法、结果运用、工作机制等方面，进行了多方研究，总体上取得了较好成果，对于把握扶贫政策跟踪审计规律、指导扶贫政策跟踪审计实践具有较高价值。

但是，现有的研究至少还存在五个方面的不足。

一是研究方法比较单一。现有研究主要针对某个地区、某项具体政策或某项资金展开，实务研究较多，理论研究偏少，缺乏横向和纵向之间的比较研究。

①　陈新秀：《财政扶贫资金绩效审计探究》，《时代金融》2016年第26期。

②　孙保敏：《财政扶贫资金审计监管的无影灯效应改进探讨》，《理财》2016年第5期。

③　李军：《国家扶贫资金审计监督的深化探讨》，《现代经济信息》2016年第3期。

④　李鹏杰：《浅谈财政扶贫专项资金绩效审计》，《财会研究》2016年第6期。

⑤　刘静：《完善扶贫资金审计的对策研究》，《审计研究》2016年第5期。

定性研究比较多,定量研究比较少,缺乏宏观经济理论、政策评估理论以及大数据思维,对扶贫政策的效果难以进行精准测定,不能比较全面、准确反映扶贫政策的效果。二是研究内容还不完整。现有扶贫政策跟踪审计研究主要集中在重大扶贫政策、重点资金和社会关注较多的领域,对扶贫政策跟踪审计的基础研究还不深入,如扶贫政策跟踪审计背后的制度基础、功能定位、作用机制、国内外比较研究等还比较缺乏。三是碎片化研究比较多,综合性研究比较少。现有研究大多从扶贫政策跟踪审计的某一个角度切入,研究相对零散,系统性不足,缺乏对贫困成因、扶贫政策、扶贫政策跟踪审计等方面系统、深入的分析。四是创新性还不够强。针对扶贫政策跟踪审计,现有文献主要还是立足于传统财政财务收支审计的视角。对新形势下,加强审计与扶贫政策相结合,突出审计在促进国家治理体系和治理能力现代化方面的研究还不够。五是研究的前瞻性不足。随着精准扶贫、精准脱贫基本方略的深入实施,我国在 2020 年达到消除绝对贫困的目标之后,相对贫困还将长期存在,如何创新扶贫政策跟踪审计理论、在新的历史条件下指导扶贫政策跟踪审计,是未来研究需要重点关注和解决的课题。

第二节　扶贫政策跟踪审计实践分析

自精准扶贫、精准脱贫基本方略实施以来,审计机关紧紧围绕党中央、国务院决策部署,精心组织、加力提效,持续深化扶贫政策跟踪审计实践,扶贫政策跟踪审计进入新的历史阶段,取得了显著成效。

一、　聚焦中央脱贫攻坚战略中心,把牢扶贫政策跟踪审计主攻方向

(一)审计机关成为党的工作部门,肩负服务党中央治国理政的职责

近年来,党中央、国务院在全面深化改革,推动国家治理体系和治理能力

现代化的过程中,着眼完善党和国家监督体系,出台一系列重大政策举措,推进审计管理体制改革。2014 年 10 月,《国务院关于加强审计工作的意见》发布。2015 年 12 月,《中共中央办公厅 国务院办公厅关于完善审计制度若干重大问题的框架意见》及配套文件印发。2018 年 2 月,党的十九届三中全会审议通过的《中共中央关于深化党和国家机构改革的决定》《深化党和国家机构改革方案》提出,组建中央审计委员会,全面加强党对审计工作的领导。这意味着,审计机关从政府组成部门拓展为党的工作部门,服务党中央治国理政、促进党中央令行禁止成为审计工作更高的职责定位和目标导向。

(二)党中央把舵定向,明确脱贫攻坚战略目标和重大举措

党的十八大以来,党中央、国务院出台了一系列政策文件,对脱贫攻坚作出重大部署。其中最具标志性的文件有两个:一是 2015 年 11 月的《中共中央 国务院关于打赢脱贫攻坚战的决定》,它提出了"两不愁三保障",实现贫困地区农民人均可支配收入增长幅度高于全国平均水平,基本公共服务主要领域指标接近全国平均水平,确保我国现行标准下农村贫困人口实现脱贫,贫困县全部摘帽,解决区域性整体贫困。在总目标导向下,要求健全精准扶贫工作机制,实现扶持对象精准、项目安排精准、资金使用精准、措施到户精准、因村派人精准、脱贫成效精准(即"六个精准"),并且提出了实现总目标的扶贫政策措施。二是 2018 年 6 月的《中共中央 国务院关于打赢脱贫攻坚战三年行动的指导意见》,它指出脱贫攻坚取得决定性进展,深度贫困地区脱贫难度更大,脱贫攻坚工作中形式主义、官僚主义、弄虚作假、急躁和厌战情绪以及消极腐败现象仍然存在。在此基础上,提出要聚焦深度贫困地区,坚持严格执行现行扶贫标准,严格按照"两不愁三保障"要求,进一步部署扶贫工作举措,要求到 2020 年,巩固脱贫成果,通过发展生产脱贫一批、易地搬迁脱贫一批、生态补偿脱贫一批、发展教育脱贫一批、社会保障兜底一批(即"五个一批"),如期完成脱贫攻坚任务,确保如期实现全面小康。

（三）审计机关紧紧围绕中央决策部署，把牢扶贫政策跟踪审计发力的主攻方向

党的十八大以来，审计署及各级审计机关切实提高站位，在以往年度扶贫政策跟踪审计的基础上，将扶贫政策跟踪审计摆在更加突出的位置。2015年11月中央扶贫开发工作会议以来，审计署深入贯彻党中央精准扶贫、精准脱贫决策部署，先后印发了《"十三五"国家审计工作发展规划》《审计署办公厅关于进一步加强扶贫审计促进精准扶贫精准脱贫政策落实的意见》《审计署办公厅关于印发贯彻落实"十三五"脱贫攻坚规划具体措施的通知》《审计署关于在打赢脱贫攻坚战中进一步加强扶贫审计的意见》《审计署关于贯彻落实脱贫攻坚战三年行动指导意见进一步深化扶贫审计的通知》等多个与扶贫政策跟踪审计有密切关系的文件，对"十三五"时期加强扶贫政策跟踪审计的工作原则、审计重点、工作要求等作出部署，要求各级审计机关紧紧围绕脱贫攻坚目标，沿着"政策"和"资金"两条主线，把推动扶贫政策落实、规范扶贫资金管理、维护扶贫资金安全、提高扶贫资金绩效作为审计工作的着力点，持续加大扶贫政策跟踪审计力度。

相应地，2015年下半年以来，审计署结合政策落实跟踪审计，按月度或季度持续组织开展了扶贫政策跟踪审计。在审计中，始终坚持围绕中央决策部署，把准审计发力的主攻方向。在目标导向上，始终将"两不愁三保障"落实情况作为重中之重；在内容重点上，始终聚焦"六个精准""五个一批"，关注精准扶贫、精准脱贫政策措施执行情况；在问题揭示上，着力揭示扶贫政策贯彻落实、扶贫资金使用管理、扶贫项目建设运行中，在"精准""安全""绩效"方面存在的突出问题。通过把准主攻方向，确保扶贫政策跟踪审计有效服务中央扶贫工作重大决策部署，推动扶贫工作各项重大政策落地见效，切实发挥审计在党和国家监督体系中的重要作用。

二、　不断完善扶贫政策跟踪审计工作机制，创新审计方式方法

审计署认真落实中央关于构建集中统一、全面覆盖、权威高效审计监督体系的要求，切实履行主管全国审计工作的职责，着力完善扶贫政策跟踪审计工作机制，加强审计组织管理，推动提高扶贫政策跟踪审计整体效能。

（一）注重建章立制，推动扶贫政策跟踪审计工作制度化、长效化

2016 年以来，审计署从落实中央脱贫攻坚决策部署的角度，发布了多个关于加强扶贫政策跟踪审计工作的文件，指导推动此项审计工作深入开展。如 2016 年 5 月出台的《审计署办公厅关于进一步加强扶贫审计促进精准扶贫精准脱贫政策落实的意见》，该意见强调了扶贫政策跟踪审计工作的极端重要性，从适应新常态、践行新理念的角度，提出要切实贯彻扶贫政策跟踪审计工作原则，做到"四个坚持"，即坚持客观求实、坚持依法审计、坚持鼓励创新、坚持推动改革。该意见还明确了扶贫政策跟踪审计重点，提出了领导保障措施。2017 年 12 月印发的《审计署关于在打赢脱贫攻坚战中进一步加强扶贫审计的意见》，进一步明确了扶贫政策跟踪审计的总体要求、重点任务、工作要求和保障措施，要求 2020 年以前实现对国家扶贫开发工作重点县（含集中连片特困地区县）和深度贫困地区审计全覆盖，推动脱贫攻坚政策措施落实更加精准，有效维护扶贫资金安全，促进提高资金使用绩效，充分发挥审计在打赢脱贫攻坚战中的重要作用。2018 年 8 月印发的《审计署关于贯彻落实脱贫攻坚战三年行动指导意见进一步深化扶贫审计的通知》，从贯彻落实《中共中央 国务院关于打赢脱贫攻坚战三年行动的指导意见》的高度，进一步对扶贫审计工作作出了部署安排，要求围绕三年行动计划目标任务实现扶贫资金审计全覆盖，进一步聚焦"精准""安全""绩效"，认真落实"三个区分开来"的重要要求，推动建立解决问题的长效机制，创新扶贫政策跟踪审计方式方法，

严格执行各项纪律。审计署还针对扶贫政策跟踪审计实践中出现的具体情况出台了相关规定和指导意见,地方各级审计机关也结合实际建立健全了落实办法。通过建章立制,明确了扶贫政策跟踪审计的指导思想、总体目标、审计原则、组织领导、内容重点、方式方法、整改机制和纪律保障等,为扶贫政策跟踪审计顺利开展提供了制度保障。

(二)深入落实"两统筹",推动扶贫政策跟踪审计全覆盖

根据党中央、国务院有关完善审计制度、加强审计工作的政策文件要求,要对公共资金、国有资产、国有资源使用管理和领导干部履行经济责任情况实现审计监督全覆盖。审计署着眼推动落实脱贫攻坚政策,积极创新方式方法,努力推进审计项目审计组织方式"两统筹",加强审计资源整合,构建全国扶贫政策跟踪审计"一盘棋",提高扶贫政策跟踪审计整体效能,落实中央为基层减负的要求。在审计项目安排上,注意将扶贫政策跟踪审计与党政领导干部经济责任审计、部门预算执行审计以及其他专项审计相互融合,实现在各类审计项目中关注扶贫政策落实情况,做到"一审多项""一审多果""一果多用"。在审计资源整合上,要求各级审计机关要加强扶贫政策跟踪审计组织管理,注重资源统筹整合,落实"上审下、交叉审"等组织方式,积极总结提高审计效率、保证审计质量、提升审计合力的经验做法。在审计全覆盖的推进上,要求各级审计机关要统筹谋划"十三五"时期本地区扶贫政策跟踪审计工作,科学制定计划,合理调配力量,提高审计效率,实现对扶贫开发政策、资金、项目进行有重点、有步骤、有深度、有成效的审计全覆盖。加强对全国扶贫政策跟踪审计工作的领导,各省(自治区、直辖市)审计厅(局)要统筹组织本地区集中连片特困地区县、国家扶贫开发工作重点县扶贫政策跟踪审计工作,落实责任,整合力量,提高质量,务求实效。在扶贫资金覆盖上,提出资金类别应包括:财政扶贫资金、整合其他专项资金安排用于脱贫攻坚的资金,以及东西部扶贫协作、行业扶贫、定点帮扶和其他社会扶贫资金,要加大对资金分配管

理使用关键环节的审计力度。

（三）坚持科技强审，不断深化大数据应用

2018 年 5 月，习近平总书记在中央审计委员会第一次会议上的讲话中强调，要坚持科技强审，加强审计信息化建设。审计署积极创新扶贫政策跟踪审计技术方法，向信息化要资源、向大数据要效率，推动计算机审计技术、地理信息系统工具等在扶贫政策跟踪审计中的应用，提高扶贫政策跟踪审计覆盖面和效率，取得了明显成效。如一些审计机关在扶贫政策跟踪审计中，将建档立卡贫困人口数据与工商、车辆、财政供养人员等数据进行关联，发现财政供养人员、经商办企业或拥有高档车辆人员纳入建档立卡范围的疑点线索，并协调地方主管部门进行深入排查，进而揭示扶贫对象识别不精准、不符合条件的人员违规享受扶贫政策的问题。

三、 深入揭示突出问题，促进扶贫政策严格执行

审计署及各级审计机关在扶贫政策跟踪审计中，紧紧围绕扶贫政策落实，深入揭示"精准""安全""绩效"方面存在的突出问题。从 2018 年以来审计署发布的审计结果公告看，存在的问题主要表现在以下五个方面。

（一）扶贫政策落实"精准"方面

各级审计机关围绕"六个精准"持续发力，深入揭示了扶贫对象识别不精准、扶贫资金投向不合规等问题。如 2018 年第二季度[①]，审计署组织抽查 32 个贫困县，其中国家扶贫开发工作重点县（含集中连片特殊困难地区县）24 个，抽审资金 167 亿元，涉及 1156 个项目，发现有 16 个地区存在违规将资金用于非扶贫领域、超标准超范围发放等问题，涉及金额共计 11.38 亿元。又如

---

① 中华人民共和国审计署：《2018 年第 48 号公告：2018 年第二季度国家重大政策措施落实情况跟踪审计结果》，2018 年 9 月 25 日，见 http://www.audit.gov.cn/n5/n25/c126692/content.html。

2019 年第一季度①，审计署组织审计了 32 个贫困县，发现有 4 个县 13867.77 万元的扶贫小额贷款和扶贫再贷款投向不精准，存在挪用贷款、扩大贴息范围、未带动贫困户等问题。再如 2019 年第二季度②，审计署组织抽查 37 个贫困县，其中国家扶贫开发工作重点县（含集中连片特殊困难地区县）30 个，共抽审资金 175.52 亿元，涉及 2296 个项目，审计发现部分地区落实扶贫政策不够精准。19 个县存在贫困群众应享受却未享受医疗救助、"雨露计划"教育扶贫、困难残疾人生活补贴和重度残疾人护理补贴等政策问题，涉及 11624 人（户）、资金 728.23 万元；4 个县将 20871.4 万元扶贫小额贷款违规"户贷企用"或用于金融理财；10 个县审核把关不严，向 930 名不符合条件的人员发放生态护林员和电商扶贫补贴 221.09 万元。

（二）扶贫资金管理"安全"方面

各级审计机关聚焦扶贫领域腐败和作风问题，循着各类扶贫资金流向，盯住资金分配、申请审批、项目实施验收、资金拨付使用等关键环节，严肃揭示违反中央八项规定精神和国务院"约法三章"等要求，虚报冒领、骗取套取、贪污挪用、侵占私分、截留私分、吃喝送礼、损失浪费、优亲厚友等牟取私利和侵害贫困群众切身利益的违纪违法问题，以及一些单位和领导干部在扶贫工作中作风不实、敷衍塞责，不作为、慢作为、假作为，搞形式主义、弄虚作假甚至失职渎职等突出问题，推动完善追责问责机制，切实维护扶贫资金安全、促进扶贫政策落实。如 2018 年第四季度③，审计署组织抽查 29 个贫困县，其中国家扶贫开发工作重点县（含集中连片特殊困难地区县）20 个，抽审资金 111.2 亿

---

① 中华人民共和国审计署：《2019 年第 7 号公告：2019 年第一季度国家重大政策措施落实情况跟踪审计结果》，2019 年 6 月 26 日，见 http://www.audit.gov.cn/n5/n25/c1330061/content.html。

② 中华人民共和国审计署：《2019 年第 8 号公告：2019 年第二季度国家重大政策措施落实情况跟踪审计结果》，2019 年 8 月 23 日，见 http://www.audit.gov.cn/n5/n25/c134057/content.html。

③ 中华人民共和国审计署：《2019 年第 1 号公告：2018 年第四季度国家重大政策措施落实情况跟踪审计结果》，2019 年 4 月 2 日，见 http://www.audit.gov.cn/n5/n25/c130878/content.html。

元,涉及 1704 个项目,发现 18 个地区存在违规将扶贫资金用于非扶贫领域、重复发放补贴资金、套取扶贫资金、资金闲置等问题,涉及金额 2.14 亿元。又如 2019 第一季度①,审计署在扶贫政策跟踪审计中发现有 11 个县存在违规将扶贫资金用于非扶贫领域,重复发放补贴资金及扶贫资金被套取等问题,涉及金额 7881.36 万元。再如 2019 年第二季度②,审计署在扶贫政策跟踪审计中发现 3 个县存在骗取套取财政扶贫资金问题,涉及资金 193.99 万元。

(三)扶贫政策实施"绩效"方面

各级审计机关将绩效理念贯穿扶贫政策跟踪审计始终,对照政策要求、规划目标、项目可研、实施方案等具体内容,实地查看项目建设、运营和管理情况,抽查核实贫困人口实际受益情况,将交通、饮水基础设施项目和特色产业、电子商务、光伏等产业扶贫项目作为重点,着力揭示资金统筹安排不到位、项目重大损失浪费、无法实现预期脱贫效果、长期闲置无法发挥效益等问题。如持续关注扶贫资金统筹整合落实情况,深入揭示统筹不到位造成扶贫效果不理想、资金闲置等问题。如 2018 年第三季度扶贫政策跟踪审计中③,抽查 31 个贫困县,其中国家扶贫开发工作重点县(含集中连片特殊困难地区县)23 个,抽审资金 121.63 亿元,涉及 964 个项目,发现 9 个地区的 26 个扶贫项目存在建成后闲置或无法使用、进展缓慢、管理不规范等问题,涉及金额 6834.79 万元。又如 2018 年第四季度④,审计署在扶贫政策跟踪审计中发现,19 个地区的 190 个扶贫项目存在进展缓慢、建成后闲置或无法使用、因

---

① 中华人民共和国审计署:《2019 年第 7 号公告:2019 年第一季度国家重大政策措施落实情况跟踪审计结果》,2019 年 6 月 26 日,见 http://www.audit.gov.cn/n5/n25/c1330061/content.html。

② 中华人民共和国审计署:《2019 年第 8 号公告:2019 年第二季度国家重大政策措施落实情况跟踪审计结果》,2019 年 8 月 23 日,见 http://www.audit.gov.cn/n5/n25/c134057/content.html。

③ 中华人民共和国审计署:《2018 年第 49 号公告:2018 年第三季度国家重大政策措施落实情况跟踪审计结果》,2018 年 12 月 10 日,见 http://www.audit.gov.cn/n5/n25/c128862/content.html。

④ 中华人民共和国审计署:《2019 年第 1 号公告:2018 年第四季度国家重大政策措施落实情况跟踪审计结果》,2019 年 4 月 2 日,见 http://www.audit.gov.cn/n5/n25/c130878/content.html。

管理不规范效益不佳甚至造成损失浪费等问题,涉及金额 1.59 亿元。又如 2019 年第二季度①,审计署在扶贫政策跟踪审计中发现有 8 个县的 54 个项目因前期设计不合理,或违法占用基本农田、水源地保护区等造成损失浪费,涉及投资 723.45 万元。再如 2019 年第四季度②,审计署在扶贫政策跟踪审计中发现有 19 个县存在资金和项目闲置或管理不规范等问题,涉及金额 4.97 亿元。

(四)坚持新发展理念,做到"三个区分开来"

各级审计机关将质量第一的理念贯穿扶贫政策跟踪审计工作全过程,坚持用"三个区分开来"把握问题定性。对于审计发现的情况,要深入分析背后的原因,把干部在推进改革中因缺乏经验、先行先试出现的失误错误,同明知故犯的违纪违法行为区分开来;把尚无明确限制的探索性试验中的失误错误,同明令禁止后依然我行我素的违纪违法行为区分开来;把为推动发展的无意过失,同为牟取私利的违纪违法行为区分开来。通过审计,促进建立健全容错纠错机制,宽容干部在改革创新中的失误错误,充分调动和激发干部队伍的积极性、主动性、创造性,有效保护基层扶贫工作人员的积极性。如有的审计机关在审计中,在中央尚未出台关于统筹整合财政涉农资金明确办法的情况下,准确把握中央改革精神,结合地方实际需求,对于地方统筹整合易地扶贫搬迁资金、危房改造搬迁资金、高山生态移民搬迁资金,用于高山贫困人口搬迁且取得实际效果的做法,未根据专款专用的既有规定认定为违规行为,而是给予肯定和鼓励,保护了基层主动作为的积极性,在更高层面上发挥了审计监督的建设性作用。

---

① 中华人民共和国审计署:《2019 年第 8 号公告:2019 年第二季度国家重大政策措施落实情况跟踪审计结果》,2019 年 8 月 23 日,见 http://www.audit.gov.cn/n5/n25/c134057/content.html。

② 中华人民共和国审计署:《2020 年第 1 号公告:2019 年第四季度国家重大政策措施落实情况跟踪审计结果》,2020 年 5 月 9 日,见 http://www.audit.gov.cn/n5/n25/c139059/content.html。

（五）推动审计整改和制度完善，服务宏观管理

2018 年 2 月，党的十九届三中全会审议通过《中共中央关于深化党和国家机构改革的决定》，提出要合理配置宏观管理部门职能，构建统一高效审计监督体系。这意味着，审计机关的职能定位从对微观经济活动的监督拓展到发挥宏观管理作用，面临更高的要求。近年来，审计署及各级审计机关高度自觉，主动提高站位，树立宏观管理理念，在扶贫政策跟踪审计中加大对审计发现问题的整改督促力度，进一步完善跟踪督促检查机制，建立审计发现问题整改台账，定期组织开展审计"回头看"，督促被审计单位按时完成整改，推动各地区、各部门把审计结果及其整改情况作为考核、奖惩的重要依据。同时，在全面揭示问题的基础上，注重把立足当前与着眼长远结合起来，把促进治标与推动治本结合起来，把揭示微观问题与服务宏观决策结合起来，深入分析扶贫业绩考核、资金监管、统筹协调机制等方面问题背后的体制障碍、机制缺陷、制度漏洞，并提出有针对性和可操作性的建议，推动完善扶贫资金阳光化管理、反腐败和作风建设长效机制等相关制度机制。如 2016 年第二季度扶贫政策跟踪审计过程中及审计结束后①，推动 17 个省市的 38 个县区或部门盘活资金 6.07 亿元（占 72%），其中 4.31 亿元加快了拨付或使用进度，1.76 亿元统筹整合用于其他扶贫项目，有关地方政府和单位修订完善加强扶贫资金管理等制度措施 23 项。

四、 扶贫政策跟踪审计实践展望

近年来，审计署及各级审计机关坚持围绕中心、服务大局，聚焦中央扶贫攻坚重大决策部署和重要政策落实，不断探索完善扶贫政策跟踪审计工作机

---

① 　中华人民共和国审计署：《2016 年第 28 号公告：2016 年第二季度国家重大政策措施贯彻落实情况跟踪审计结果》，2016 年 8 月 3 日，见 http://www.audit.gov.cn/n5/n25/c86241/content.html。

制,努力推进扶贫政策跟踪审计全覆盖、持续深化扶贫政策跟踪审计实践,取得了显著成效。习近平总书记指出,中华民族千百年来存在的绝对贫困问题,将在我们这一代人的手里历史性地得到解决。[1] 2019 年 10 月,党的十九届四中全会提出"坚决打赢脱贫攻坚战,建立解决相对贫困的长效机制"。这是党的十八大以来中央全会首次提及"相对贫困",也给扶贫政策跟踪审计实践提出了新的时代课题。为此,在新的时代条件下,扶贫政策跟踪审计须巩固既有成果,进一步创新理念思路和方式方法,健全工作机制,促进建立解决相对贫困的长效机制,推动经济社会持续健康发展。但是,扶贫政策跟踪审计自身还存在一些需要加强和改进的环节,主要表现为:各地扶贫政策跟踪审计深度和质量不够均衡,扶贫政策落实和资金项目绩效总体情况把握还不到位;对涉及国家扶贫工作重点县以外扶贫资金和东西部扶贫协作资金的审计尚未实现全覆盖;一些地区扶贫领域存在的问题整改长效机制还需完善,等等。这些问题需要在下一步深化扶贫政策跟踪审计的实践中,通过创新理念、改进方式等,认真加以解决。

第三节　扶贫政策跟踪审计效果的实证检验

一、　数据来源与研究设计

党的十八大以来,扶贫工作进入脱贫攻坚阶段,剩下的贫困人口,很多是特殊贫困群体,还存在解决区域性整体贫困的地区,绝大多数是深度贫困地区,特别是西藏和四省藏区、南疆四地州、四川凉山、云南怒江、甘肃临夏等地区。为了实证考察扶贫政策及其跟踪审计的实施效果,本书通过西南地区(重庆、四川、云南、贵州四个省及直辖市)扶贫办和审计署驻成都特派办、昆

---

[1] 《习近平谈治国理政》第三卷,外文出版社 2020 年版,第 158 页。

明特派办、重庆市审计局的协助,手工收集、整理了党的十八大以来(2013—2017年)四个省、直辖市的国定贫困县的扶贫及扶贫政策跟踪审计数据,剔除数据缺失样本,实际有效样本446个,并对所有连续型数据采用缩尾处理(winsorize)进行1%的极值处理,并实证检验。

检验扶贫资金使用效率效果的研究模型设计如下:

$$Y_{it} = \beta_0 + \beta_1 lgtm_{it} + \beta_2 mp_{it} + \beta_3 project_{it} + \beta_4 GDP_{it} + \beta_5 growth_{it} + year_{it} + \varepsilon_{it}$$

$$(2-1)$$

扶贫政策跟踪审计是否提高了扶贫资金使用效率效果的研究模型设计:

$$Y_{it} = \beta_0 + \beta_1 lgtm_{it} + \beta_2 mp_{it} + \beta_3 audit_{it} + \beta_4 lgtm_{it} \times audit_{it} + \beta_5 mp_{it} \times audit_{it} + \beta_6 project_{it} + \beta_7 GDP_{it} + \beta_8 growth_{it} + year_{it} + \varepsilon_{it}$$

$$(2-2)$$

因变量 Y_{it} 采取两种方式度量,分别是 $lgexit$、$Pexit$。$lgexit$,因变量,扶贫效果变量,采用脱贫人数表示,取值当年脱贫人数的自然对数。$Pexit$,因变量,扶贫效果变量,脱贫比例,采用当年脱贫人数除以年初贫困人口数量。$lgtm$,扶贫资金投入总额,取值当年扶贫资金投入总额的自然对数。如果回归结果表明扶贫资金投入与脱贫人数显著正相关,则表明扶贫政策发挥了效果。mp,贫困人口人均扶贫资金投入,取值当年扶贫资金投入总额除以当年贫困人口数量总额。如果人均扶贫投入与脱贫人数显著正相关,则表明扶贫政策的效率也较高。$project$,扶贫项目数,取值当年扶贫项目数的自然对数。GDP,国内生产总值,取值当年国内生产总值的自然对数。$growth$,国内生产总值(GDP)增长率,取值当年 GDP 除以上年度 GDP。$audit$,扶贫政策跟踪审计。鉴于审计署全面组织扶贫政策跟踪审计从2015年开始,因此2015年及之后年份,取值1;否则取值0。该变量考察扶贫政策跟踪审计开展之后,审计是否发生了作用。采用模型(2-2)进行检验,是为了更好地考察扶贫政策跟踪审计的绩效,是否提高扶贫资金使用效率效果。

二、 样本描述性统计分析

根据表2-1样本量简单统计结果可以发现,西南地区四川、重庆、云南、贵州四地 2013—2017 年间,脱贫人数和脱贫比例的差异比较明显,最小脱贫人数仅 700 人,最大达到 72253 人,脱贫比例最低仅 0.64%,最高则达88.71%,几乎完全摘掉贫困帽子。从扶贫投入资金看,不同贫困县不同年份之间差异也比较明显,最小总规模仅 900.3 万元,最大达到 265900 万元,均值13446.64 万元,不同贫困县不同年份扶贫资金总额投入差异也比较明显;从贫困人数人均投入资金看,最小仅 0.0118 万元,最大达到 6.1810 万元,人均均值为 0.3629 万元,说明人均投入差异也比较明显;从扶贫项目数量看,最小的扶贫项目仅 3 项,最大的则达到 7216 项,均值为 193 项。

表 2-1　扶贫效果及跟踪审计简单样本量统计

变　　量	样本量	均　　值	标准差	最小值	最大值
$lgexit$	446	9.4990	0.8228	6.5510	11.1879
脱贫人数(人)	446	17604.09	12428.43	700	72253
$Pexit$	446	0.2339	0.1602	0.0064	0.8871
扶贫资金总额(万元)	446	13446.64	23013.85	900.3	265900
$lgtm$	446	9.0401	0.8224	6.8027	12.4909
mp	446	0.3629	0.6724	0.0118	6.1810
$project$	446	4.4759	1.3664	1.0986	8.8841
扶贫项目总数(个)	446	193.0628	406.6082	3	7216
GDP	446	13.4467	1.0283	9.2240	16.0914
国内生产总值(万元)	446	1042107	1060066	10138	9736665
$audit$	446	0.7040	0.4570	0	1

　　根据表 2-2 可以发现:总体上,党的十八大以来,扶贫资金投入、贫困人口人均扶贫资金、单个扶贫项目平均投入金额等三个关键指标都呈现显著上升趋势,特别是 2016 年和 2017 年增长幅度非常大,表明了党中央和各级地方政府对脱贫攻坚的高度重视。相应地,从脱贫人数看,2016 年、2017 年脱贫人

数并未显著增加,这与党中央对脱贫攻坚工作进入"啃硬骨头"阶段的研判是相一致的。剩下的贫困人口,很多是特殊贫困群体,都是经过多轮攻坚没有啃下来的"硬骨头"。因此,尽管国家在扶贫方面持续加大投入,但脱贫人数实际上比 2013 年要低。比较积极的指标是,脱贫比例总体呈现显著上升趋势。

表 2-2　扶贫政策及扶贫力度年度变化

年份	样本量（个）	扶贫资金投入均值（万元）	贫困人口人均扶贫资金（万元）	单个扶贫项目平均投入金额（万元）	当年脱贫数均值（人）	脱贫比例（％）
2013	88	6108.93	0.0728	210.5928	22448.28	0.1924
2014	88	9415.14	0.1482	476.0951	14627.23	0.1379
2015	90	8826.74	0.1745	247.6643	17618.51	0.2177
2016	90	18671.80	0.5260	624.0463	18924.52	0.3030
2017	90	24717.02	0.8557	923.3288	14219.12	0.3165

根据主要变量的 pearson 相关系数可以发现,脱贫人数与扶贫资金总投入、扶贫项目数量、GDP 规模、GDP 增长率都存在显著正相关关系,表明扶贫力度加大和国民经济增长都有助于提高扶贫效果,扶贫政策在脱贫工作中发挥了积极作用,贫困人口也受益于国民经济的发展。但是,人均扶贫资金投入金额与脱贫人数不存在显著正相关关系,反而存在显著负相关关系,说明扶贫资金的使用效率还有待进一步提高。相对于脱贫比例与各个解释变量或控制变量的 pearson 相关系数的结果,这些解释变量或控制变量与脱贫人数的pearson 相关系数的结果存在一定的差异。脱贫比例与扶贫资金总投入、扶贫项目数量、GDP 规模、贫困人口人均扶贫资金投入存在显著正相关关系;但是,与 GDP 增长率、审计因素都存在显著负相关关系。

表 2-3　主要变量（脱贫人数/脱贫比例）pearson 相关系数

变量	lgexit	Pexit	lgtm	mp	project	GDP	growth	audit
lgexit	1.000	—	—	—	—	—	—	—
Pexit	—	1.000	—	—	—	—	—	—

续表

变量	**lgexit**	*Pexit*	**lgtm**	*mp*	*project*	*GDP*	*growth*	*audit*
lgtm	0.1774 ***	0.2468 ***	1.000	—	—	—	—	—
mp	−0.2104 ***	0.4405 ***	0.6660 ***	1.000	—	—	—	—
project	0.2916 ***	0.3001 ***	0.2665 ***	0.1301 ***	1.000	—	—	—
GDP	0.3755 ***	0.3058 ***	0.2468 ***	0.1054 **	0.2645 ***	1.0000	—	—
growth	0.1608 ***	−0.1679 ***	−0.2527 ***	−0.2672 ***	0.1798 ***	−0.1318 ***	1.000	—
audit	−0.0636	−0.2869 ***	−0.0014	−0.0351	−0.2907 ***	−0.1875 ***	0.0642	1.000

注：***、**、* 分别表示在 1%、5%、10% 水平上显著。

三、 多元回归结果分析

为了考察扶贫资金投入总额和人均扶贫资金投入对扶贫效果的不同影响,我们采用逐步回归法,先放入扶贫资金投入总额($lgtm$),以检验该变量对扶贫效果的影响是否显著;然后再增加放入贫困人口人均扶贫资金投入(mp),以进一步检验其对扶贫效果的影响是否显著。采用逐步回归法,是为了更好地观察 $lgtm$ 和 mp 对扶贫效果的不同影响,同时也可以缓解由于变量 $lgtm$ 和变量 mp 的相关系数较大对可能的多重共线性的影响。逐步回归过程中,采用普通的多元回归方法(OLS)进行回归,为了控制潜在的异方差和序列相关问题,我们对所有回归系数的标准误差都在国定扶贫县样本层面上进行 cluster 处理,取得以下回归结果。

表 2-4 的多元回归结果与 pearson 相关系数的结果基本相似。因变量为脱贫人数时,回归结果表明,扶贫资金投入总额、扶贫项目多寡、GDP 规模、GDP 增长速度,确实与脱贫人数存在显著正相关关系,扶贫政策发挥了积极效果,贫困人口也受益于 GDP 增长;但是,扶贫资金的使用效率还有待进一步提高,人均扶贫投入金额与脱贫人数并不存在显著正相关关系。我们认为原因更可能是因为不同地区、不同年份,贫困人口的脱贫难度不相同,随着时间的推移,深度贫困地区的脱贫难度会越来越大,脱贫的单位人数资金支持力度

要大幅度增加。因变量为脱贫比例时,回归结果表明,贫困人口人均扶贫资金投入、扶贫项目多寡、GDP 规模等变量,确实与脱贫比例存在显著正相关关系,扶贫政策发挥了积极效果,贫困人口也受益于 GDP 增长。特别是贫困人口人均扶贫资金投入规模与当年脱贫比例显著正相关,表明扶贫效率得到肯定。这说明,在扶贫工作进入脱贫攻坚战阶段,即使脱贫工作已经越来越艰巨,深度贫困人口的脱贫难度加大,但随着国家人均扶贫资金投入的增加、精准扶贫力度的加强,仍然是可以产生积极效果的。

表 2-4　扶贫效果回归结果

因变量 变量	脱贫人数		脱贫比例	
lgtm	0.2696 *** (0.000)	0.5656 *** (0.000)	−0.0012 (0.903)	−0.0553 *** (0.000)
mp	—	−0.7582 *** (0.000)	—	0.1373 *** (0.000)
project	0.0936 *** (0.000)	0.0857 *** (0.000)	0.0240 *** (0.000)	0.0250 *** (0.000)
GDP	0.2899 *** (0.000)	0.2626 *** (0.000)	0.0313 *** (0.000)	0.0362 *** (0.000)
growth	2.2555 *** (0.000)	1.7846 *** (0.000)	−0.2184 ** (0.042)	−0.1321 (0.184)
Year(是否控制年份)	是	是	是	是
调整的 R-Squared	0.3263	0.4529	0.2758	0.4529
Prob>F	0.0000	0.0000	0.0000	0.0000
样本量	446	446	446	446

注:*** 、** 、* 分别表示在 1%、5%、10% 水平上显著;括号内为 P 值。

　　为进一步考察扶贫政策跟踪审计是否提高了扶贫资金的使用绩效,在模型中引入了交叉变量 lgtm×audit 和 mp×audit。如果上述两个交叉变量的回归系数为正且显著,则可以证明扶贫政策跟踪审计提高了扶贫资金的使用绩效。

　　根据表 2-5 回归结果可以发现,实施扶贫政策跟踪审计之后,audit 变量通过显著性检验,说明审计对提高脱贫人数和提高扶贫比例都具有显著正相关作用,但是,$lgtm \times audit$ 和 $mp \times audit$ 的回归系数都没有通过显著为正的检验。说明审计并不是通过提高扶贫资金投入和人均扶贫资金投入的使用效果而发挥作用。我们认为,产生这种结果的原因可能是:扶贫政策跟踪审计通常是对已经完成的扶贫项目和正在实施的扶贫项目进行检查;已经完成的扶贫项目其合规性、绩效都已成既定事实,审计作为事后监督往往只能揭示其在项目实施过程中存在的问题,并不能完全改变已经执行扶贫政策的绩效,如在产业扶贫项目中,对审计过程中发现的一些扶贫项目违规分包、转包的问题,已不可能重新启动,只能通过整改、问责对后续的扶贫项目、资金管理产生积极作用。

表 2-5　扶贫效果的进一步回归结果

变量 ＼ 因变量	脱贫人数	脱贫比例
lgtm	0.7875 *** (0.000)	0.0203 (0.366)
mp	−0.5111 *** (0.000)	0.1930 *** (0.000)
audit	1.9411 * (0.067)	0.5577 *** (0.009)
lgtm×audit	−0.2001 * (0.098)	−0.0654 *** (0.007)
mp×audit	−0.4035 *** (0.006)	−0.0983 *** (0.001)
project	0.0782 *** (0.001)	0.0155 *** (0.002)
GDP	0.2547 *** (0.000)	0.0300 *** (0.000)
growth	1.9209 *** (0.000)	−0.27 (0.774)
调整的 R-Squared	0.4789	0.4545
Prob>F	0.0000	0.0000
样本量	446	446

注:***、**、* 分别表示在 1%、5%、10% 水平上显著;括号内为 P 值。

四、 进一步检验

自 2015 年 11 月中央扶贫开发工作会议以来,审计署深入贯彻党中央精准扶贫、精准脱贫决策部署,发布了一系列文件,采取了一系列措施,从各个审计项目板块加大了对扶贫政策跟踪审计的力度。为了考察这段时间的扶贫政策跟踪审计效果是否更为明显,我们通过双重差分方法(DID)建立了以下模型,并进行回归检验。

$$Y_{it} = \beta_0 + \beta_1 \lg tm_{it} + \beta_2 mp_{it} + \beta_3 audit_{it} + \beta_4 \lg tm_{it} \times audit_{it} + \beta_5 mp_{it} \times audit_{it} +$$
$$\beta_6 after_{it} + \beta_7 after_{it} \times audit_{it} + \beta_8 \lg tm_{it} \times audit_{it} \times after_{it} + \beta_9 mp_{it} \times audit_{it} \times after_{it} +$$
$$\beta_{10} project_{it} + \beta_{11} GDP_{it} + \beta_{12} growth_{it} + year_{it} + \varepsilon_{it}$$

$$(2-3)$$

其中,如果时间为 2016 年和 2017 年,*after* 取值为 1;如果时间为其他年份,*after* 取值为 0。

根据表 2-6 可以发现,表 2-5 发现的扶贫政策跟踪审计对脱贫攻坚的积极作用,主要贡献可能是源于 2016 年和 2017 年的扶贫政策跟踪审计。表 2-6 的回归中,审计变量 *audit* 不再显著;但是,在因变量为脱贫比例的回归中,*after×audit* 变量通过了显著为正的检验;在因变量为脱贫人数的回归中,*mp×audit×after* 变量也通过了显著为正的检验。这些积极的回归结果表明,2015 年 11 月之后,审计署全面加强扶贫政策跟踪审计力度,相对于 2016 年以前,扶贫政策跟踪审计已经开始发挥更强的积极作用,贫困人口人均扶贫资金投入的使用效果也开始显著提高。但是,上述回归结果中,*after×audit*、*lgtm×audit×after* 的回归结果并不理想,这说明扶贫政策跟踪审计的绩效仍然有待进一步提高。

表 2-6　2016 年前后扶贫政策跟踪审计效果比较回归结果

变量 ＼ 因变量	脱贫人数	脱贫比例
lgtm	0. 7172 *** （0. 000）	0. 0255 （0. 269）
mp	−0. 5679 *** （0. 000）	0. 1904 *** （0. 000）
audit	0. 6536 （0. 583）	0. 3517 （0. 134）
lgtm×audit	−0. 0287 （0. 835）	−0. 0415 （0. 126）
mp×audit	−1. 9834 *** （0. 000）	−0. 1444 ** （0. 027）
after	−0. 0607 （0. 672）	0. 0585 ** （0. 018）
after×audit	0. 6897 （0. 507）	0. 6047 *** （0. 003）
lgtm×audit×after	−0. 1261 （0. 284）	−0. 0678 *** （0. 004）
mp×audit×after	1. 7455 *** （0. 000）	0. 0800 （0. 215）
project	0. 0628 ** （0. 013）	0. 0145 *** （0. 004）
GDP	0. 2282 *** （0. 000）	0. 0290 *** （0. 000）
growth	1. 5390 *** （0. 002）	−0. 0596 （0. 533）
调整的 R-Squared	0. 4507	0. 4430
Prob>F	0. 0000	0. 0000
样本量	446	446

注： *** 、 ** 、 * 分别表示在 1%、5%、10%水平上显著；括号内为 P 值。

五、 研究结论及政策启示

通过理论研究、审计实践及上述实证检验提供的经验证据表明,扶贫政策跟踪审计在取得显著成效的同时,由于实践时间还不长,在审计目标、思路与方式方法上还存在一些需要改进的地方,与党中央、国务院对审计工作的期望和要求还有较大差距。扶贫政策是国家政策的组成部分,扶贫政策跟踪审计属于公共政策审计的一种,要发挥其在国家精准扶贫、精准脱贫政策中的作用,就必须对政策制定的科学性、政策执行的有效性进行审计,及时、准确揭示影响精准脱贫政策执行效果,揭露阻碍政策落实或导致政策偏离预期目标的影响因素,提出切实可行的意见和建议。为更好发挥扶贫政策跟踪审计的作用,需要重点解决以下两个方面的不足。

一是扶贫政策制定环节,扶贫政策跟踪审计具有明显的"滞后"特征,较少对政策制定过程保持应有的关注,预防性功能缺位。政策制定的科学性、可操作性是政策生命力的核心要素,也是政策实施绩效的有力保障。中国是一个幅员辽阔的大国,各地情况千差万别,扶贫政策制定要科学、可行就必须尽可能考虑到各层级扶贫实施主体在执行过程中面临的政治、经济、文化、地理甚至乡土文化等因素。如果深究近几年扶贫政策跟踪审计发现产业扶贫项目屡屡出现失败、资金损失的原因,就可以发现,一些地区在扶贫政策的制定上,忽略了各地自然环境、气候、市场、区位等因素,尤其是在选择扶贫开发项目上,政策制定前期调研、论证不充分,盲目照搬其他地方的经验和做法是导致扶贫项目失败的深层次原因。从审计监督的角度来看,往往是扶贫项目完工后,审计机关才开展审计,对政策前期制定和项目论证阶段,审计机关未能进行有效监督,导致国家审计的预防性作用没有得到充分发挥,一定程度上影响了扶贫政策目标的实现。

二是在扶贫政策执行环节,审计全覆盖有待进一步加强,揭示性功能不足。现有的审计大多是事后为主,并不能显著提高扶贫资金的使用效率效果,只能揭示扶贫政策执行之后存在违规违纪行为,如果在扶贫项目执行过程中就嵌入审计,审计的积极作用将会发挥得更加充分,也才能更充分体现政策全覆盖跟踪审计的精髓。在我国现行扶贫治理结构中,从横向来看,扶贫资金、扶贫项目的分配和管理所涉及的部门包括各级财政、发展改革委、扶贫办、农业、民宗委等多个部门；从纵向来看，资金使用从中央到省、市、县，再到具体实施的镇、乡直至农户，涉及落实扶贫政策的资金呈现出点多、面广、资金分散、交叉、链条长等网状特点，由于审计资源、技术方法手段有限等方面的制约，在短时间内难以做到所有扶贫政策、项目和资金的审计全覆盖，因此，在时间紧、任务重的情况下，审计关注单项扶贫政策和个案较多，难以对扶贫政策落实的整体成效和脱贫攻坚长效机制的建立情况进行全面绩效评价。

第三章 新时代扶贫政策跟踪审计运行机制分析

党的十八大以来,扶贫理念已经由帮贫济困向全面建成小康社会演变,扶贫目标由偏于定性向注重定量演变,扶贫方式由"大水漫灌"向"精准滴灌"演变,扶贫模式由"输血式"外源性发展向"造血式"内生性发展演变,脱贫攻坚面临着诸多困难与挑战。跟踪审计是审计主体为提升被审计对象的工作质量与预期成效,对被审计对象开展持续监督、适时评价与实时反馈的一种动态审计模式。

扶贫政策跟踪审计的运行包含扶贫政策"精准性"审查、扶贫资金"安全性"审查以及扶贫项目"绩效性"审查三项内容,它们之间既相互统一又相对独立。资金是政策落实的源泉,项目是政策落实的载体,三者之间在审计的对象、过程和方法等方面具有较大程度的交融性。然而,它们在审计的目标、思路和程序等方面却存在差异,政策精准性审查旨在审查扶贫政策是否真正面向贫困群体,资金安全性审查旨在检查政策实施中资金使用是否合理、合法与合规,项目绩效性审查旨在检查扶贫政策执行结果是否真正实现预期目的。为体现它们各自的特点,本书对三者进行并行研究。审计主体需要在通晓政府部门所发布各类扶贫政策的基础上,基于具体内容正确规划运行方案,合理设计审计取证流程。

第一节　扶贫政策措施落实情况审计

当前,计划不够完善、重点不够明确、成果转化利用率较低是政策跟踪审计面临的主要问题。为有效实施扶贫政策措施落实情况审计,审计主体需要合理设计工作方案,且应重点聚焦于精准规划、精准识别和精准落实,并综合运用数据分析、核对分析、延伸核实等审计方法。

一、　扶贫政策措施落实情况审计的聚焦方向

（一）是否精准规划

精准规划的内容涵盖各级部门所设计的脱贫攻坚规划是否精细,贫困村产业规划是否科学,从学前教育到大学教育的资助体系是否健全,贫困人口是否享有基本医疗卫生服务,医疗救助、临时救助、慈善救助等体系是否健全以及农村"四好"公路规划是否合理等方面。

（二）是否精准识别

精准识别的内容涵盖建档立卡贫困户的信息是否完整,识别是否精准,贫困人口退出是否存在漏评现象,已脱贫户是否实现"两不愁三保障"目标,扶贫贷款贴息对象是否精准,对特困家庭是否实行政策性保障兜底以及易地扶贫搬迁与贫困户危房改造的补助对象是否精准等方面。

（三）是否精准落实

精准落实的内容涵盖各项到户政策是否精准落实,各类产业政策是否精准落实,是否与贫困人口建立以工代赈和利益联结机制,贫困村发展新型集体经济措施是否精准落实,教育扶贫、健康扶贫和生态扶贫等政策是否精准落

实,搬迁住房面积是否超标准以及土地复垦与整宗地收益权收储等政策是否精准落实等方面。

二、 扶贫政策措施落实情况审计的实施方法

扶贫政策措施落实情况审计并非单纯业务层面的财务收支审计,而是政策措施落实层面的公共受托责任履行审计,其目标是确保扶贫政策措施落实"精准",实施方法主要包括以下三种。

(一)数据分析

审计主体需要运用不同来源的数据进行综合对比,相互印证,发现差异。如可将车辆购置、工商企业登记、房屋登记、财政供养人员、易地扶贫搬迁、农村最低生活保障、已获小额贷款贴息、已接受教育捐助贫困学生以及贫困人员参保等数据,同建档立卡贫困户数据进行全方位比较,旨在识别扶贫对象的精准性。

(二)核对分析

针对中央与省(自治区、直辖市)层面发布的扶贫文件,审计主体首先需要检查区县、乡镇层面是否制定了相应的实施方案和管理制度,相关配套文件是否与中央或省(自治区、直辖市)政策有所冲突,帮扶措施是否标准过高导致"悬崖效应"。其次需要核对相关扶贫措施是否有序完成,前期制定的目标规划是否如期实现。再次需要查验针对建档立卡贫困户的相应措施是否恰当与全面,以此检查扶贫政策的精准化。

(三)延伸核实

审计主体需要依托职业判断选取若干贫困乡镇与贫困村开展延伸调查,

同贫困户深入交流,奔赴工程现场实地观测,核实到户措施是否真实可靠与有效执行,检查农村公路安全生命防护工程与农村饮水安全工程是否满足技术标准以及常态化管护,检查扶贫工程在里程、面积与质量等方面是否"缩水",进而衡量与评价扶贫管理的精准度。

第二节 扶贫资金管理使用情况审计

扶贫资金的无偿性使其在分配与支出过程中易于被挥霍和截留,诸多审批环节加大政府管制权力与寻租行为。为有效实施扶贫资金管理使用情况审计,审计主体应事先明确工作计划,并基于资金分配中的问题、项目建设中的问题、资金使用中的问题等方面确定审计方案。此外,扶贫资金管理使用情况审计的实施思路主要是基于财务资料审查合规性、项目规划审查合理性、项目管理审查合法性以及实地勘验审查真实性。

一、 扶贫资金管理使用情况审计的聚焦方向

（一）资金分配中的问题

审查扶贫资金分配中相关人员是否侵占扶贫资金,是否利用职权为本人或亲友牟取不正当利益,是否违规向不符合条件的利益主体分配扶贫资金,是否以各种名义向贫困地区、贫困对象或接受使用扶贫资金的单位或个人违规收费并牟取不正当利益。

（二）项目建设中的问题

审查项目建设领域中相关人员是否利用职权干预扶贫工程招投标并从中牟利,是否存在虚假招标或围标串标等行为,是否利用手中职权插手扶贫工程建设,扶贫项目是否被层层转分包,是否与施工单位相互串通勾结,是否对扶

贫工程进行虚估冒算、虚假验收进而导致严重质量问题或扶贫项目建设资金被违规侵占问题。

（三）资金使用中的问题

审查扶贫资金使用中相关人员是否将扶贫资金违规挪用至奖金福利、公款招待、豪华装修、市政建设以及弥补其他经费支出等非扶贫领域，是否存在失职渎职和审核不严等行为，相关利益人是否利用虚假信息等虚报冒领或骗取套取扶贫资金，以及是否向扶贫主管人员输送利益进而违规获取项目和资金。

二、　扶贫资金管理使用情况审计的实施方法

扶贫资金管理使用情况审计的目标是确保扶贫资金在分配、管理与使用中运行"安全"，其实施方法主要有以下几种。

（一）基于财务资料审查合规性

审计主体需要审阅与扶贫资金相关的各类参与主体的明细账簿及原始凭证，锁定资金源头账户，追寻目标资金的流转路线，检查各类资金的分配与使用是否符合相关规定，对资金被挪用、套取、截留、冒领、贪污与浪费等系列违规问题实施取证。

（二）基于项目规划审查合理性

审计主体需要审阅中央与省（自治区、直辖市）下达的扶贫资金规划文件，调阅区县或乡镇关于扶贫资金的计划安排、申报资料、审批程序和具体用途，通过逐项对照查找是否存在超标准发放、有失公平的倾斜、多头或重复申报、擅自调整项目规划以及随意审批等诸多不合理行为。

（三）基于项目管理审查合法性

针对特定扶贫项目,审计主体需要对申请、审批、建设、验收与送审等每个环节的相关资料进行仔细核查,评估项目管控风险,挖掘项目建设违规招投标、编制虚假合同、虚列支出、工程分转包以及贪污受贿等系列违法行为。

（四）基于实地勘验审查真实性

审计主体需要运用到户访谈、问询查证与勘探测量等方法,将扶贫方案和项目资料同实地勘验结果相对比,关注扶贫资金是否真正发挥效用以及是否存在工程质量隐患等问题,多视角梳理影响扶贫资金安全的各类疑点线索。

第三节　扶贫项目建设运营情况审计

建设项目审计是审计主体依据相关法律法规,对建设项目的经济性、效果性与效益性所实施的监督、检查和鉴证。为稳步实施扶贫项目建设运营情况审计,审计主体应统筹推进对取证方案的整体布局,并将项目建设弄虚造假、项目决策形式主义、项目运营效能不佳等内容作为审计重点。此外,项目"绩效"跟踪审计的实施思路有问题导向模式、责任导向模式和目标导向模式等可供选择。

一、　扶贫项目建设运营情况审计的聚焦方向

（一）项目建设弄虚造假

审查是否存在扶贫项目未完工却被虚报完工,项目验收报告与评审报告是否虚假,如验收后的饮水安全工程在贫困村长期未供水,管道堆积在施工现场并未铺设等;审查是否为了追求脱贫进度而使得贫困户在扶贫项目未见成

效以及易地扶贫搬迁或危房改造任务尚未完成的情况下"被脱贫"。

(二)项目决策形式主义

审查贫困村扶贫项目是否拥有详尽的规划,相关决策是否脱离本地区实际搞"一刀切"或不顾市场需求"盲目上马",可研报告是否准确,扶贫项目实施方案是否流于形式,项目规划方案是否具有前瞻性与可持续性。

(三)项目运营效能不佳

审查扶贫项目是否存在逾期未开工或逾期未完工等影响扶贫效果的情况,是否存有个别项目建成后废弃闲置造成重大损失浪费,是否存在因管理不到位或擅自改变项目建设内容进而导致项目偏离扶贫政策目标;核查是否将扶贫项目资源集中到少数能人大户、龙头企业或合作社,并作为扶贫亮点进行宣传,但实际并未建立利益联结机制,以及承诺的吸纳贫困人口就业或帮扶带动贫困户增收等措施并未真正实施,造成无法有效实现扶贫政策目标等系列问题。

二、　扶贫项目建设运营情况审计的运行模式

(一)问题导向模式

问题导向模式是以被审计项目的突出问题为线索纵向追踪调查,深挖问题实质及原因,提出绩效改进方案。

(二)责任导向模式

责任导向模式是以扶贫部门与人员的职责履行为中心,深挖扶贫项目建设中的责任问题,分析相关责任人失职的成因,检查扶贫项目预期绩效的实现程度。

（三）目标导向模式

目标导向模式是将扶贫项目建设运营的实际情形同扶贫主体事先制定的目标计划相比照，判断"绩效"目标的完成进度。

扶贫项目生命周期涵盖规划、设计、建设和运营等阶段，审计主体需要依据各阶段的过程特征遴选适用的绩效审计运行模式，力求做到有的放矢，强化扶贫主体在项目全过程中的精细化管理。

第四节　推进扶贫政策跟踪审计运行的案例阐释

2016 年 7 月至 12 月，W 省审计厅对 W 省的 21 个扶贫开发工作区县开展扶贫政策跟踪审计。W 省审计厅采用的方式为"上审下"和"交叉审"，审计范围为 2015 年扶贫政策落实和扶贫资金管理使用情况。参与本次审计的人员总计 215 人，其中 W 省审计厅抽调 28 人，区县审计局抽调 131 人，社会中介机构抽调 56 人。由 W 省"上审下"的区县审计组向 W 省审计厅法规处和财政审计处报送审计结果，W 省审计厅法规处和财政审计处分别对相关区县审计组的审计结果进行复核检验；由 W 省区县审计局进行"交叉审"的区县审计组分别向自身所属审计局的法规处及有关业务处室报送审计结果，并由审计组所属审计局的法规处及有关业务处室对审计组的审计结果进行复核检查。相关区县审计组将复核后的审计报告（送审稿）及方案附表最终交由 W 省审计厅财政审计处统一汇总。

W 省 21 个扶贫开发工作区县扶贫政策跟踪审计的目标是深入贯彻落实国家精准扶贫、精准脱贫政策，围绕精准扶贫精准脱贫基本方略，突出"精准、安全、绩效"主线，摸清 W 省 2015 年度扶贫资金投入和项目总体情况，严肃查处脱贫攻坚政策落实和扶贫资金分配管理使用中存在的重大问题，并深入分析原因,提出加强扶贫资金项目管理、完善相关制度措施的建议,开展严肃问责与整改,相关案件线索移送纪检监察和司法机关等部门,全力推进 W 省打赢脱贫攻坚战。

一、　突出"精准",检查扶贫政策措施落实情况

(一)检查建档立卡贫困户信息系统中相关信息是否准确

检查区县 2016 年 7 月更新的建档立卡贫困户信息管理系统相关信息是否准确,是否存在贫困户应纳入而未纳入,是否存在非贫困户纳入建档立卡贫困户信息系统管理;检查建档立卡贫困户信息是否真实完整,到户扶持措施是否精确,是否存在未实现"两不愁三保障"目标的情况下提前脱贫、虚假脱贫、数字脱贫等。重点审查财政供养、购买好车、入股股东、购买商品房等"四类人员"仍作为未脱贫建卡贫困户或返贫户,审查其产生的主要原因。

审计运行措施:数据分析和业务组通过将 21 个扶贫开发工作区县截至 2015 年 12 月 31 日仍未脱贫建档立卡贫困户数据,与车辆购置、工商企业登记、房屋登记、婚姻登记等数据进行比对,提出财政供养等"四类人员"疑点情况,由区县政府组织核查和区县审计组负责抽查相结合进行核实。

(二)检查贯彻落实产业扶贫政策措施

检查建档立卡贫困户到户产业措施是否精准,相关措施是否得到有效落实。检查贫困村是否有主导产业,实施主导产业的新型农业经营主体是否与贫困人口建立利益联结机制。检查易地扶贫搬迁相关产业扶持措施是否落实。检查扶贫小额贷款贴息是否实施,重点关注扶贫小额贷款贴息对象是否精准和贴息资金是否存在闲置。检查是否制定农业项目财政补助资金股权化改革方案,2015 年安排用于农业项目财政补助资金股权化改革的资金是否少

于 3000 万元,涉及扶贫项目资金是否按规定量化到贫困户,是否存在 2015 年度股权化改革工作未能实施导致资金闲置。

审计运行措施:数据分析和业务组首先通过对 W 省建档立卡贫困户系统信息进行分析,列出未有扶持措施、扶持措施不恰当、丧失劳动能力未进行资产收益扶贫措施和低保措施等建档立卡贫困户疑点数据,交由区县政府组织核查和区县审计组负责抽查相结合进行核实。其次通过 W 省建档立卡贫困户系统信息中因病致贫建档立卡贫困户与 W 省健康扶贫动态管理系统中有关数据比对,检查 W 省健康扶贫动态管理系统中确认为大病的建档立卡贫困户是否在 W 省建档立卡贫困户系统信息中反映,以及脱贫措施是否采取重病兜底保障等。

(三)检查建设农村"四好"公路相关政策措施是否落实

检查农村公路是否建好,重点抽查农村公路建设标准是否符合相关要求,检查是否设立领导小组,并以政府部门相关责任人为组长,立足本土实际设计方案,力求达到目标明确、权责分明、实施有效。检查农村公路是否管好,重点检查相关区县是否建立健全符合农村公路建设标准的管理体系,是否建立了县级农村公路管理机构、乡镇农村公路管理站等管理机构,是否建立健全了建制村村道管理议事工作机制,抽检各级政府、部门是否按照相关规定明确了日常道路养护责任人和费用。抽查农村公路是否护好,重点检查相关区县是否形成了以县为主体的道路养护管理办法,以"行业专家指导、多个单位协同、公众共同参与"的工作机制,将日常养护经费和人员作为"有路必养"的重要考核指标。抽查农村公路是否运营好,重点检查相关区县是否建立农村客运班线通行条件联合审核机制,抽查通客车的建制村 2 公里范围内是否建设农村客运站点(招呼站),农村客运站点(招呼站)的建设进度是否能和新改建的农村公路项目方案设计、施工、完工等进度同步,全面协同推进县、乡、村三级物流站场设施和信息系统建设。

审计运行措施：

措施一：农村公路是否建好。一是各区县审计组通过收集区县交通主管部门有关资料，检查区县是否设立领导小组，并以政府部门相关责任人为组长，立足本土实际设计方案，力求达到目标明确、权责分明、实施有效。二是抽查3条以上2015年以来新建或改扩建的农村公路，依据建设等级公路技术标准检查新改建的农村公路是否符合规定标准，比如：四级公路适宜双车道标准，单车道适宜在交通流量小或难以施工道路采用，但此情况要按标准修建错车道。受地势、地质等不可控因素影响的难以施工路段，可通过安全技术检测论证，在保证道路安全的情况下，适度降低技术标准，但要配备相应的保护设施。

措施二：农村公路是否管好。一是区县审计组检查区县交通主管部门是否建立健全符合农村公路建设标准的管理体系，县级是否设立了农村公路管理机构，乡镇是否设立了农村公路管理站，是否建立健全了建制村村道管理议事工作机制，检查县、乡级农村公路管理机构设置率是否达到100%。检查区县财政以公共财政投入为主的资金保障机制是否全面建立，农村公路管理机构经费纳入财政预算的比例是否达到100%。二是抽查3条以上2015年以来新建或改扩建的农村公路，检查乡镇政府、村委会落实必要的管养人员和经费情况。

措施三：农村公路是否护好。一是区县审计组检查区县交通主管部门是否完善了以县为主体的道路养护管理办法，是否全面完善"行业专家指导、多个单位协同、公众共同参与"的工作机制，是否对农村公路进行了全面有效的养护，实事求是，切实实现有路必养的目标，是否将养护经费和养护人员作为"有路必养"的关键考核标准。二是检查以县政府为主体的相关责任是否得到明确落实，使各级政府、村委会和村民共同参与，发挥协同效用。

措施四：农村公路是否运营好。一是区县审计组检查区县交通主管部门是否建立农村客运班线通行条件联合审核机制，是否依据"多站合一、资源共享"的推广模式，普及货运班线、客车代运邮件等农村物流组织形式，加速县、乡、村三级物流站点和信息系统建设。二是抽查 3 条以上 2015 年以来新建或改扩建的农村公路,检查通客车的建制村 2 公里范围内是否建设农村客运站点(招呼站)。农村客运站点(招呼站)的建设进度是否能和新改建的农村公路项目方案设计、施工、完工等进度同步。

(四)检查农村集体经济发展有关政策措施是否落实

检查是否制定培育发展农村新型集体经济具体措施。抽查贫困村发展新型集体经济措施是否落实,是否仍存在村集体经济"空心村"问题。

审计运行措施:一是区县审计组通过区县农业等主管部门提供的相关资料,检查区县是否出台强化财税、土地、金融等各方面政策扶持,鼓励贫困村因地制宜通过资源有效利用等方式,培育发展新型集体经济。区县是否加强对农村集体经济组织资金、资产、资源管理,强化对贫困户的利益联结。二是通过抽查 3 个以上乡镇(含所有深度贫困乡镇)中 6 个贫困村,检查贫困村是否落实有关政策措施,每个贫困村是否都有除财政补助收入以外的经营性收入。

(五)检查易地搬迁扶贫政策措施是否落实

检查纳入 2015 年度易地扶贫搬迁对象是否精准,是否在国务院扶贫开发信息系统中进行标注,是否存在 2013 年年底前搬迁的列入 2015 年度搬迁计划。检查易地扶贫搬迁政策与 C、D 级危旧房改造政策是否存在重复。检查 2015 年度易地扶贫搬迁户是否存在就地就近建房,是否存在搬迁后老房未拆除,是否存在超面积建房(人均建房面积超过 25 平方米),是否存在大额负债(户均负债 1 万元以上或人均超过 2000 元)。检查已完成易地扶贫搬迁的建档立卡贫困户原住宅是否已享受土地复垦或整宗地收益权收储。

审计运行措施:

措施一:首先对建档立卡贫困户信息系统标注易地扶贫搬迁对象和 W 省发展改革委提供 W 省"十三五"易地扶贫搬迁数据及财政供养人员等四类人

员数据进行比对,分区县筛查出易地扶贫搬迁户中建档立卡贫困户非标注数据、非建档立卡贫困户疑点数据、财政供养人员等四类人员纳入易地扶贫搬迁疑点数据,交由区县政府组织核查和区县审计组负责抽查相结合进行核实,对涉及财政供养人员为易地扶贫搬迁对象的疑点数据主要由区县审计组进行核查。其次是区县审计组通过区县发展改革委等部门收集 2015 年完成易地扶贫搬迁资料,通过计算机等方式筛查搬迁时间为 2013 年及其以前年度的相关数据并进行核查。

措施二:通过对已完成"十三五"易地扶贫搬迁数据和 C、D 级危房改造数据进行比对,筛查出重复补助的疑点数据,交由区县政府组织核查和区县审计组负责抽查相结合进行核实。

措施三:一是区县审计组通过区县发展改革委等部门收集 2015 年度完成易地扶贫搬迁的数据,根据搬迁地点和老房拆除等信息筛查出疑点数据,并进行抽查核实。二是区县审计组通过抽查 2 个以上 2015 年完成的集体安置点和 5 户分散安置的易地扶贫搬迁户,检查是否存在就地就近建房或搬迁后老房未拆除情况。

措施四:一是区县审计组通过区县发展改革委等部门收集 2015 年度完成易地扶贫搬迁的数据,根据搬迁人数和房屋建筑面积等信息筛查出疑点数据,并进行抽查核实。二是区县审计组通过抽查 2 个以上 2015 年完成的集体安置点和 5 户分散安置的易地扶贫搬迁户,检查是否存在搬迁住房超标准情况。

措施五:区县审计组通过抽查 2 个以上 2015 年完成的集体安置点和 5 户分散安置的易地扶贫搬迁户,检查是否存在因住房超面积或自身家庭困难存在大额负债的情况。

措施六:一是区县审计组通过区县国土房管部门提供的相关资料,检查区县未进行整宗地收益权收储的原因,检查已实施区县 2015 年搬迁建卡贫困户农房整宗地收益权收储是否在 2015 年年底前全面完成并兑付到位。二是将区县国土房管部门提供的农房整宗地收益权收储计划名单数据与相关区县

"十三五"易地扶贫搬迁户数据进行比对,筛查非易地扶贫搬迁户纳入农房整宗地收益权收储计划疑点数据,同时筛查非易地扶贫搬迁户中是否存在财政供养人员,提供有关区县主管部门核实和审计组抽查。三是通过抽查2个以上2015年完成的集体安置点和5户分散安置的易地扶贫搬迁户,检查已自愿申请并通过验收的宅基地复垦的搬迁农户,是否落实"四优先"政策,检查未通过验收的原因。

(六)生态扶贫政策措施落实情况

检查贫困区县是否实施退耕还林还草、天然林保护、防护林建设、石漠化治理、湿地保护与恢复、坡耕地综合整治、退牧还草、水生态治理等重大生态工程,审查贫困人口是否参与并从中受益。检查区县是否深化贫困地区人居环境整治,加强农村面源污染治理、生活污染治理,重点检查农村建档立卡贫困户住房"五改"(改厨、改厕、改圈、改院坝和改立面)是否落实。检查区县是否积极探索贫困地区生态综合补偿试点,利用生态补偿和生态保护工程资金,结合乡村治理、农村环境综合整治、森林及水利设施管护等,积极为贫困户开发生态公益岗位。

审计运行措施:

措施一:区县审计组通过区县林业等主管部门收集的相关资料,检查相关区县2015年以来是否实施退耕还林、天然林保护、石漠化治理等重大生态工程。对已实施相关工程,检查工程实施方案是否明确规定有提高贫困人口参与度和受益水平的相关措施;对涉及直补到户的生态工程,通过将相关数据与建档立卡贫困户数据进行比对,检查建档立卡贫困户参与比例,确定建档立卡贫困户参与度和受益水平。

措施二:区县审计组通过区县建设等主管部门收集的相关资料,检查相关区县制定落实改善贫困农村人口居住环境的相关措施,是否将贫困农村卫生厕所建设项目与农村危房改造项目相结合,推进农村厕所改造进程。检查区县 2015 年度以后是否安排专项资金用于建档立卡贫困户住房"五改",相关资金是否未使用形成闲置。

措施三:区县审计组通过收集林业、水利、环保等部门生态工程的相关资料,检查相关项目实施方案是否对项目完成的管护为贫困户提供生态公益岗位,结合对建档立卡贫困户的抽查,检查相关生态公益岗位是否满足建档立卡贫困户的需求,是否使相关建档立卡贫困户能获得稳定收入。

(七)检查教育扶贫政策措施落实情况

检查是否健全学前教育资助制度,帮助农村贫困家庭幼儿接受学前教育。检查区县是否稳步推进贫困地区农村义务教育阶段学生营养改善计划①,是否实施教育扶贫结对帮扶行动计划。检查是否健全从学前教育到大学教育覆盖资助体系,特别是普通高中、中等职业教育和高等教育阶段资助体系,资助政策是否落实。检查对贫困家庭离校未就业的高校毕业生是否提供就业支持。

审计运行措施:

措施一:区县审计组通过收集教育主管部门提供的相关资料,检查 2016 年度是否下达学前教育资助资金计划,相关资金是否筹集到位,是否对农村贫困家庭接受学前教育的幼儿进行全覆盖。

措施二:区县审计组通过收集教育主管部门提供的相关资料,检查自 2015 年以来是否下达农村义务教育阶段学生营养改善资助资金计划,相关资金是否筹集到位。检查是否实施教育扶贫结对帮扶行动计划。

措施三:数据分析及业务组通过对 W 省教委提供的 2015 年秋季普通高中、中等职业教育和高等教育阶段的建档立卡贫困户贫困学生数据与已接受

---

① 宋才发在《教育扶贫是巩固民族地区精准脱贫效果的重大举措》中指出,教育扶贫需要考虑一定时期内物价上涨的因素,适度提高少数民族地区贫困生的"营养餐"补助标准,切实提高教育扶贫资金的使用效率和效益。

相关资助的学生数据进行比对,筛查出有学籍但未享受资助的学生疑点数据,交由区县相关部门组织核实,同时由审计组进行抽查,形成未享受资助的学生数据。通过对已接受相关资助的学生数据进行分析,检查已获得相关资助的学生享受资助标准是否符合相关规定。

措施四:数据分析及业务组通过对 W 省教委提供的 2015 年秋季毕业的建档立卡贫困户大学生数据与截至 2016 年 7 月的 W 省社会保险数据进行比对,筛查出未缴纳社会养老保险的大学生数据,交由区县相关主管部门核查和区县审计组抽查方式,检查相关区县是否存在对贫困家庭离校未就业的高校毕业生未提供就业支持。

(八)检查健康扶贫政策措施落实到位情况

检查实施健康扶贫工程情况,重点关注保障贫困人口是否享有基本医疗卫生服务,是否将建档立卡贫困户全部纳入家庭医生签约服务范围实现100%签约服务,是否全部建立贫困人口健康卡,是否设立区县扶贫济困医疗基金。检查对贫困人口参加新型农村合作医疗个人缴费部分是否由财政给予补贴。检查新型农村合作医疗和大病保险支付后自付费用仍有困难的建档立卡贫困户,是否加大医疗救助、临时救助、慈善救助等帮扶力度,是否将贫困人口全部纳入重特大疾病救助范围。检查区县是否实施对贫困人口大病实行分类救治,是否实现"先诊疗,后付费"和"一站式结算",特别关注医疗机构是否存在"大处方、大检查"导致医疗费用不合理增长。检查是否加大农村贫困残疾人康复服务和医疗救助力度,是否扩大纳入基本医疗保险范围的残疾人医疗康复项目。检查"精准脱贫保"参保实施情况,重点关注建档立卡贫困户是否全部参保、有无其他人员参保、理赔机制是否健全及其效果。

审计运行措施:

措施一:区县审计组通过区县卫生部门提供的有关健康扶贫工程的资料,检查贫困人口是否享有医疗卫生服务,是否实施家庭医生对建档立卡贫困户签约服务,已实施签约服务的区县是否将建档立卡贫困户全部纳入家庭医生签约服务范围实现 100%签约服务,是否全部建立贫困人口健康卡,是否设立区县(自治县)扶贫济困医疗基金。

措施二:一是区县审计组通过区县扶贫、卫生等主管部门提供的有关资料,检查截至 2016 年 6 月 30 日相关区县是否实施对贫困人口参加新型农村合作医疗个人缴费部分进行财政补贴。二是对已实施区县,将补贴人数与区县建档立卡贫困户总人数进行比对,检查是否将建档立卡贫困户全部纳入补贴范围。三是将补贴人数与建档立卡贫困户数据、财政供养人员数据进行大数据比对,筛查出非建档立卡贫困户补贴数据疑点和财政供养人员补贴数据疑点;通过扶贫、卫生等主管部门核查和审计组抽查相结合的方式,检查补贴人数是否存在非建档立卡贫困户,是否存在财政供养人员。

措施三:一是区县审计组通过收集区县扶贫、卫生等主管部门提供的有关资料,检查区县是否加大医疗救助、临时救助、慈善救助等帮扶措施,对新型农村合作医疗和大病保险支付后自付费用仍有困难的建档立卡贫困户进行救助。二是通过区县扶贫、卫生等主管部门提供的有关资料,检查区县是否将贫困人口全部纳入重特大疾病救助范围,同时抽查 2 家以上医疗机构,检查患有重特大疾病的建档立卡贫困户是否及时享受相关救助。

措施四:一是区县审计组通过收集区县扶贫、卫生等主管部门提供的有关文件资料,检查区县是否实施对贫困人口大病实行分类救治。二是通过抽查 2 家医疗机构,检查相关医疗机构是否实现"先诊疗,后付费"和"一站式结算",抽查 2015 年以来在该医疗机构就诊的建档立卡贫困户医疗档案资料,检查医疗机构是否存在"大处方、大检查",导致医疗费用不合理增长。

措施五:区县审计组通过残联、卫生等主管部门或机构收集的相关农村贫困残疾人康复措施的资料,通过比对 2015 年及以后年度与 2015 年以前年度纳入基本医疗保险范围的残疾人医疗康复项目,核实相关区县是否扩大了基本医疗保险纳入范围。

措施六：一是区县审计组通过收集区县扶贫、卫生等主管部门提供的2016年度政府采购、与保险机构签订的合同、资金拨付及参保数据等资料，检查区县2016年度是否实施"精准脱贫保"。二是对已实施"精准脱贫保"的区县，通过收集参保人员数据与建档立卡贫困户数据、财政供养人员数据进行比对，筛查非建档立卡贫困户是否全部参保、有无其他人员参保。三是通过收集扶贫、卫生等主管部门提供的"精准脱贫保"理赔数据，检查2015年以来"精准脱贫保"理赔情况及保费计算是否符合相关规定，检查"精准脱贫保"实施效果。

（九）检查社保兜底扶贫政策措施落实情况

检查是否对没能通过就业扶持和产业帮助脱贫的家庭实行政策兜底，并建立健全农村最低生活保障制度。检查是否将所有符合条件的贫困家庭纳入低保范围，做到应保尽保。检查是否将不符合条件的建档立卡贫困户纳入低保范围。

审计运行措施：

措施一：区县审计组通过区县扶贫、民政等主管部门提供的有关农村最低生活保障资料，检查区县是否对没能通过就业扶持和产业帮助脱贫的家庭实行政策兜底，并建立健全农村最低生活保障制度。

措施二：区县审计组通过区县建档立卡贫困户信息系统中脱贫措施为低保兜底数据与区县2015年农村最低生活保障数据进行比对，筛查应兜底未兜底的疑点数据，通过区县扶贫、民政等主管部门进行核实和区县审计组抽查方式，检查是否将所有符合条件的贫困家庭纳入低保范围，做到应保尽保。

措施三：区县审计组通过区县2015年农村最低生活保障数据与区县建档立卡贫困户信息系统中脱贫措施为低保兜底数据、财政供养人员数据进行比对，筛查已兜底但未标注的疑点数据和财政供养人员，通过区县扶贫、民政等主管部门进行核实和区县审计组抽查方式，检查是否将不符合条件的建档立卡贫困户纳入低保范围。

（十）检查深度贫困乡镇脱贫攻坚规划制定落实情况

检查 W 省委办公厅、W 省政府办公厅《深度贫困乡（镇）定点包干脱贫攻坚行动方案》等有关深度贫困乡镇脱贫攻坚规划的要求是否落实，特别是抽查深度贫困乡镇至少有一条通畅便捷的快速通道、行政村通畅率 100%、社（组）通达率 100%是否规划和落实；检查村级规划与镇级规划相应内容是否衔接；检查脱贫攻坚措施是否细化落实到具体项目；检查深度贫困乡镇脱贫规划内容是否得到执行。

审计运行措施：

措施一：区县审计组通过收集深度贫困乡镇镇级规划和村级规划资料，与相关文件要求进行比对，检查相关要求是否落实。

措施二：区县审计组通过对深度贫困乡镇镇级规划和村级规划进行逐一比对，检查是否存在镇级规划内容未在村级规划中体现，村级规划内容未能在镇级规划中反映，镇级规划和村级规划在数量、金额、时间上存在不一致或数据不符等。

措施三：区县审计组通过对深度贫困乡镇镇级规划和村级规划内容进行分析，检查相关规划是否存在底数不清（如建档立卡贫困户致贫原因分类）、"六个一批"帮扶措施未落实到建档立卡贫困户、新型农业经营主体未与建档立卡贫困户建立利益联结机制、产业扶贫措施收益未落实到建档立卡贫困户等。

措施四：区县审计组通过对深度贫困乡镇扶贫项目进行抽查，检查深度贫困乡镇脱贫规划内容是否得到执行。

二、 突出"安全"，检查扶贫资金分配管理使用情况

（一）检查扶贫资金分配管理过程中是否存在问题

密切关注主管部门和工作人员、镇村干部是否在扶贫资金分配管理过程

中存在徇私舞弊问题,有无违规违纪、超范围、超规定、向不符合规定的主体(个人)倾斜分配,或者出现给予下级相关联的企事业单位或亲朋好友等利益相关者优先权等问题;重点关注是否存在贪污扶贫资金和以权谋私等严重违规违纪行为;是否存在以问询费、核实费、手续费等名义,直接或间接地向贫困农村地区、贫困人群或需要扶贫资金的单位机构违规收费、谋求一己私利的违规违纪行为。

审计运行措施:一是各区县审计组从扶贫、农业、林业等部门2015年安排的产业化补助(贴息)资金计划,抽查2家以上企业(单位)或合作社,审查其主体条件是否符合相关规定,特别应关注主管部门所属企业或单位,重点审查是否超范围、超标准发放。二是通过到户产业补助(贴息)、易地扶贫搬迁产业后续资金、易地扶贫搬迁、C级和D级危房改造等分配数据与财政供养人员数据比对,提出财政供养人员违规获得扶贫资金的疑点并进行核实,检查财政供养人员违规获得扶贫资金情况。三是通过抽查农户或单位,结合主管部门或乡镇财务收支审查,对违规收费等以权谋私等问题进行审计。

(二)检查扶贫项目建设领域是否存在问题

关注扶贫项目建设过程中相关部门领导和人员,是否出现以权谋私,干涉项目招投标问题,揭示农村公路、农村饮水安全、土地治理、易地搬迁等扶贫项目建设过程中有无虚假招标等违规行为;揭示是否存在相关领导和干部利用职务便利干涉项目建设的情况;关注扶贫工程建设是否存在被不断转包、分包,层层牟利;关注相关部门工作人员和施工单位是否存在勾结牟利,高估金额、虚假串通验收,掩盖质量不达标和扶贫项目资金被贪污等问题。

审计运行措施:各区县审计组通过对贫困村项目实地抽查来完成此事项。一是通过对相关区县扶贫工程项目招投标资料、关键环节的逐项检查,重点反映实施单位在工程招标中的弄虚作假行为,通过各种方式和手段规避公开招投标、直接发包工程项目,以及投标单位围标、串标等问题。二是通过对在建项目的现场检查、工程资金流向的梳理,重点检查施工单位人员是否符合合同约定要求、是否存在违规分转包工程、挂靠施工等影响工程质量的问题。三是通过现场查勘等方式,重点检查多计工程结算价款,特别是以虚假验收、虚假鉴定等方式骗取工程建设资金的问题。

(三)检查扶贫资金使用是否存在问题

重点关注有无相关主管部门失职渎职、审核不严,相关单位、企业或个人利用虚假项目、虚假合同、虚假人员名单等虚报冒领、骗取套取扶贫资金,利用关系向扶贫资金和项目主管部门及其工作人员输送利益违规获得项目和扶贫资金,以及私设"小金库"用于小团体利益甚至被个人贪污私分挪用等重大违规违纪问题线索;关注资金管理使用中有无将扶贫资金违规建设楼堂馆所、职工住宅或搞豪华装修,违规超标准超范围发放人员奖金福利、公款吃喝、招待送礼、公款旅游、挥霍浪费等违反中央八项规定精神要求的问题,反映一些部门和地方借统筹整合之名乱花钱,违规将扶贫资金用于市政建设、弥补经费支出等非扶贫领域的情况,特别要关注各区县易地扶贫融资资金是否被挪用。①

审计运行措施:一是通过采集区县财政 2015 年度涉农专项资金拨付数据、相关主管部门计划文件数据及区县 2015 年度扶贫项目自查统计表等,建立数据库,从中筛选出累计获得产业化补助(含贷款贴息)较多或项目数量较多的实施单位,对财务报账资料、项目资金流、项目实施方案逐一核对项目实际支出情况,并结合现场查看、询问相关人员等方式,审查实施单位是否存在虚报冒领、挤占挪用等违规支出情况。二是检查区县扶贫主管部门项目管理费开支使用情况,审查是否存在上述情况。三是抽查乡镇 2015 年扶贫资金收支使用情况,重点审查是否将易地扶贫搬迁等资金用于城镇基础设施建设,乡镇项目管理费是否存在用于发放职工福利、招待费用等情况。

---

① 宋卫平:《深化扶贫审计路径探析》,《审计月刊》2018 年第 12 期。

三、 突出"绩效",检查扶贫项目建设运营情况

(一)关注脱贫攻坚领域是否存在工作不切实际的情况

重点关注有关领导干部在扶贫工作中敷衍塞责,不作为、慢作为、假作为,弄虚作假甚至失职渎职等情况;关注是否存在工作不细致导致建档立卡信息不准确、贫困对象识别和判断不精准的情况;关注是否存在为贫困户"算脱贫账"时扩大了收入计算范围,人为提高脱贫人数,甚至为追求进度,贫困户在产业项目尚未见效、易地扶贫搬迁或危房改造任务尚未完成的情况下"被"脱贫的情况。

审计运行措施:一是结合对贫困村的产业扶持项目抽审,实际查看是否存在未完工、虚报完工等情况。二是查看以前年度审计数据,倒查以前年度审计中发现的"四类人员"集中的乡镇是否存在工作不细致导致建档立卡信息不准确、贫困对象识别和判断不精准的问题。三是各区县审计组原则上选取不少于 10 户已脱贫户进行抽查,调查核实是否存在"算账脱贫"的情况。另外,重点走访实际居住在贫困村的"城镇三无人员"等城镇户口人员,揭露是否有个别区县、乡镇、村为完成脱贫任务,在识别脱贫对象时将个别脱贫困难户直接采取"农转非"方式"变相脱贫"。

(二)关注产业扶贫项目是否存在盲目跟风等形式主义的情况

主要反映产业规划脱离当地实际,搞"一刀切",不顾贫困地区实际情况和市场需求盲目上项目或简单发钱发物、送钱送物影响扶贫资金绩效,以及"垒大户""堆盆景",把扶贫资源集中用到少数能人大户、龙头企业和合作社,作为脱贫亮点来宣传,实际未建立紧密的利益联结机制,承诺的吸纳贫困人口就业、帮扶带动贫困户增收等脱贫措施未落实,无法实现扶贫效果等情况。重点反映一些龙头企业、农民合作社有名无实、流于形式,实际由村干部或个别

人控制,挂上龙头企业或合作社的牌子,以此享受国家扶持政策,实际成为个人受益或牟利的工具等突出问题。

审计运行措施:一是对扶贫企业与贫困户建立利益联结机制的真实性、可行性、效果情况进行逐项清理检查,重点检查建档立卡贫困对象识别不精准、扶贫目标任务制定不合理,相关扶贫企业和合作社与贫困户未建立利益联合机制等问题。二是抽查贫困乡镇财务支出和贫困村产业规划情况,检查是否有简单发钱发物、送钱送物的情况。

(三)反映扶贫政策跟踪审计项目绩效不佳的情况

关注易地扶贫搬迁等扶贫项目长期应开工未开工、应完工未完工等影响扶贫效果的情况,如造成易地扶贫搬迁融资资金闲置等。关注扶贫项目是否存在因管理不到位、擅自改变项目建设内容,甚至偷工减料、以次充好等原因,导致项目偏离扶贫政策目标或项目质量差、建成后废弃闲置、苗木大量死亡荒废等造成重大损失浪费的问题。

审计运行措施:一是着重选取整村推进、易地扶贫搬迁、特色产业发展、生态建设、贫困地区生产生活条件和基础设施改善等扶贫开发重点项目,审查项目审批建设的全过程,检查有无应开工未开工、应完工未完工等影响扶贫效果的情况。二是结合实际抽审项目,检查有无个别项目建成后废弃闲置造成重大损失浪费的情况。

(四)检查定点扶贫、东西部扶贫协作、对口支援及各类社会扶贫资金资源投入管理使用的总体情况

关注协作资金、帮扶资金、社会扶贫资金是否及时足额拨付到位,帮扶项目是否及时落地和发挥实效,是否形成在扶贫项目安排、资金使用上有效协调协作机制,是否建立完善的帮扶资金管理制度,是否把资金项目重点向贫困村、贫困群众倾斜,是否明确重点将产业合作、劳务协作、人才支援、资金支持

瞄准建档立卡贫困人口脱贫精准发力,是否切实发挥"扶真贫、真扶贫、真脱贫"的作用,是否存在一些公司、企业打着扶贫旗号实际只为享受贫困地区土地、税收等优惠支持政策等问题,甚至出现将帮扶资金投入产能过剩、严重污染等产业、企业的情况。

审计运行措施:一是对部分东西部扶贫协作、对口支援、中组部划拨和省(自治区、直辖市)委统筹使用的清理收缴党费安排用于脱贫攻坚资金进行抽查,特别强化对深度贫困乡镇抽查,检查相关实施情况。二是对区县龙头扶贫企业实施的扶贫项目进行检查,检查是否有上述情况存在。

第四章　新时代扶贫政策跟踪
审计保障机制分析

　　按照管理学、组织学的基本原理,公共组织工作的顺利运行,必须具备与之相适应的基础保障条件。为此,本章将研究新时代扶贫政策跟踪审计保障机制。一般而言,组织事业运行的保障基础包括组织实施保障、技术方法保障、资源投入保障和质量控制保障。就资源投入保障而言,在国家审计环境中,主要包括人力资源、时间资源和经费资源,其中时间资源和经费资源是组织根据审计运行需要安排的,相对比较稳定,因此资源投入保障主要探讨人力资源投入保障,即人才队伍建设机制问题。

第一节　完善审计组织实施保障机制

　　扶贫政策跟踪审计得以有序有效运行,依赖稳健可靠的组织实施保障机制。根据国家扶贫政策运行体系和审计工作自身运行体系,组织实施保障机制可以分解为两个方面:一是内部组织领导机制;二是外部联合监管机制。本节将结合新时代新情况,从这两个方面探讨扶贫政策跟踪审计组织实施保障机制。

一、 健全内部组织领导机制，保障审计工作稳健运行

（一）审计制度改革对审计机关领导机制提出了新要求

2018 年 2 月，党的十九届三中全会审议通过《中共中央关于深化党和国家机构改革的决定》和《深化党和国家机构改革方案》。根据《中共中央关于深化党和国家机构改革的决定》和《深化党和国家机构改革方案》，组建中央审计委员会，全面加强党中央对审计工作的领导，着力构建集中统一、全面覆盖、权威高效的审计监督体系。这就意味着，审计机关由政府组成部门拓展为党的工作部门，要求从服务党中央治国理政、促进党中央令行禁止的高度谋划工作，履职尽责。随后，各省级党委先后成立审计委员会，加强对本级审计工作的领导。2018 年 5 月，习近平总书记在中央审计委员会第一次会议上的讲话中指出，要加强对全国审计工作的领导，强化上级审计机关对下级审计机关的领导，加快形成审计工作全国一盘棋。因此，从审计制度改革和审计工作运行体系的角度看，扶贫政策落实跟踪审计必须加强和落实好审计工作组织领导机制，全面加强党对审计工作的领导，强化上级审计机关对下级审计机关的领导。

（二）扶贫政策落实工作机制对审计工作领导体系提出了新需求

依据政策要求和有关法律法规，审计机关和审计工作形成了完整的领导体系和运行体系。根据现行《中华人民共和国宪法》，我国审计机关设置分为中央（国家）、省（自治区、直辖市）、市（地）、县（区）四级。与此同时，在国家公务运行的宏观体系中，扶贫审计也是扶贫政策落实体系的重要组成部分。2015 年 11 月，中共中央、国务院发布《关于坚决打赢脱贫攻坚战的决定》，该决定提出脱贫攻坚实行中央统筹、省（自治区、直辖市）负总责、市（地）县抓落实的工作机制。2018 年 6 月，《中共中央 国务院关于打赢脱贫攻坚战三年行动的指导意见》印发，强调要坚持中央统筹、省（自治区、直辖市）负总责、市（地）县抓落实

的工作机制。审计机关的设置体系与脱贫攻坚工作机制基本耦合，可以无缝嵌入扶贫政策落实体系。

（三）健全组织领导机制，推动新时代扶贫政策跟踪审计稳健高效实施

基于以上两方面分析，健全新时代扶贫政策跟踪审计组织领导机制要注重三个方面。一是加强党对审计工作的全面领导。在中央审计委员会的领导下，健全地方各级党委审计委员会机构和职责，切实加强审计机关党的建设，完善和落实扶贫审计重大政策、重大计划安排、重大审计事项、重要审计结果的审议决策，切实保障审计工作始终在推动落实中央脱贫攻坚政策、乡村振兴战略的轨道上运行。二是完善全国审计统筹组织机制。基于审计署主管全国审计工作的基本职责，完善审计署对全国扶贫政策跟踪审计的组织领导机制，进一步加强计划安排、项目实施、成果整合、业务培训等方面的统筹协调，切实推动全国扶贫政策跟踪审计实现"一盘棋"。其中，要完善派驻地方机构与地方各级审计机关的协调机制，省级审计机关对本省域内扶贫审计负主体责任，审计署派出机构抽审一定数量的贫困县，双方要强化数据采集的分工协作，打破数据共享壁垒，加强大数据审计思路和方法沟通交流，充分发挥数据引领和精准"导航"作用，提高工作效率。三是加强地方各级审计机关组织领导，其中省级审计机关要加强本地区扶贫审计工作统筹，健全计划安排、项目实施、力量整合、成果共享、业务培训等统筹协调机制，各市县审计机关可以按照本级党委、政府的要求，适时组织开展扶贫审计，审计计划和结果由省级审计机关统一报告审计署。

二、　完善外部联合监管机制，推动形成扶贫政策落实监督合力

审计制度属于国家政治制度的范畴，是国家政治制度体系中的具体制度。按照现代国家学说，在经济社会运行体系中，公共部门依据职能大体可分为决

策、执行和监督三种类型,其中审计机关被认为是专司经济监督的部门。进入新时代以来,中央提出要坚持和完善中国特色社会主义制度,推动国家治理体系和治理能力现代化。从监督体系看,要求健全党统一领导、全面覆盖、权威高效的监督体系,增强监督严肃性、协同性、有效性,形成决策科学、执行坚决、监督有力的权力运行机制。因此,应增强审计监督与其他监督机构、监督力量的协调,形成监督合力。从新时代扶贫政策的角度看,监督管理已形成了比较完整的体系,需加强审计监督与其他监管机构和力量的沟通协调,确保监管体系全面覆盖、协同高效。具体地说,需加强审计监督与主管部门、纪检监察机关、内部审计机构的协调衔接,完善联合监管机制,推动形成扶贫政策落实监督合力。

(一)完善与主管部门的协同共管机制

我国脱贫攻坚政策的总体目标在于解决"两不愁三保障"问题,即不愁吃、不愁穿,教育、医疗、住房有保障。基于总体目标和政府治理体系,扶贫任务分解到各级政府及其主管部门,涉及发展改革委、扶贫、财政、教育、医疗、就业、住房保障、自然资源、金融等部门。这些部门具有双重身份,对审计机关而言,是扶贫政策落实的被审计对象,对下级政府及相关部门而言则是行业主管部门。因此,审计机关在对下级政府开展扶贫政策跟踪审计时,可构建与同级主管部门的协调衔接机制,在符合保密规定的前提下,健全审计计划安排、项目实施、数据采集、政策咨询、结果运用衔接机制,有效获取资源支持,推动精准实施审计,同时定期通报审计结果,促进主管部门完善相关制度,举一反三整改问题,从而推动扶贫政策规范有效落实。

(二)健全与纪检监察机关的协调移送机制

新时代以来,中央基于脱贫攻坚的总体目标任务,对扶贫政策落实和资金使用提出了"精准""安全""绩效"的具体要求。其中"安全"主要是聚焦于扶贫领域的腐败和作风问题。审计中,需循着各类扶贫资金流向,盯住资金分配、申请审批、项目实施验收、资金拨付使用等关键环节,严肃揭示虚报冒领、骗取套取、贪污挪用、侵占私分、截留私分、吃喝送礼、损失浪费、优亲厚友等谋取私利和侵害贫困群众切身利益的违规违纪问题,以及一些单位和领导干部在扶贫工作中作风不实,不作为、慢作为、假作为,搞形式主义、弄虚作假甚至失职渎职等突出问题。为了更加有效地处理审计发现的公职人员违规违纪问题,需加强与纪检监察机关的沟通协调,形成常态化案件会商、移送核查、情况通报和交流研讨机制,推动完善对重大违纪违法问题的联合监管体系。

(三)构建与内部审计机构的沟通协调机制

习近平总书记在中央审计委员会第一次会议上讲话时指出,要加强对内部审计工作的指导和监督,调动内部审计和社会审计的力量,增强审计监督合力。为从制度上促进完善扶贫政策监督体系,审计机关应加强对扶贫政策主管部门、执行单位的内部审计指导和监督,构建常态化沟通协调机制。一是要加强指导,即通过组织培训、以审代训等方式,加强对扶贫工作重点部门和单位内部审计人员业务的指导力度,推动增强审计监督能力水平。二是要加强整合,即在安排审计计划、实施审计项目时,充分利用内部审计结果,从中把握相关部门单位扶贫政策落实与资金管理的薄弱环节,了解问题的主要表现形式,并整合相关审计成果,形成审计监督合力。三是要加强监督,即通过业务复核、日常监督等方式,对内部审计的业务流程、实施过程与审计结果进行检查监督,及时发现问题,推动整改,提高内部审计的规范化水平。

第二节 健全审计人才队伍建设保障机制

审计事业发展的关键在人,建立健全人才队伍建设保障机制,是新时代扶贫政策跟踪审计深入推进的重要基础。研究人才队伍建设保障机制,首先要探析新时代扶贫政策跟踪审计对审计人员的能力素质需求,进而在此基础上结合审计监督管理体制和审计工作运行体系,分析人才队伍建设保障机制。本章将依据这一逻辑主线展开分析。

一、 扶贫政策跟踪审计人才队伍能力素质需求

2003 年 11 月,人事部印发《国家公务员通用能力标准框架(试行)》,提出公务员通用能力包括九项,分别是政治鉴别能力、依法行政能力、公共服务能力、调查研究能力、学习能力、协调沟通能力、创新能力、应对突发事件能力、心理调适能力。审计工作属于国家公务,审计人员多数为公务员,因而审计人员应当具备公务员通用能力。党的十九大着眼于新时代中国特色社会主义事业发展要求,提出要建设高素质专业化干部队伍,强调要注重培养专业能力、专业精神。"高素质专业化"是新时代党和国家机关工作人员能力素质的总要求。为此,需在"高素质专业化"的主旨下,结合公务员通用能力基本要求和新时代审计工作、扶贫政策跟踪审计的形势任务、工作性质、工作内容,分析人才队伍能力素质的新需求。归纳起来,大体包括以下四个方面。

(一)围绕政治性提升高度

审计机关首先是政治机关,审计工作是党和国家监督体系的重要组成部分。就扶贫政策跟踪审计而言,首要职责就是促进中央脱贫攻坚重大决策部署和重要政策措施贯彻落实,推动令行禁止。因此,政治能力和政策水平是审计人员能力的"灵魂",体现着一名审计人员能力的高度。具体来说,要善于从政治高度把握审计方向,突出审计重点,看待审计事项,作出审计结论。要切实提高政策水平,聚焦中央脱贫攻坚政策和乡村振兴战略落实,准确把握政策调控目标、运行机理与落实难点,深入揭示问题,促进精准扶贫、精准脱贫,进而推动经济社会高质量发展,在更高层面上发挥审计监督的建设性作用。

（二）围绕专业性把握深度

审计是对经济社会运行的专业监督，在作出审计结论、提出审计建议时，不能大而无当、大而化之，要体现专业水准，真正发挥促进整改提高作用和决策参考价值。扶贫审计涉及扶贫政策落实、公共权力运行、资金分配和拨付使用、工程建设管理、资源环境保护等，专业性较强。这就要求审计人员在能力上具有"深度"，要掌握政策作用机理、权力制衡机制和经济运行原理，在核查问题、分析判断时做到由表及里、去粗取精，努力揭示真相，切中要害，发现规律，避免判断不准、核查不深、分析不透、建议不实。

（三）围绕综合性拓展广度

随着信息化日益发展和改革向纵深推进，不同行业和领域之间的联系更加紧密，相关政策叠加作用，政策实施和经济运行的系统性、关联性逐步增强。从扶贫审计的角度看，近年来中央大力完善扶贫政策体系，形成了产业扶贫、教育扶贫、医疗扶贫、住房保障扶贫、金融扶贫、东西协作扶贫等一系列扶贫措施。在这种背景下，审计人员不能囿于狭隘的专业视野和知识领域，而是要全方位地充实自己，提升能力结构的"广度"，做到"一专多能"。要全面学习掌握扶贫相关政策体系、专业知识与业务流程，还要具备大数据思维和应用能力，做到融会贯通。同时，扶贫审计要深入乡镇和农村，与广大基层干部和贫困群众打交道，需要良好的社会适应与沟通协调能力。这样才能全面系统地看待和处理具体的审计事项，提升对扶贫审计业务的综合把握能力。

（四）围绕经常性巩固厚度

国家审计是对经济社会运行进行经常性监督的制度安排。这种"经常性"体现在对重大政策落实、重要改革推进、重点资金使用的持续关注和监督上。从扶贫审计的角度看，2020年我国将实现贫困县全部摘帽、现行标准下贫困人口整体脱贫,全面建成小康社会。但相对贫困还将长期存在,乡村振兴战略将接续实施,解决相对贫困的长效机制有待建立健全。这就要求审计人员不仅要有扎实的业务功底,还要有顽强的意志品质,需厚植斗争精神,做到攻坚克难、久久为功,持续推动政策落实,促进经济社会持续协调发展,维护人民群众根本利益。

二、 扶贫政策跟踪审计人才队伍建设机制

以上对新时代扶贫政策跟踪审计人才队伍能力素质需求进行了分析,接下来需以此为基础,探讨人才队伍建设机制问题。这个问题可以分解为如何着眼于适应新时代扶贫政策跟踪审计需要,通过机制创新与完善,保障审计人力资源的数量与质量。基于这一主题,结合审计机关、审计工作的性质与特点,从以下四方面探讨人才队伍建设机制问题。

(一)完善政治思想引导机制,把牢人才队伍建设的政治方向

扶贫政策跟踪审计是一项政治性、政策性很强的工作,政治能力是审计人员能力的"灵魂"。因此,需以促进增强"四个意识"、坚定"四个自信"、做到"两个维护"为核心,以提升政治能力为着力点,构建完善的政治思想引导机制,主要包括三个方面。一是在具体举措上,可采取集中学习、专题研讨、网络学习、考试测试等方式,构建贯通领导机构、作业机构、一线人员的全覆盖政治思想引导措施体系。二是在引导内容上,须涵盖党的总体政治主张、重大战略政策、改革发展形势任务、扶贫工作政策体系等,形成既有总体又有具体、均衡协调的政治思想引导内容体系。三是在引导要点上,突出立场、方向与方法三个方面,即引导审计人员强化"四个意识",树立以人民为中心的观念,增强宗旨意识和群众观点;引导审计人员增强政治敏锐性,善于从政治方向、政策调控意图的高度理清审计思路,确定审计重点,做到围绕中心,服务大局,防止偏离偏向;引导审计人员学会运用马克思主义的立场、观点和方法看待和分析扶

贫审计中发现的情况和问题,提升高度、拓展深度、把握效度。

（二）健全专业能力建设机制,确保扶贫政策落实跟踪审计的专业整体胜任水平

专业能力是扶贫政策跟踪审计的基础能力。专业能力建设需从计划机制、实施机制、评估机制三个方面建立健全。一是计划机制,也就是要根据各阶段扶贫审计任务与工作重点,从目标、思路、方式、保障等方面形成专业能力建设计划体系,确保能力培养符合工作需要。从审计工作实际看,专业能力建设重点应突出政策分析、财务核查、工程建设和大数据采集分析等方面。二是实施机制,应构建实践锻炼、集中培训、案例研讨多渠道有机融合的培训体系,充分利用学习培训资源,促进线上与线下协同发力,同时要保障经费投入和师资力量。三是评估机制,要构建贯通专业能力建设计划、实施、效果的评估机制,完善评价方式和评价指标,完整评估专业能力建设是否适应扶贫政策跟踪审计需求,发现问题,推动改进建设方式与内容。

（三）优化人力资源整合机制,提升扶贫政策跟踪审计综合保障水平

从实际情况看,大多数审计机关扶贫政策跟踪审计主要组织财政、农业等审计业务部门人员实施。随着近年来机构改革的实施,中央要求建立集中统一、全面覆盖、权威高效的审计监督体系。在此背景下,审计工作运行模式也在变革调整,具体来讲,可从内外两个方面进行人力资源整合。一是内部整合,即在实施扶贫政策跟踪审计项目时,根据项目内容特点,基于管理学中"矩阵制"的组织架构原理,从不同业务部门抽调人员参加,实现政策研究、资金审查、数据分析等多维度专业能力的融合,或者将扶贫审计项目融入其他专业审计项目中实施,从而通过项目融合实现人力资源整合。二是外部融合,即随着审计方式创新发展,在落实保密措施的前提下,采取业务外包、外聘人员

等方式,将扶贫工程审计等有关专业审计内容委托或安排给外部专业技术人员实施,实现更广范围的人力资源整合。

（四）建立弘扬审计精神的长效机制,保障扶贫政策跟踪审计持续深入实施

习近平总书记在中央审计委员会第一次会议上提出,审计机关要"以审计精神立身,以创新规范立业,以自身建设立信"。其中"以审计精神立身"是主要针对审计人员提出的要求。审计精神是审计人员在行使审计职责、开展审计活动的过程中形成的,被大家所认可的一种正向心理定式、价值取向和主导意识,体现着审计人员对审计职业的认同感、信任感、荣誉感,是审计人员共同的认知和行为指南,是凝聚和团结的前进动力。从扶贫政策跟踪审计的角度看,审计精神是适应审计经常性的内在要求,是其他审计能力建设的重要保障。特别是扶贫审计关系执政党的宗旨和弱势群体切身利益,更需有厚实的审计精神,支撑审计人员不断提升能力水平,履行好法定审计职责。审计工作包括扶贫审计具有政治性、人民性、法治性、专业性、奉献性和纪律性的特点,因此审计精神的特质至少应包括民本精神、法治精神、学习精神、创新精神、求实精神、奉献精神、自律精神。从功能与意义看,民本精神发挥价值引领作用,学习精神、创新精神、奉献精神、求实精神发挥行动激励作用,自律精神发挥行为规范引导作用,法治精神兼有价值引领和行为规范作用。根据审计工作性质特点和审计精神内涵特质,需在工作机制上落实以下内容:一是弘扬文化自信,引领主流价值。通过建立常态化中华优秀传统文化推广、教育机制,促进审计人员树立社会主义核心价值观,提高修养,严于律己,尽责担当、甘于奉献。二是树立先进典型,激励担当奋进。要通过创新应用各种媒体方式,广泛宣传干事创业先进典型,促进审计精神在全体审计人员中生根发芽,促进担当作为,引领扶贫政策跟踪审计蓬勃发展。三是严格纪律规矩,抓好作风建设。通过思想引导、警示教育、严密措施、监督检查等方式,促进审计人员切实增强

纪律素养,严守纪律底线,擦亮职业底色,自觉维护审计机关和审计人员的良好形象,同时也在扶贫政策跟踪审计中,通过实际行动密切党群关系、干群关系。

第三节 优化审计技术方法体系

科学有效的技术方法体系是审计工作深入推进的重要保障。关于审计技术方法,理论界已有比较充分的研究。实务界方面,现行国家审计准则提出了获取证据的七种具体方法,包括检查、观察、询问、外部调查、重新计算、重新操作和分析。需要明确的是,技术方法是服务目的、作用和功能定位的。《中共中央关于深化党和国家机构改革的决定》提出,"合理配置宏观管理部门职能……构建统一高效审计监督体系,实现全覆盖"。这就赋予了审计机关宏观管理职能。进入新时代以来,常态化经济体检成为审计工作新的作用取向。从这个角度说,审计工作的宏观性、经常性、建设性进一步增强,加之大数据时代的到来,需要创新完善与之相适应的审计技术方法。具体地说,要在既有技术方法体系上,更加注重运用扶贫政策评估方法、扶贫资金总体投向分析方法、实地调查方法和大数据分析方法,并且构建这些方法与其他基础性审计技术方法的结合体系。本书将在其他章节中单独介绍大数据分析方法。在此,仅探讨前三种方法。

一、 资金审查与政策评估相结合

扶贫政策落实跟踪审计的基本职责是对扶贫资金的使用管理进行审查。与此同时,扶贫资金大多属于财政性资金,财政性资金是国家政策的载体。因此,审计中不能单纯陷入资金核查,而是要以资金核查为基础,分析评估政策的落实情况。也就是要将资金审查与政策评估结合起来,才能从根本上回答中央脱贫攻坚战略落实的问题。按照一般研究观点,公共政策评估是指公共政策评估主体根据一定的政策评估标准和程序,对政策系统、政策过程和政策结果的质量、效益、效果等方面进行评价或判断的一系列活动。审计需要结合扶贫政策实际,创新应用政策评估方法,大体包括四个维度。一是政策周期维度。政策运行周期包括试行、实施、终结等阶段。当前,我国正处于由解决绝对贫困问题向建立解决相对贫困长效机制的转型阶段,需要对扶贫政策体系和各项具体政策所处的历史阶段进行评价和分析,进而提出建设性意见。二是政策投入维度。政策投入指政策实施的资源保障,主要包括机构和人员资源、经费资源、配套措施资源等。审计中,要对发现的资金分配使用、项目建设管理过程中出现的具体问题,分析在政策设计和落实中是否存在资源投入不足或者资源配置错位等原因,进而推进从政策落实保障条件上解决问题。三是政策环境维度。扶贫工作是在经济社会的大环境中运行的,扶贫政策是与其他相关政策交织实施的。因此,需对其他相关政策叠加效应和经济社会相关因素进行分析评估,关注是否存在目标冲突、交叉重叠,以及因经济社会和技术条件影响造成政策难以有效实施等问题。四是政策实施效果维度。政策效果是政策实施和运行的结果,也是衡量政策目标是否达成的重要标准。扶贫政策实施效果评估包括微观和宏观两个方面,其中微观方面,即各项具体政策实施结果是否切实解决了相应领域、群体、个体存在的贫困问题;宏观方面,即扶贫政策实施是否从整体上达到了政策设计初衷,推动脱贫攻坚战略落实和解决相对贫困长效机制建立。

二、 资金分配使用具体核查与投向结构总体分析相结合

扶贫政策的最终受益对象是广大贫困群众,而扶贫政策落实的重要载体是扶贫资金。审查扶贫资金的分配和使用管理情况,是扶贫政策跟踪审计的基本抓手。扶贫资金的安排使用大体可分为两种方式:一种是直接补助,即以教育、医疗、住房等方式直接补助到贫困户和贫困人口的资金;另一种是项目补助,即以产业扶贫等项目方式安排的资金。由于贫困人口分布广,导致扶贫

资金分布零散,主要表现在扶贫项目多,但是单个项目金额小,一般不足 100 万元,而单笔直接补助金额则更小,一般不足 1 万元。审计中容易出现的倾向是陷入具体扶贫项目和扶贫资金的审查,关注具体的违规违纪问题,而忽略了对资金投向结构的总体分析,不利于掌握扶贫政策实施是否符合贫困地区实际。因此,要在方法体系上做到资金分配使用具体核查与投向结构总体分析相结合,在具体审查扶贫资金分配使用、扶贫项目建设管理的同时,对地区扶贫资金总体投向结构进行综合分析,关注是否符合贫困人口分布、贫困深度等实际情况,有无畸轻畸重甚至"垒大户""堆盆景"等形式主义、官僚主义问题,严重影响扶贫政策落实效果。

三、 资料审查与实地调查相结合

扶贫政策落实涉及千家万户的贫困群众,扶贫项目分布在广大乡村田间地头。因此,扶贫政策跟踪审计不能仅仅与主管部门、公职人员座谈,或者仅仅审查扶贫工作资金计划文件、财务会计资料以及相关项目档案,还要注重深入百姓家庭询问扶贫补助发放情况、生活生产困难,实地勘察扶贫项目建设和养护情况,是否与贫困户建立了利益联结机制。也就是要注重运用调查研究的方法,将资料核查与实地调查结合起来,相互比对和印证,深入了解扶贫政策落实的真实情况和效果,发现新情况和新问题,从而作出经得起历史和人民检验的审计结论,更好地发挥审计监督的建设性作用。

第四节 强化审计质量控制机制

审计质量控制是一项系统工程,从根本上讲是一个管理学问题。随着质量管理实践的不断深化,质量管理研究从传统的质量管理、质量检测管理、统计质量管理演进到现代质量管理,以系统论和控制论为手段的全面质量管理理论逐步形成,并得到了广泛应用。具体到国家审计领域,以全面质量管理理论为指导的研究已比较充分,现行国家审计准则也对审计质量控制作出了比较系统和严密的规定。审计质量的内涵大体包括三个方面:一是审计程序与相关法律法规、准则规范的符合情况;二是审计结论与基础事实、法律法规、标准规范的符合情况;三是审计结果对相关政策落实与完善作用发挥情况。根据审计工作的运行体系,完整的审计质量控制制度体系包括组织保证体系、制度保证体系、技术方法保证体系、人力资源保证体系、职业道德保证体系。而从审计项目的运行周期看,审计质量控制环节则包括计划管理环节、前期调查环节、审计方案编制环节、审计实施环节、审计底稿编制环节、审计报告编写环节、审计复核审理环节、审计报告审核报送环节。本书将避免一般地研究审计质量控制,而是将重点放在新时代条件下扶贫政策跟踪审计质量控制面临的困难与挑战,进而剖析质量控制机制创新与完善。

一、 扶贫政策跟踪审计质量控制面临的主要风险与挑战

进入新时代以来,审计工作的职能定位、外部环境、作业模式发生了较大变化与调整,扶贫政策跟踪审计质量控制面临新的情况。

(一)在职能定位上监督与保障并重

一直以来,审计机关被认为是监督部门,单纯肩负着监督职能。2014年10月,国务院发布《关于加强审计工作的意见》,要求发挥审计促进国家重大决策部署落实的保障作用,同时强化审计的监督作用。保障作用的提出是对审计职能的重要拓展,这一职能在后来的相关重要文件中得到强化。这一重大调整对审计质量控制提出了新的更高要求,从扶贫审计的角度看,则是要保障扶贫政策落地见效,而不仅仅是监督扶贫资金分配使用、扶贫项目建设管理的规范性。

（二）大数据条件下审计质量控制面临新的风险

随着信息化发展和大数据兴起,审计工作面临的环境发生了重大变化。从扶贫审计的角度看,建档立卡贫困户身份,扶贫资金分配和拨付,贫困人口医疗、教育、住房等数据纷繁复杂,一些审计取证难以在纸质条件下完成,需借助电子化方式,如何确保数据质量、防范审计风险,是面临的新课题。

（三）"三个区分开来"重要要求对审计定性处理提出了新的原则

进入新时代以来,新发展理念成为指导各方面工作的重要理念,我国也进入全面深化改革的新时期。中央为鼓励各级干部勇于创新、担当作为,构建容错纠错机制,提出了"三个区分开来"的重要要求,即把干部在推进改革中因缺乏经验、先行先试出现的失误和错误,同明知故犯的违纪违法行为区分开来;把上级尚无明确限制的探索性试验中的失误和错误,同上级明令禁止后依然我行我素的违纪违法行为区分开来;把为推动发展的无意过失,同为谋取私利的违纪违法行为区分开来。扶贫政策涉及各地区各部门各层级,情况千差万别,同时扶贫政策落实与当地改革发展整体工作紧密相关,因此需要结合实际创造性推进,这就给审计机关和审计人员如何按照"三个区分开来"重要要求、对审计发现的情况和问题作出客观公正的定性和处理,带来了考验。

（四）扶贫审计点多面广给审计质量控制带来了新挑战

扶贫政策落实、扶贫资金分配和拨付使用、扶贫项目建设管理涉及的部门单位多、层级多、链条长、资金分散。扶贫政策落实审计的参与部门和人员也存在范围广、层级多的情况。因此,如何规范有序组织推进,确保审计质量整体可控,是需要解决的问题。

二、 扶贫政策跟踪审计质量控制机制的创新与完善

根据以上对新时代审计工作质量控制面临的新情况、新挑战的分析,结合扶贫政策跟踪审计的特点,我们对创新与完善审计质量控制机制作出以下探讨。

(一)构建精准审计和促进扶贫政策落实的评估机制

新时代条件下,扶贫政策跟踪审计不局限于微观层面的资金分配使用和项目建设管理,而是拓展到从整体上检查扶贫政策落实情况及效果。为此,须构建全过程的精准审计和促进扶贫政策落实的评估机制。在计划安排环节,应研究是否瞄准扶贫政策落实的重点地区、重点群体;在前期调查和方案编制环节,应评估是否契合扶贫政策的框架体系和调控重点;在审计实施环节,应评估是否深入检查扶贫政策落实情况,有无重大遗漏;在审计报告环节,应评估是否全面客观评价政策落实效果、揭示政策落实问题。

(二)健全大数据条件下审计取证质量控制机制

审计取证质量是审计工作质量的基石。按照现行国家审计准则,审计证据需在程序合规的基础上,同时具备充分性和适当性。进入大数据时代以来,审计取证模式正在向无纸化转型,需创新完善质量保证机制。审计取证程序方面,需建立数据来源、内容、容量、存储方式、接收方式、确认方式等环节的管控机制,确保程序规范;在审计取证质量方面,需建立数据采集、数据分析、数据结论与审计观点的衔接机制,确保充分性与适当性。

(三)完善审计新理念导向下定性处理质量控制机制

新时代扶贫政策如何落实"三个区分开来"的重要要求,需要规范有序的质量控制机制作为保障。否则,可能出现以落实要求为由,自由裁量不客观、

不公允,漏报、瞒报重大问题,或者定性处理过严,影响基层干部创新担当的积极性。特别是,扶贫政策落实跟踪审计对象涉及广大基层干部,审计定性处理对政策落实与干部履职具有较大影响。为此,需从机制层面,研究明确落实"三个区分开来"的审计事项范围、定性处理条件和标准、讨论决策程序等,保障有章可循。

(四)健全审计职业道德培育体系

审计职业道德是一般社会道德在审计工作中的具体体现,是引导审计人员自觉约束审计行为、奉献审计事业的社会规范。扶贫政策跟踪审计点多面广,社会关注度高。审计质量一方面依靠程序规范,另一方面也依靠广大审计人员的职业道德。现行国家审计准则要求,审计人员应当恪守正直坦诚、客观公正、勤勉尽责、保守秘密的基本职业道德原则。扶贫政策跟踪审计中,需结合新时代宏观环境和扶贫审计具体实际,健全审计职业道德培育体系,在学习引导方式、日常践行要求、践行效果评估方面健全工作机制。学习引导方式方面,要充分融合现代新媒体,针对审计干部特别是青年干部的心理特点,在弘扬文化自信、选树先进典型、反面案例警示方面创新拓展;在日常践行要求方面,需通过制定规范、完善细则等方式,完善审计职业道德具体标准;在践行效果评估方面,需通过问卷调查、检查评估等方式,及时发现问题,推动改进提高。

第五章　新时代扶贫政策跟踪
审计评价机制分析

　　跟踪评价是对审计客体所实施的综合性鉴定,它是跟踪审计的一项重要内容。当前,扶贫政策跟踪审计评价机制处于探索阶段,审计主体应依照明确的评价目标,以审计事实为基础,合理设计评价指标体系,科学构建评价方法,集聚各类评估数据,扎实开展扶贫政策跟踪审计评价工作。

第一节　扶贫政策跟踪审计评价的指标设计

　　扶贫政策跟踪审计评价指标是用于考核、评估以及比较扶贫政策落实质量和效果的统计指标。传统审计评价的指标体系设计可从经济性、效率性与效果性等层面着手[①],也可从压力、状态与响应等层面入手[②],但新时代扶贫

---

　　①　曲明在《我国政府绩效审计评价标准体系框架构建》中提出,政府绩效审计是对被审计项目的绩效进行评价,虽然其评价标准是不固定的,但是其审计目的却是衡量被审计对象是否具有经济性、效率性和效果性;宋常在《投资项目绩效审计评价指标体系与框架设计研究》中采用经济性、效率性、效果性、公平性、环境性作为属性层指标,构建投资项目绩效审计的评价指标体系。

　　②　房巧玲在《基于 PSR 模型的领导干部资源环境离任审计评价研究——以中国 31 个省区市的经验数据为例》中运用"压力—状态—响应"模型构建领导干部资源环境离任审计评价体系,并通过评价结果与各指标之间的动因分析,揭示各指标之间的相互联系;黄溶冰在《基于 PSR 模型的自然资源资产离任审计研究》中基于"压力—状态—响应"模型构建自然资源资产离任审计评价指标体系。

政策跟踪审计评价指标体系设计有必要从精准性、安全性和绩效性三个层面考虑。扶贫政策跟踪审计评价指标设计应以目标为导向,遵循客观性与可操作性相结合、普遍性与具体性相结合、定性评价与定量评价相结合、系统性与代表性相结合、动态性与延展性相结合等原则。

　　本书设计的扶贫政策跟踪审计评价指标层级体系框架见表5-1,系列指标由相对量指标与定性指标融合而成。相对量指标通过数量关系对比进而判断扶贫政策具体要项的落实程度,如 C_{111} 可用已纳入建档立卡贫困对象错评人数占本地域建档立卡贫困对象总人数的比率计算, C_{243} 可用违规资金总额占审计抽查总金额的比率计算。定性指标主要针对难以用数量关系进行描述的扶贫政策落实相关要项,如 C_{135}、C_{244}、C_{311} 等,它们需要通过因素赋值、德尔菲法、专家打分或分步定量评定等方法实现量化取值。表5-1 中的 C_{ijk} 指标有正向指标与负向指标之分,正向指标代表向前发展的指标,数值越大表明扶贫政策落实得越好,负向指标则恰好相反,数值越大表明扶贫政策落实得越不到位。

表5-1　扶贫政策跟踪审计评价指标层级体系

总体指标（Y）	一级指标（A_i）	二级指标（B_{ij}）	三级指标（C_{ijk}）	C_{ijk}指标方向
扶贫政策跟踪审计总体评价（Y）	A_1:政策精准性	B_{11}:识别过程精准性	C_{111}:贫困对象建卡错评情况	负向指标
			C_{112}:贫困对象建卡漏评情况	
			C_{113}:贫困人口退出错评情况	
			C_{114}:贫困人口退出漏评情况	
		B_{12}:帮扶过程精准性	C_{121}:教育扶贫精准程度	正向指标
			C_{122}:产业扶贫精准程度	
			C_{123}:健康扶贫精准程度	
			C_{124}:易地搬迁扶贫精准程度	
			C_{125}:其他政策扶贫精准程度	
			C_{126}:驻村精准帮扶力度	

总体指标 （Y）	一级指标 （A_i）	二级指标 （B_{ij}）	三级指标 （C_{ijk}）	C_{ijk} 指标方向
扶贫政策跟踪审计总体评价（Y）	A_1：政策精准性	B_{13}：管理过程精准性	C_{131}：扶贫政策制定科学性	正向指标
			C_{132}：扶贫政策透明程度	
			C_{133}：配套措施执行力度	
			C_{134}：阶段性目标实现程度	
			C_{135}：扶贫与扶志（智）结合程度	
			C_{136}：相关问题整改力度	
	A_2：资金安全性	B_{21}：财务管理过程安全性	C_{211}：财务制度的健全性	正向指标
			C_{212}：财务信息的可靠性	
			C_{213}：财务审核的严谨性	
		B_{22}：资金分配过程安全性	C_{221}：分配调拨的合理性	正向指标
			C_{222}：分配调拨的合规性	
			C_{223}：分配调拨的合法性	
		B_{23}：资金使用过程安全性	C_{231}：日常使用的合理性	正向指标
			C_{232}：日常使用的合规性	
			C_{233}：日常使用的合法性	
		B_{24}：项目建设领域安全性	C_{241}：资金闲置状况	负向指标
			C_{242}：资金挪用状况	
			C_{243}：资金违规程度	
			C_{244}：造价控制的有效性	正向指标
	A_3：项目绩效性	B_{31}：项目决策过程绩效性	C_{311}：决策依据科学程度	正向指标
			C_{312}：项目规划详尽程度	
			C_{313}：可行性论证充分程度	
			C_{314}：决策方案的可持续性	
		B_{32}：项目准备过程绩效性	C_{321}：招投标程序的合规性	正向指标
			C_{322}：合同签订的规范性	

续表

总体指标 （Y）	一级指标 （A_i）	二级指标 （B_{ij}）	三级指标 （C_{ijk}）	C_{ijk} 指标方向
扶贫政策跟踪审计总体评价（Y）	A_3：项目绩效性	B_{33}：项目施工过程绩效性	C_{331}：项目建设的违规干预程度	负向指标
			C_{332}：项目建设偷工减料情况	
			C_{333}：项目逾期未开工情况	
			C_{334}：项目逾期未完工情况	
			C_{335}：擅自改变项目内容程度	
			C_{336}：项目建设质量监督力度	正向指标
		B_{34}：竣工验收后续绩效性	C_{341}：项目验收弄虚作假程度	负向指标
			C_{342}：项目虚报完工情况	
			C_{343}：项目建成后废弃闲置情况	

第二节　扶贫政策跟踪审计评价的步骤与方法

新时代,扶贫工作覆盖众多领域,涉及系列部门,扶贫数据涵盖若干方面,审计评价环境日趋复杂,构建扶贫政策跟踪审计多指标综合评价方法需要与时俱进。扶贫政策跟踪审计的评价方法有单项指标评价和多指标综合评价之分,审计主体应根据具体的审计任务和需求,遴选正确的审计评价方法。

一、　单项指标评价的步骤与方法

单项指标评价是用一个价值指标作为评价技术方案经济效果的客观标准。针对表5-1中的单项指标评价,应采用比较分析法,具体评价步骤为:首先,将正向指标的评价标准值确定为1,负向指标的评价标准值确定为0;其次,针对每一指标,分别界定其评价等级并加以描述;再次,对具体指标的实际水平以百分率形式进行赋值,将其同评价标准值相比较,并明确具体指标实际执行情况所对应的评价等级;最后,分析差异的成因,形成评价意见,提出整改建议。

二、 多指标综合评价的步骤与方法

多指标综合评价是使用比较系统的、规范的方法对多个指标、多个单位同时进行评价的方法。它不只是一种方法,而是一个方法系统,是指对多指标进行综合的一系列有效方法的总称。综合评价方法在现实中应用范围很广。综合评价是针对研究的对象,建立一个进行测评的指标体系,利用一定的方法或模型,对收集的资料进行分析,对被评价的事物作出定量化的总体判断。

扶贫政策跟踪审计多指标综合评价属于多维度下的多属性评价,可供借鉴的方法主要有熵权评价、模糊评价、灰色评价、BP 神经网络评价、贝叶斯评价、因子分析以及数据包络分析等,每种方法有其特定的应用模式与工作场景。表 5-1 的多指标综合评价相对烦琐,需要借助模型方法对若干指标同时开展定量化的总体判断,具体步骤为:首先,采用无量纲化处理对评价指标进行同质性转换,运用"反义"描述将负向指标转化为正向指标,以保证指标方向的一致性;其次,甄选扶贫政策跟踪审计评价方法,并基于特定方法界定与描述 Y 层级的评价等级;再次,根据具体方法的属性要求对评价指标进行符合度赋值;最后,实施模型运算,统计较高层级下各评价要项的输出值,对 A 层级下 A_1、A_2 与 A_3 要项的评价值排序,以及对 B_i 层级下 B_{i1}—B_{ij} 要项的评价值排序。在上述基础上比较同层级下同类要项政策落实的优劣程度,开展评价指标体系下的影响因素分析及其作用机制探索。

第三节　扶贫政策跟踪审计多指标
综合评价的例证阐释

一、 基于熵权评价方法的扶贫政策跟踪审计评价

1948 年,香农(Shannon)提出"信息熵"概念,描述特定系统下信息分布

的不确定性,并将其定义为:若系统有 n 种不同的状态,即 $L_1,L_2,\cdots,L_n$,$P(L=L_i)=p_i$ 表示信息系统处于状态 L_i 的概率,则信息系统具有不确定信息量 Z(熵)为:

$$Z = -c\sum_{i=1}^{n} p_i \ln p_i \qquad (5-1)$$

公式中,p_i 满足:$0 \leqslant p_i \leqslant 1(i=1,2,\cdots,n)$。

"熵"被用于度量系统的混乱程度,其能够阐释多属性信息的量化度量问题,可以运用熵权判断评价方案的无序程度和随机性,也可运用熵权判定评价指标的离散程度,某项指标的离散趋势越明显,则该指标对综合评价的作用就越强。多年来,熵权理论在安全评价、可靠性评价、影响力评价和绩效评价等方面得到广泛应用。与其他评价方法比较,熵权模型符合数学规律并具有严密的逻辑体系,熵权赋值具有较强的客观性和精确性,能够更好地阐释计算所得的评价结果,熵权法适用于评价方案中对指标权重的确定与评判。表 5-1 的评价指标体系构成一个评价系统,熵权理论能够度量该评价系统的无序程度。

(一)扶贫政策跟踪审计熵权综合评价的步骤设计

1. 对符合度 C_{ijk} 进行赋值

符合度反映了被评价主体的扶贫政策落实状况同审计主体所要求实现目标的符合情况。首先对表 5-1 中扶贫政策跟踪审计三级评价指标(C_{ijk})的符合度进行量化与描述(见表 5-2),其次对符合度 C_{ijk} 进行赋值。C_{ijk} 的赋值方法分为主观赋值和客观赋值两类,其中,主观赋值法包括德尔菲法、专家评分法与主观加权法等,客观赋值法包括主成分分析、均方差等方法。

2. 计算表 5-1 中二级指标(B 层级)的熵权系数 θ 与权向量 v

$$\theta_{ij} = -\frac{1}{\ln R}\sum_{k=1}^{R} c_{ijk}\ln c_{ijk} \qquad (5-2)$$

$$v_{ij} = (1-\theta_{ij})/(S-\sum_{j=1}^{S}\theta_{ij}) \qquad (5-3)$$

且 $0 \leqslant v_{ij} \leqslant 1, \sum_{j=1}^{S} v_{ij} = 1$

3. 计算表 5-1 中一级指标（A 层级）的熵权系数 β 与权向量 v

$$\beta_i = -\frac{1}{\ln T} \sum_{j=1}^{T} \theta_{ij} \ln \theta_{ij} \tag{5-4}$$

$$v_i = (1 - \beta_i) / (U - \sum_{i=1}^{U} \beta_i) \tag{5-5}$$

且 $0 \leqslant v_i \leqslant 1, \sum_{i=1}^{U} v_i = 1$

4. 计算表 5-1 中总体评价（Y 层级）的熵权系数 Z 与综合权向量 v

$$Z = -\frac{1}{\ln W} \sum_{i=1}^{W} \beta_i \ln \beta_i \tag{5-6}$$

$v = 1 - z$，且 $0 \leqslant z, v \leqslant 1$

5. 对表 5-1 中扶贫政策跟踪审计评价的权向量值开展归纳分析

审计主体应事先对扶贫政策跟踪审计的评价等级进行界定与描述（见表 5-3），并以此为基础，确定总体指标（Y 层级）的评价级别，对 A 层级与 B 层级下的权向量值开展排序分析，进而判定扶贫政策在各层级内部的落实程度，优化相关方案，强化执行力度。

表 5-2 扶贫政策跟踪审计评价指标符合度的量化及描述

符合度	量化值与范围	C_{ijk} 指标符合程度的情况说明
D1:较差符合	$0 \leqslant \mu < 0.60$	实际情形达不到扶贫政策落实的基本要求
D2:一般符合	$0.60 \leqslant \mu < 0.80$	实际情形与理想状态有较大差距，有一定效果但需要做极大程度的改进
D3:较好符合	$0.80 \leqslant \mu < 0.90$	实际情形与理想状态有一定差距，相关指标能够起到较好的效果
D4:较高符合	$0.90 \leqslant \mu < 1.00$	实际情形与理想状态有较小差距，相关指标能够起到很好的效果
D5:完全符合	$\mu = 1.00$	实际情形与理想状态完全一致，全方位按照扶贫政策措施操作实施

表 5-3　扶贫政策落实程度的综合评价等级界定及描述

综合评价等级	量化值与范围	政策落实程度的等级描述
E1:很好	$0<v\leqslant0.10$	扶贫政策得到很好的落实,基本按照国家扶贫的长短期目标稳步推进
E2:较好	$0.10<v\leqslant0.20$	扶贫政策得到较好的落实,但现实效果同国家扶贫的阶段性目标有一定差距
E3:一般	$0.20<v\leqslant0.50$	部分扶贫政策落实不到位,需要针对薄弱点付出较大的努力进行全方位完善
E4:较差	$0.50<v\leqslant1.00$	国家扶贫政策的整体落实未达到国家扶贫任务和目标的基本要求

(二)扶贫政策跟踪审计熵权综合评价的案例分析

以 X 市某区 H 贫困乡扶贫实践为案例作以分析。针对 H 贫困乡的地域特征和扶贫现状,邀请扶贫、财务、工程以及审计等领域的 17 名专家与学者,采用专家评分法对表 5-1 中 C 层级下 44 项三级指标的符合度进行赋值。整理后的 C_{ijk} 值见表 5-4,后续计算过程如下。

表 5-4　扶贫政策跟踪审计综合评价指标体系的赋值与计算

总体指标 (Y)	总体评价 $v=0.4551$										
一级指标 (A)	$\nu_1=0.1393$			$\nu_2=0.4990$				$\nu_3=0.3617$			
二级指标 (B)	$\nu_{1,1}$ 0.2864	$\nu_{1,2}$ 0.3723	$\nu_{1,3}$ 0.3413	$\nu_{2,1}$ 0.2383	$\nu_{2,2}$ 0.2471	$\nu_{2,3}$ 0.2637	$\nu_{2,4}$ 0.2509	$\nu_{3,1}$ 0.4082	$\nu_{3,2}$ 0.1766	$\nu_{3,3}$ 0.2245	$\nu_{3,4}$ 0.1907
三级指标 (C) 符合度赋值 C_{ijk}	$C_{1,1,1}$ 0.87 $C_{1,1,2}$ 0.83 $C_{1,1,3}$ 0.62 $C_{1,1,4}$ 0.67	$C_{1,2,1}$ 0.81 $C_{1,2,2}$ 0.79 $C_{1,2,3}$ 0.86 $C_{1,2,4}$ 0.83	$C_{1,3,1}$ 0.82 $C_{1,3,2}$ 0.84 $C_{1,3,3}$ 0.85 $C_{1,3,4}$ 0.81 $C_{1,2,5}$ 0.86 $C_{1,2,6}$ 0.89 $C_{1,3,5}$ 0.80 $C_{1,3,6}$ 0.83	$C_{2,1,1}$ 0.70 $C_{2,1,2}$ 0.66 $C_{2,1,3}$ 0.61	$C_{2,2,1}$ 0.63 $C_{2,2,2}$ 0.67 $C_{2,2,3}$ 0.69	$C_{2,3,1}$ 0.66 $C_{2,3,2}$ 0.64 $C_{2,3,3}$ 0.72	$C_{2,4,1}$ 0.70 $C_{2,4,2}$ 0.71 $C_{2,4,3}$ 0.68 $C_{2,4,4}$ 0.67	$C_{3,1,1}$ 0.82 $C_{3,1,2}$ 0.84 $C_{3,1,3}$ 0.81 $C_{3,1,4}$ 0.83	$C_{3,2,1}$ 0.67 $C_{3,2,2}$ 0.68	$C_{3,3,1}$ 0.74 $C_{3,3,2}$ 0.76 $C_{3,3,3}$ 0.75 $C_{3,3,4}$ 0.77 $C_{3,3,5}$ 0.74 $C_{3,3,6}$ 0.79	$C_{3,4,1}$ 0.66 $C_{3,4,2}$ 0.70 $C_{3,4,3}$ 0.62

1. 确定表 5-1 中二级指标（B 层级）的熵权系数 θ 和权向量 v

$$\theta_{11} = -\frac{1}{\ln 4} \sum_{k=1}^{4} c_{11k} \ln c_{11k} = 0.6063$$

$$v_{11} = (1 - \theta_{11}) / (3 - \sum_{j=1}^{3} \theta_{1j}) = 0.2864$$

同理：$\theta_{12} = 0.4881$，$\theta_{13} = 0.5308$；$\theta_{21} = 0.7513$，$\theta_{22} = 0.7422$，$\theta_{23} = 0.7249$，$\theta_{24} = 0.7382$；$\theta_{31} = 0.4577$，$\theta_{32} = 0.7654$，$\theta_{33} = 0.7017$，$\theta_{34} = 0.7466$；$v_{12} = 0.3723$，$v_{13} = 0.3413$；$v_{21} = 0.2383$，$v_{22} = 0.2471$，$v_{23} = 0.2637$，$v_{24} = 0.2509$；$v_{31} = 0.4082$，$v_{32} = 0.1766$，$v_{33} = 0.2245$，$v_{34} = 0.1907$。

2. 确定表 5-1 中一级指标（A 层级）的熵权系数 β 和权向量 v

$$\beta_1 = -\frac{1}{\ln 3} \sum_{j=1}^{3} \theta_{1j} \ln \theta_{1j} = 0.9007$$

$$v_1 = (1 - \beta_1) / (3 - \sum_{i=1}^{3} \beta_i) = 0.1393$$

同理：$\beta_2 = 0.6443$，$\beta_3 = 0.7422$；$v_2 = 0.4990$，$v_3 = 0.3617$。

3. 确定表 5-1 中总体指标（Y 层级）的熵权系数 Z 和综合评价权向量 v

$$Z = -\frac{1}{\ln 3} \sum_{i=1}^{3} \beta_i \ln \beta_i = 0.5449$$

$$v = 1 - 0.5449 = 0.4551$$

熵权反映扶贫政策跟踪审计评判集下指标信息的有序程度，或评价指标在竞争中的相对激烈程度。v 值代表着较高层级综合指标下的扶贫政策落实程度。结合表 5-4，总结如下：（1）Y 层级的 v 值为 0.4551，介于 0.20 和 0.50 之间，表明该贫困乡扶贫政策跟踪审计总体评价处于"一般"级别，说明扶贫政策落实不到位，需要付诸较大的努力对扶贫工作进行全方位的整改与完善；（2）对于表 5-1 中的 A 层级，$v_2 > v_3 > 0.20 > v_1$，说明该贫困乡在政策精准性方面的工作落实程度处于"较好"级别，在资金安全性和项目绩效性两个方面的工作落实程度处于"一般"级别，且在资金安全性方面的执行力度弱于项目绩效性方面；（3）对于表5-1中 B 层级的 B_1 模块，$v_{1,2} > v_{1,3} > v_{1,1} > 0.20$，说明 B_{11}、B_{12}、B_{13} 三者的工作落实程度均处于"一般"级别，且三者之中 B_{12} 的政策落实程度相对较弱，该贫困乡应深层次开展教育、产业、健康、易地搬迁等各项扶贫工作，强化驻村工作队的帮扶力度，制定科学的运行方案，多视角提升帮扶过程的精准性，B_2 与 B_3 模块参照 B_1 模块的分析。

二、 基于模糊数学方法的扶贫政策跟踪审计评价

（一）模糊数学方法引入

新时代我国扶贫政策跟踪的审计评价从属于多维度的若干属性评价问题，其相关评价维度以及评价指标体系参见表5-1。本部分引入模糊综合评价方法，以期能够为扶贫政策跟踪的审计评价实践带来启示。模糊综合评价法是一种基于模糊数学的综合评价方法，该方法根据模糊数学的隶属度理论把定性评价转化为定量评价，即用模糊数学对受到多种因素制约的事物或对象作出一个总体的评价。模糊综合评价方法系统性较强，显示结果较为清晰，有利于解决模糊的、难以量化反映的问题，适合应用于解决各种不确定性问题。其具体方法和原理如下：

A 表示新时代我国扶贫政策跟踪的审计评价指标的集合，B 表示针对新时代我国扶贫政策跟踪审计评价的具体指标的可能评价结果的集合。$A = \{a_1, a_2, \cdots, a_n\}$，$B = \{b_1, b_2, \cdots, b_m\}$。根据扶贫政策跟踪审计下每个评价指标 $a_i = A$，对我国扶贫政策跟踪审计活动提出模糊综合评价，引入一个定义我国扶贫政策跟踪审计评价结果集合 B 上的模糊集，表示为：

$$(c_{i1}/b_1, c_{i2}/b_2, \cdots, c_{im}/b_m), 0 \leqslant c_{ij} \leqslant 1, i = 1, 2, \cdots, n; j = 1, 2, \cdots, m$$

相应建立一个特定的扶贫政策跟踪审计的评价矩阵 P：

$$P = \begin{cases} C_{11} & C_{12} \cdots C_{1m} \\ C_{21} & C_{22} \cdots C_{2m} \\ \vdots & \vdots \quad \vdots \\ C_{n1} & C_{n2} \cdots C_{nm} \end{cases}$$

将每一扶贫政策跟踪审计评价指标占全部评价指标的权重采用向量 W 表示:

$$W = \{ w_1, w_2, \cdots, w_n \}, w_i \geqslant 0 (i = 1, 2, \cdots, n), \sum_{i=1}^{n} w_i = 1$$

$$(5-7)$$

相应建立新时代我国扶贫政策跟踪审计的评价结果集合 B 的模糊集为:

$$(z_1/b_1, z_2/b_2, \cdots, z_m/b_m)$$

或由向量 $Z = \{ z_1, z_2, \cdots, z_m \}$ 表示,其中,$Z = W \times P$,进一步推导为以下公式:

$$Z_j = \sum_{i=1}^{n} (w_i \times c_{ij}), \quad j = 1, 2, \cdots, m \qquad (5-8)$$

将上述我国扶贫政策跟踪审计的评价结果予以量化,则获取评价数值的计算公式 E,即:

$$E = Z \times B^T \qquad (5-9)$$

(二)案例阐释

Y 市审计局为推进扶贫政策跟踪审计建设,开展有关于 Y 市的扶贫政策跟踪审计实践。本部分运用模糊数学评价方法,对 Y 市在"贫困乡扶贫"的实际情形开展审计评价,尝试发现 Y 市在扶贫政策实施中存在的问题。Y 市审计局集合扶贫、财务、工程、建设等领域专家,就"扶贫政策实施"问题展开深入研讨。交流中,专家与学者们对表 5-1 中的二级评价指标(X_{ij})除有 2 项调整外,其余 9 项指标均一致认可。当然,表 5-1 的评价指标体系是面向"扶贫"领域的具有普遍性的期望指数,面对不同领域的扶贫对象以及不同的扶贫任务目标,将会针对实际扶贫政策实施需求予以修订。

有两项工作需要在研讨会中完成,具体为:(1)对表 5-1 修订后的 11 项二级评价指标(X_{ij})分别界定出理想标准 $D_i(i=1,2,\cdots,11)$,并对 D_i 作出明确阐释。理想标准是在最优条件下,运用不同领域资源所能实现的最佳水平;(2)采用 5 分制原则,将 D_i 视为 5 分,将扶贫政策实施的单项评价指标 A_i 的实际状态相对于理想标准的单项评价结果 B_i 划分为五个等级,其中,$B_i = 5$ 分,表示扶贫政策跟踪的审计评价指标 A_i 的实际状态与理想状态全部一致,完全符合;$B_i = 4$ 分,表示 A_i 的实际状态与理想状态较高符合;$B_i = 3$ 分,表示 A_i 的实际状态与理想状态有限符合;$B_i = 2$ 分,表示 A_i 的实际状态与理想状态较低符合;$B_i = 1$ 分,表示 A_i 的实际状态与理想状态极弱符合。

针对本次扶贫政策跟踪的审计评价,仅从表 5-1 修订后的 11 项二级评价指标(X_{ij})中筛选 9 项最为关键的指标 $A_i(i=1,2,\cdots,9)$,其余 2 项评价指标因篇幅问题予以忽略,则 $A = \{a_1, a_2, \cdots, a_9\}$。在该式中,$a_1$ 表示"帮扶过程精准性(X_{12})",a_2 表示"财务管理过程安全性(X_{21})",a_3 表示"资金分配过程安全性(X_{22})",a_4 表示"资金使用过程安全性(X_{23})",a_5 表示"项目建设领域安全性(X_{24})",a_6 表示"项目决策过程绩效性(X_{31})",a_7 表示"项目准备过程绩效性(X_{32})",a_8 表示"项目施工过程绩效性(X_{33})",a_9 表示"竣工验收后续绩效性(X_{34})"。

"扶贫政策跟踪审计评价"的结果 B 按 5 分制给出,即 $B = \{b_1, b_2, \cdots, b_5\} = \{1,2,3,4,5\}$,$B$ 值越大,说明扶贫政策落实的具体评价指标的实际状态值与相应理想标准值的符合程度越高。组织与会专家对"扶贫政策落实"的评价结果 B_i 赋值,并进行统计。如对于 a_1 而言,有 10% 的专家赋值 3 分,40% 的专家赋值 4 分,50% 的专家赋值 5 分,则构架 a_1 的评价向量(0,0,0.1,0.4,0.5)。运用同样方法,依次类推构架 a_2—a_9 评价向量。于是,产生相应评价矩阵 P:

$$P = \begin{cases} 0 & 0 & 0.1 & 0.4 & 0.5 \\ 0 & 0.1 & 0.3 & 0.4 & 0.2 \\ 0 & 0 & 0.3 & 0.5 & 0.2 \\ 0 & 0 & 0.5 & 0.5 & 0 \\ 0 & 0 & 0.4 & 0.2 & 0.4 \\ 0 & 0 & 0 & 0.6 & 0.4 \\ 0 & 0 & 0.1 & 0.4 & 0.5 \\ 0 & 0 & 0.2 & 0.4 & 0.4 \\ 0 & 0 & 0.2 & 0.6 & 0.2 \end{cases}$$

针对评价指标 a_i，依据重要性程度给出权重，并形成向量 W：

$W = \{0.1, 0.1, 0.05, 0.25, 0.1, 0.05, 0.15, 0.1, 0.1\}$。

相应评价结果集合 B 的模糊集的计算公式为：$Z = W \times P$，将上述向量 W 与矩阵 P 的实际数值代入 Z 公式，于是得到 $Z = [0, 0.01, 0.225, 0.39, 0.275]$。

根据公式 $E = Z \times B^T$ 计算相应"扶贫政策落实"的评价数值 E 为：

$E = [0, 0.01, 0.225, 0.39, 0.275] \times [1, 2, 3, 4, 5]^T = 3.63$。

由上述分析可知，模糊综合评价将若干指标 A_i 的多属性评价通过模型最终归一为单数值 E 的综合评价。研讨会采用 5 分制对综合评价数值 E 划分等级范围，当 $E = 5$ 时，表示所构建的"扶贫政策跟踪审计"评价体系对被评价的"扶贫政策落实"情况高度认同与支持；当 $4 \leqslant E < 5$ 时，表示较高度支持；当 $3 \leqslant E < 4$ 时，表示有限支持；当 $1 \leqslant E < 3$ 时，表示较弱支持；当 $0 < E < 1$ 时，表示极弱支持。该案例的 E 值为 3.63，介于数值 3 与 4 之间，表示 Y 市实施的扶贫政策落实方案对表 5-1 的评价指标体系具有有限程度的支持，在某种程度上获得了与会专家的共同认可，需要较大程度地持续改进。此外，该案例的 E 值（3.63）也可同采用同一模糊评价方法的其他政府机关所开展的扶贫政策落实审计评价的 E 值进行横向比较。很显然，对 Y 市扶贫政策落实所计算的

E 值介于数值 3 与 4 之间,表明与评价指标整体理想标准的符合程度具有一定的符合度,进而表示 Y 市扶贫政策的运行策略不够科学与有效。

三、 基于 BP 神经网络方法的扶贫政策跟踪审计评价

(一)BP 神经网络方法引入

以哈特(Hart)和麦克莱兰(McClelland)为首的科学家于 1986 年提出:BP 神经网络是一种按误差逆传播算法训练的多层前馈网络,其学习过程由信息的正向传递与误差的反向传播组成。BP 神经网络所遵循的基本思想是梯度下降法,通过利用梯度搜索技术,以使网络的实际输出值与期望输出值之间的误差与均方差达到最小水平。BP 算法包括信号的前向传播和误差的反向传播,正向计算过程和反向计算过程组成其计算过程。在正向传播过程中,每一层神经元的状态只对下一层神经元的状态产生影响,这种传播的具体过程是:在通过隐含层逐层处理后,输入模式转向输出层,进而影响下一层神经元的状态。如果在输出层不能得到期望输出结果,则将转入反向传播过程,在此过程中,误差信号会沿原连接通路返回,通过对各神经元的权值进行修改,误差信号会达到最小状态。

借鉴王薇(2018)等学者的观点,以三层评价指标体系为例,假设输入为 Y,输入层有 s 个神经元,P_1 为其激活函数,隐含层有 X_1 个神经元,输出层有 X_2 个神经元,输出层数值为 T,P_2 为其激活函数,目标矢量为 B。

信号的前向传递过程为:

1.隐含层中第 i 个神经元的输出

$$d_{1i} = p_1 \left(\sum_{j=1}^{s} m_{1ij} y_j + c_{1i} \right) (i = 1,2,\cdots,x_1) \tag{5-10}$$

2.输出层第 k 个神经元的输出

$$d_{2k} = p_2 \left(\sum_{i=1}^{x1} m_{2ki} \cdot d_{1i} + c_{2k} \right) (k = 1,2,\cdots,x_2) \tag{5-11}$$

3.定义误差函数

$$Z(M,C) = \frac{1}{2} \sum_{K=1}^{x_2} (b_k - a_{2k}) \tag{5-12}$$

误差的反向传播过程为：

1.从第 i 个输入到第 k 个输出的权值

$$\Delta m_{2ki} = -\theta \frac{\partial z}{\partial m_{2ki}} = -\theta \frac{\partial z}{\partial d_{2k}} \times \frac{\partial d_{2k}}{\partial m_{2ki}} = \theta(b_k - d_{2k}) \times p_2{}' \times d_{1i} = \theta \times \varphi_{ki} \times d_{1i}$$

$$\tag{5-13}$$

其中： $\varphi_{ki} = (b_k - d_{2k}) \times p_2{}' = Z_k \times p_2{}'\ Z_k = b_k - d_{2k}$ 。

同理可知：

$$\Delta C_{2ki} = -\theta \frac{\partial z}{\partial c_{2ki}} = -\theta \frac{\partial z}{\partial d_{2k}} \times \frac{\partial d_{2k}}{\partial c_{2ki}} = \theta(b_k - d_{2k}) \times p_2{}' = \theta \times \varphi_{ki}$$

$$\tag{5-14}$$

2.从第 j 个输入到第 i 个输出的权值

$$\Delta m_{1ij} = -\theta \frac{\partial z}{\partial m_{1ij}} = -\theta \frac{\partial z}{\partial d_{2k}} \times \frac{\partial d_{2k}}{\partial d_{1i}} \times \frac{\partial d_{1i}}{\partial m_{1ij}}$$

$$= \theta \sum_{k=1}^{x_2} (b_k - d_{2k}) \times p_2{}' \times m_{2ki} \times p_1{}' \times y_j = \theta \times \varphi_{ij} \times y_j \tag{5-15}$$

其中： $\varphi_{ij} = Z_i \times p_1{}', Z_i = \sum_{K=1}^{x_2} \varphi_{ki}\, m_{2ki}, \varphi_{ki} = Z_k \times p_2{}', Z_k = b_k - d_{2k}$ 。

同理可知： $\Delta C_{1i} = \theta \times \varphi_{ij}$ $\tag{5-16}$

BP 神经网络运算速率高,较大程度地降低了评价过程中主观因素的影响,在训练样本量较小的情况下,仍然能以高精确度进行权值和阈值的确定,达到在任意精度条件下拟合不同复杂非线性函数的目的,能够精准地、还原性地反映和接近真实数值,具有真实客观、系统科学的特点。

(二)建立评价模型

选取扶贫政策跟踪审计评价指标体系的评价层次模型(见表5-1),扶贫政策跟踪审计的评价指标(X_{ij})为输入层,将扶贫政策落实质量的隐含层设为中间过程,输出层设为评价结果。将 Y_i 设为输入层变量,B_i 设为输出层变量,$i=1,2,\cdots,q$。具体步骤如下:

1. 确定输入层和输出层神经元个数

输入层个数 q 等于评价指标个数,表 5-1 有 11 个二级评价指标,即 $q=11$。评价层结果唯一,输出层个数 $r=1$。

2. 确定隐含层神经元个数

在隐含层为 1 层的情况下,可以参照公式确定隐含层神经元个数:$g=[\mathrm{sqr}(0.43qr+0.12r^2+2.54q+0.77r+0.35)+0.51]$,或者采用检验模型评价能力法或试凑法等。参照经验公式初步确定 $g=6$。出于降低隐含层神经元个数对仿真误差产生较大影响的目的,在学习训练样本数据的过程中,我们以样本数量为依据,调整了隐含层神经元的个数。

3. 评价模式设计

评价模式设计见图 5-1。

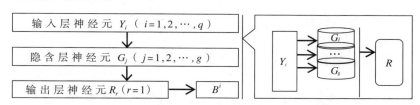

图 5-1　扶贫政策跟踪审计评价的 BP 神经网络模型结构

4. 选取激活函数以及设定权值初始值

我们在隐含层选用 tansig 函数,输出层选用 purelin 函数,同时选取 trainlm 作为训练函数。我们将权值设为较小的随机数,并且为减少网络学习时长,对网络连接权值的初始取值范围进行合理设置,一般将取值范围设定为[-1,1]。

5. 模型试验与应用

BP 神经网络神经元的激励函数是 S 型函数,输出量为 0 到 1 区间内的连续量,必须先对即将进行训练的样本进行初步处理,将数据转化为[0,1]之间

的数值。为进行这一处理,要采用以下归一化方法:

$$Y_i = \frac{Y - \min(Y)}{\max(Y) - \min(Y)} \qquad (5-17)$$

运用 Matlab 8.0 软件,先在 BP 神经网络模型中输入预处理后的训练样本,进而进行网络训练和学习,最大训练次数为 1000,训练目标误差小于 1‰,学习率为 10%,并把权值和阈值设为随机数值。在网络自身不断调节各个单元之间的连接权值的情况下,训练达到一定次数时,BP 神经网络训练图像会自动收敛,目标误差会达到指定误差范围,神经网络会产生给定输出,此时训练结束(王薇等,2018)。训练结束后,就能得到相对应的网状连接权值和所求取的扶贫政策跟踪审计的评价模型。

为提高模型的准确性,我们根据测试样本进行模型提升和改进,测试训练样本的训练效果,经过我们对所使用的模型的多次调试,上述模型的测试输出能够达到与测试样本输出误差小于 1‰的范围,这时保存连接权值即可得到能够应用于扶贫政策跟踪审计的评价模型。基于此,将全样本代入上述模型,即可综合评价扶贫能力和水平。

(三)案例阐释

2018 年第二季度,审计署 W 特派员办事处成立扶贫政策跟踪审计项目组,对 W 市的 Y 地区开展扶贫政策跟踪审计。以审计署 W 特派员办事处推进扶贫政策跟踪审计实践为例,向正在参与 Y 地区扶贫政策跟踪审计的相关成员、相关审计顾问、Y 地区的地方扶贫干部以及 Y 地区的农村"能人大户"等人员发放调查问卷,共计发放问卷 56 份,收回 39 份。

问卷要求被调查对象根据 Y 地区的扶贫状况对表 5-1 中的 11 个指标进行评价并以打分形式表现出来。设定调查问卷评价得分的取值范围是 0—10分,将十分制的评价分数采用五个等级标准进行划分,其中,小于 6 分为"劣",大于等于 6 分且小于 7 分为"差",大于等于 7 分且小于 8 分为"中",大于等于 8 分且小于 9 分为"良",大于等于 9 分为"优"。随机选取其中的 26 份问卷调查数据为样本数据,将前 20 个样本数据用作训练样本(见表 5-5)、后 6 个样本数据用作测试样本,并对训练样本进行网络学习、测试样本进行仿真模拟。基于专家对样本的打分值与各级指标相对应的权重值,可计算得出 Y 地区扶贫状况的各一级指标权重与所对应的二级指标权重的乘积,即为评价指标的权重值。对这 26 个样本数据进行加权操作,即得出 26 份原始样本的评价结果。

表 5-5 评价 Y 地区扶贫效果的样本(全部)

序号	二级评价指标(源自表 5-1 的二级评价指标层级 X_i)											评价目标
	y_1	y_2	y_3	y_4	y_5	y_6	y_7	y_8	y_9	y_{10}	y_{11}	
	7%	8%	11%	6%	7%	11%	9%	13%	10%	11%	7%	
1	8	9	10	8	8	10	9	9	8	10	9	8.8600
2	8	9	9	9	10	9	8	10	8	8	8	8.9500
3	9	10	10	8	8	8	8	9	8	9	9	8.9500
4	10	8	8	10	8	10	8	9	8	9	9	8.7500
5	10	8	8	8	9	8	9	10	9	8	10	8.6600
6	8	7	7	10	7	8	9	8	9	10	7	8.3500
7	8	6	7	8	10	9	10	7	6	8	9	8.2000
8	8	8	8	9	9	9	9	10	8	9	10	8.7300
9	8	8	9	9	9	9	9	9	9	9	9	8.6600
10	8	9	8	8	8	8	9	9	9	9	10	8.4800
11	8	10	8	9	8	9	8	9	9	8	8	8.7200
12	8	8	7	6	7	8	7	8	7	7	6	7.7900
13	10	9	8	9	9	8	9	8	7	8	8	8.4000
14	10	8	9	10	8	8	8	8	8	7	10	8.5700
15	10	10	10	10	10	10	10	10	9	10	9	9.5100
16	9	9	9	9	8	9	10	9	8	8	9	9.0100
17	8	8	10	8	8	9	9	8	10	9	9	8.7800
18	8	9	8	9	9	10	10	9	7	8	7	8.8800
19	9	9	6	8	8	9	10	9	8	8	7	8.2200

序号	二级评价指标（源自表5-1的二级评价指标层级 X_i）											评价目标
	y_1	y_2	y_3	y_4	y_5	y_6	y_7	y_8	y_9	y_{10}	y_{11}	
	7%	8%	11%	6%	7%	11%	9%	13%	10%	11%	7%	
20	9	10	7	6	7	8	10	7	9	9	8	8.4100
21	8	8	8	7	8	9	10	6	7	8	8	8.2700
22	10	6	8	9	9	9	8	7	10	9	8	7.8300
23	8	9	9	9	9	7	7	8	8	9	10	8.5200
24	9	8	9	8	10	10	9	7	8	9	9	8.4400
25	9	8	10	8	9	10	10	8	6	7	8	8.5900
26	9	8	8	8	8	8	6	9	7	8	10	8.2500
27	9	8	9	6	10	8	10	6	8	9	9	8.4800
28	9	9	8	8	7	9	9	8	8	8	8	8.1900
29	9	8	8	8	7	7	9	9	9	9	6	8.3100
30	9	8	8	9	10	9	10	8	8	9	9	8.7300
31	10	10	10	9	9	8	8	9	8	8	9	8.7700
32	10	8	10	8	9	8	8	9	8	8	9	8.3200
33	7	9	7	10	10	10	10	10	8	7	9	8.4700
34	9	8	9	10	8	9	8	8	8	9	10	8.4100
35	10	9	9	9	9	9	9	9	9	10	8	8.7700
36	8	10	10	8	8	8	8	8	8	9	9	8.5100
37	9	9	9	9	9	9	8	8	8	9	10	8.5300
38	8	8	9	10	9	9	9	9	8	10	10	8.6200
39	9	9	6	10	8	9	7	10	10	8	8	8.3900

运用 BP 神经网络系统对 Y 地区扶贫水平进行评估，构建 $q=11$、$g=6$、$r=1$ 的三层扶贫政策跟踪审计评价的 BP 神经网络。首先针对 26 份有效问卷中的评价结果采用归一化处理方式，根据上文所确定的 BP 神经网络模型和参数，然后运用 Matlab 8.0 对 26 份训练样本进行进一步学习和训练，完成后即得到 Y 地区扶贫政策跟踪审计的初步评价模型。

为达到测试训练样本学习效果的目的，我们采用已训练好的模型，在已训练好的"11-6-1"结构的 BP 神经网络模型中输入 6 份测试样本，并利用

simulink函数对模型中的测试样本进行仿真模拟,然后将 BP 神经网络输出所得的网络评价值和实际的测试样本中的评价值加以对比,最后根据两者误差对模型的精确性及可靠性进行测试、评价,以得出稳定可靠的 Y 地区扶贫政策跟踪审计的评价模型。对比结果见表5-6。

表5-6 测试样本下实际评价值与网络输出值的比较

测试样本	实际评价数值	网络输出数值	误差1%
1	8.95	8.908737	−0.46
2	8.66	8.705368	0.52
3	8.73	8.767263	0.43
4	8.72	8.758421	0.44
5	8.57	8.625789	0.65
6	9.51	9.51	0.00

从表5-6可知该模型对于 Y 地区扶贫政策跟踪审计评价的可行性和适用性。总体来说,Y 地区扶贫政策跟踪审计评价模型的输出值极为接近其真实值,且大部分网络输出值与测试样本实际评价值的误差范围小于1%。这说明 BP 神经网络模型具有较好的评价效果,能够较为真实可靠地反映出 Y 地区推进扶贫政策落实的质量和水平,满足通过各项指标来综合评价 Y 地区扶贫政策跟踪审计评价的需求,上述仿真检测清晰地展示出本模型具有稳定性。最后将得到的 39 份数据全部输入模型进行评价,得到评价值为 8.6151 分,Y 地区开展扶贫的能力水平为良。从审计署驻 W 市特派办对 Y 地区扶贫质量的总体评价来看,当前,Y 地区的扶贫能力还有待于进一步提升,在政策的精准性、资金的安全性以及项目的绩效性等方面尚需深层次优化。

第六章　新时代扶贫政策跟踪
审计整改机制分析

　　2018 年中央审计委员会的成立,更加凸显了审计在党和国家监督体系中的重要作用。国家审计应坚持揭示问题和促进完善制度并重,应将扶贫政策跟踪审计发挥作用的落脚点放在推动完善制度和深化改革上,这些都基于扶贫政策跟踪审计整改的实现程度。扶贫政策跟踪审计整改是被审计单位根据审计机关依法开展的扶贫政策跟踪审计活动和形成的跟踪审计成果,针对自身存在的问题或管理薄弱环节,采取措施纠正具体问题,健全完善相关改革配套措施、部门间协作长效机制等,提高扶贫管理水平和扶贫效能的过程。近年来,随着扶贫政策跟踪审计力度的加大和扶贫政策跟踪审计公告制度的稳步推进,整改效能大幅提高,但屡审屡犯的顽疾还没有得到有效根治,开展完善扶贫政策跟踪审计整改机制的研究,既具有紧迫的现实需要,又能丰富国家审计的理论建设。

第一节　扶贫政策跟踪审计整改
机制的构成要素

　　扶贫政策跟踪审计中,发现问题只是监督的起点,积极推动整改,纠正审计发现的问题才是监督目的之所在。国家审计在扶贫政策落实中主要通过"揭示问题→提出建议→推动整改"的路径发挥治理作用。研究发现,扶贫政策跟踪审计公告的问题年年相似,屡审屡犯的状况长期存在,整改效率不够到位是不争的事实。深入探究整改效率不够到位的原因,可总结为两点:一是体制机制的制约,整改机制不健全,整改职能分散,缺乏有效统筹和衔接,形不成整改合力;二是主观因素影响,有的认为大家低头不见抬头见,不愿监督整改,有的抱有"鸵鸟心态",怕得罪人,不敢监督整改,造成审而不改、屡审屡犯、整改难。增强国家审计监督推动整改的能力,必须从源头入手,完善机制、加强制度建设。只有通过体制和机制建设,才能具体、全面地压实整改责任,夯实审计整改的组织基础和实施路径,有效解决审计整改中长期存在的问题,以完善的整改长效机制来提升整改的能力。

　　国家审计是党和国家监督体系的重要组成部分,其整改系统的制度设计应与党和国家监督体系在规则、政策、程序、方向等方面保持一定的衔接配套。扶贫政策跟踪审计整改机制的设计,应当从整个监督系统的视角出发,统筹考虑整改制度与相关制度的协调,注重制度的实践操作性。我们认为,新时代扶贫政策落实跟踪审计整改机制,应至少包含整改责任机制、整改检查机制、整改移送机制、整改协调机制、整改报告机制、整改公开机制和整改分析机制这七个功能模块。整改责任机制主要规范审计对象或被审计单位承担的审计整改责任,以及审计机关承担的督促整改责任。整改检查机制主要规范审计机关对审计整改进行检查核实的具体活动。整改移送机制主要规范违规违纪问题线索的移送和尚未达到移送标准但具有进一步核查价值且具有违规违纪疑点的管理安排。整改协调机制主要推进完善审计机关与组织人事、纪检监察、公安及其他有关单位在审计结果运用、审计问责实施等方面的协调制度建设和协调工作开展。整改报告机制主要推动审计机关严格执行请示报告制度,按照法定程序和要求向各级审计委员会、人民代表大会和政府报告审计查出的问题及其整改情况。整改公开机制通过审计机关依法推进政务公开,向政府部门和社会公众发布审计结果和整改结果,推进审计整改主体落实整改责任和任务并接受社会监督。整改分析机制通过定期分析整改情况、移送办理情况,梳理整改难问题和整改中出现的新情况新问题,系统研究分析问题产生的根源,提高整改决定或整改建议的针对性、建设性、可操作性和前瞻性,在切实纠正具体问题的同时,推动相关体制机制建设,预防类似问题再次发生,发挥防患于未然功能。新时代扶贫政策跟踪审计中,整改机制建设应围绕上述七个功能模块加强相关制度建设,推动强化扶贫审计结果运用,督促全面真实地整改审计反映的问题,切实做到扶贫政策落实跟踪审计应审尽审、凡审必严、严肃问责,充分发挥审计监督职责,有效服务全面决胜脱贫攻坚。

第二节 现行扶贫政策跟踪审计整改机制的不足及成因分析

一、 扶贫政策跟踪审计整改制度不够完善

(一)扶贫政策跟踪审计整改法律制度建设不够完善,不利于提高整改执行效力

近年来,我国审计整改法律法规和制度建设取得了巨大的进步,但现行的法律规范对审计整改的规定还不够具体,审计机关推进扶贫政策跟踪审计整改的操作也缺乏系统明确的规范,在推动扶贫政策跟踪审计整改方面,为被审计单位留下了博弈空间,需要进一步细化完善解决。《中华人民共和国审计法实施条例》虽然有被审计单位逾期仍不执行审计决定,审计机关可以申请人民法院强制执行的规定,但对申请的程序、对象及内容等缺乏具体的规定;《中华人民共和国国家审计准则》规定,审计机关对被审计单位没有整改或者

没有完全整改的事项,依法采取必要措施。但对必要措施的具体内容、实施路径、实施程序等未予明确。此外,按照现行规定,审计整改法定时限为 90 天,但整改实际耗时与整改问题的严重性、复杂性呈正相关关系,尤其是涉及体制机制的问题,在 90 天内基本难以完成整改,不利于化解法定整改时限与实际整改耗时的矛盾。

（二）扶贫政策跟踪审计整改缺乏统一、可量化的判断标准,整改效果差异较大

统一、可量化的整改判断标准,是科学衡量整改与否以及准确判断整改效果的前提。首先,扶贫政策跟踪审计整改标准不够明确,《中华人民共和国国家审计准则》中对审计整改检查的内容、方式等做了具体的规定,但对检查中判断整改与否的标准缺乏规范,具体整改中存在自由裁量权过大的问题。其次,审计机关对审计整改程度没有统一的执行标准,缺乏量化指标,不同的主体作出的价值判断存在差异,容易造成被审计单位在整改中采取不同的执行标准。例如,对同一类型问题,被审计单位既可以接受行政处罚,也可以接受行政处分,从而无法对整改程度进行量化考核,无法衡量整改是否到位。最后,对于整改的完成程度,也局限于定性分析,分为已整改、部分整改、未整改三类,对整改程度及整改效果的判断缺乏量化指标,对于"已整改",是基于形式要件进行判断,还是从整改效果进行衡量,缺乏详细的衡量判断标准。以涉及企业的违规收费问题的整改为例,是停止收费即为完成整改,还是停止收费、清退已收取的违规收费为完成整改,不同时间、不同审计机关的认定标准均存在差异。

（三）扶贫政策跟踪审计公告制度不健全,监管合力有待加强

从目前的审计公告制度安排来看,国家审计结果向社会公告与否,最终取

决于政府,审计结果公告是软约束,也可以不向社会公布。同时,扶贫政策跟踪审计整改的判断标准不够统一、明确,加大了审计机关、审计人员运用审计结果公告所承担的执政风险和个人风险。审计机关已经建立了审计结果公告制度,通过发布审计结果公告,将审计结果公告于社会,通过党政部门、社会公众、网络媒体等外在力量,形成合力来监督促进扶贫政策跟踪审计整改落实。但是,我国审计公告制度还存在不足之处,审计公告的范围缺乏明确界定,与国家保密法规的衔接也缺乏具体的规定,造成整改结果的公布内容不够详尽、公布时间不够及时,与社会公众的期望有所差距,也未能引起各相关责任单位足够的重视,不利于形成监督合力。此外,审计工作的基本职责是发现问题,解决问题则需各部门协同推进,若仅仅依靠审计机关来督促整改,则整改工作只能陷于被动。

(四)扶贫政策跟踪审计结果运用不尽充分,影响激发整改动力

强化审计结果运用,将审计结果运用嵌入到行政管理体制、干部人事制度、纪检监察制度和公检法制度等国家制度运行体系中,推动完善审计、问责、处罚、整改的系统工程,是解决扶贫政策跟踪审计整改难的根本出路。目前,国家审计在推动建设联动整改机制方面做了大量工作,取得显著成效,但仍有努力空间。具体表现为我国尚未正式建立审计问责法律体系,按照2006年颁布的《中华人民共和国审计法》及其实施条例的相关规定,审计机关有提出处分的建议权,但具体处分仍需通过其他部门来组织实施;相关条款对拒不执行审计决定的责任追究仅进行了原则性规定,对其他审计整改的责任追究未作规定,这降低了被审计单位及其负责人拒不整改或拖延整改的机会成本,一定程度上削弱了整改动力,从而影响整改成效。

二、　被审计单位重视程度不够，扶贫政策跟踪审计整改意识欠缺

（一）扶贫部门定位可能出现偏差，扶贫政策跟踪审计整改不够积极彻底

囿于我国垂直管理部门与地方政府利益关系的差异，政府部门在执政理政中缺乏足够的公共精神，有一定的自利性，过于追求部门利益最大化，整改态度不够积极，影响整改效果。在审计实践中，具体表现为"博弈性整改"，即被审计单位从维护自身既得利益出发，充分利用整改过程中各参与主体信息掌握的不对称性，有选择性地采取避重就轻的方式进行整改，对简单事项和容易整改事项积极进行整改，对涉及核心利益的整改事项，往往采取形式整改的方式蒙混过关，对于彻底解决问题助益不大。如审计指出套取财政扶贫资金的问题后，往往采取追回财政资金的方式进行整改，而对完善申报流程、加强项目评审、优化权力运行、堵塞管理漏洞等发挥核心制约作用的管理制度进行修改完善的较少。

（二）扶贫部门协同管理不到位，技术手段落后，影响扶贫政策跟踪审计整改效能

目前，"屡审屡犯"的很多问题，都是体制机制不健全或部门协同管理不到位造成的。由于部门本位主义的作祟，加之信息化技术利用层次不高，部门间信息不畅，形成"信息孤岛"，导致一些背离管理和服务职能目标的问题出现。特别是有的部门仍然沿袭传统的人工管理手段，对很多违规问题的监管形成能力空白。例如在扶贫政策跟踪审计中，反映出在城市拥有商品房、拥有高档轿车的人员领取扶贫补贴的问题，其产生与基层部门管理手段落后、协同监管缺位有很大关系。

（三）担当精神不足，"新官不理旧账"、推诿扯皮现象不同程度地存在

随着改革的不断深化，一些历史遗留问题的解决，需要当政者巨大的担当精神才能解决，但个别政府部门的负责人则抱有"新官不理旧账"的观念，担当精神不够，认为非自己任内发生的违规事项不是自身责任，整改意愿不强，消极对待扶贫政策跟踪审计整改，整改不及时、不彻底等现象时有出现。一些地方、部门和单位对于涉及部门较多的问题，整改还存在推诿扯皮的现象，或整改浮于表面，缺乏对问题产生原因的深入分析，没有把建章立制作为解决问题的根本，治标不治本。个别地方、部门和单位甚至出现因进行扶贫政策跟踪审计"整改"，"整改"出新的违规问题的现象，如对挪用专项资金问题进行整改时，又挪用了其他的专项资金。

（四）忽视扶贫政策跟踪审计建议，完善体制机制建设不够到位

目前的扶贫政策跟踪审计整改，对解决问题的长效机制建设不足，普遍存在以处理处罚代替审计整改，重个案整改、轻制度完善的现象，很难从根本上杜绝审计指出问题的再次产生，影响整改成效。从整改效果上看，审计决定一般都能整改到位；审计反映的财务收支问题，可操作性较强的处理意见，审计整改执行效果也较好。但对审计机关以审计意见或建议提出的体制机制问题，需要通过完善制度来防范普遍性、苗头性问题，被审计单位出台制度补齐管理漏洞的整改还有所欠缺，未能建立解决问题的长效机制。

三、 审计机关推进扶贫政策跟踪审计整改存在不足

（一）扶贫政策跟踪审计整改重视程度不够，存在"重审计、轻整改"现象

长期以来，审计需求与供给、审计资源与任务的矛盾普遍存在。在现行的

审计考核体制下,现有审计力量保证审计项目的正常执行都存在较大压力,能够投入扶贫政策跟踪审计整改核查的力量非常有限,审计机关不同程度地存在"重审计、轻整改"的现象,客观上放松了对被审计单位整改落实和结果反馈的监督检查。比如,审计机关和审计人员一般仅在扶贫政策跟踪审计整改期限临近时检查被审计单位的整改情况,检查方式主要以非现场检查为主,具体通过查阅扶贫政策跟踪审计整改报告和整改材料进行审计判断,进行实地调查核实检查的极少,同时对整改的实际效果也缺乏深入检查,这必然影响整改工作的效果。

(二)扶贫政策跟踪审计整改检查核实主体不明确

按照《中华人民共和国国家审计准则》的规定,审计机关应指定部门负责检查或者了解被审计单位的整改情况,并出具检查报告。但审计实践中该项规定落地难度极大,很少有审计机关指定专门机构、专职人员负责检查或了解整改情况,大多普遍采取谁负责审计谁就负责整改检查的模式,由项目审计组负责整改情况检查。一方面,由于缺乏具体明确的检查操作指南和整改评价标准,不同检查人员因主观判断差异对扶贫政策跟踪审计整改结果的判断产生偏差;另一方面,国家审计机关的异地交叉审计安排,进一步增大了扶贫政策跟踪审计整改检查的难度。

四、 扶贫政策跟踪审计整改联动机制不畅

扶贫政策跟踪审计整改是一项系统性工程,受法治意识、文化环境等诸多因素的影响,推动建立、完善扶贫政策跟踪审计整改联动机制,营造重视扶贫政策跟踪审计整改的环境氛围,具有重要意义。目前,审计整改联动机制运行中存在以下不足。

（一）扶贫政策跟踪审计整改联动协作机制不健全

扶贫政策跟踪审计整改中，多数审计机关仅就查处经济案件与司法机关开展了协作配合，对一般问题，还没有与政府各部门建立相互协作配合的工作机制，扶贫政策跟踪审计整改联动乏力，推动整改上单打独斗，缺乏纪检监察、公安司法、组织人事等部门的充分参与，尚未形成整改监督合力。

（二）扶贫政策跟踪审计整改监督长效机制建设不足

扶贫政策跟踪审计整改的监督检查主要由审计机关主导，尚未形成督促整改的长效机制，推动协调解决体制机制问题力度不够。具体操作中，审计报告反映的体制机制问题需要通过改革才能解决，一些宏观层面的、补齐制度短板漏洞的建议，需要多个职能部门协同参与才能实现，仅靠被审计单位无法单独完成整改。整改长效机制不健全，"屡审屡犯"问题长期存在，制约了从根本上整改解决问题的能力和效果。

五、 扶贫政策跟踪审计整改建议的质量有待进一步提高

找准病根，给出良方是解决病灶的基础。近年来，国家审计质量总体上有较大提高，但审计实践中还不同程度地存在对发现问题定性不准，对一些体制机制的问题缺乏系统深入的研究剖析，提出的一些审计建议不符合实际、执行难度较大，甚至不符合党中央、国务院确定的改革方向和精神，对改革过程中一些新生事物的判断、评价不够客观，导致被审计单位无法按照审计决定或建议进行整改。

第三节　完善扶贫政策跟踪审计整改
机制的路径措施

一、　完善顶层制度设计，细化扶贫政策跟踪审计整改检查规定

（一）完善扶贫政策跟踪审计整改法律法规

针对扶贫政策跟踪审计整改不及时、整改不作为的处理处罚依据不具体，扶贫政策跟踪审计整改法定时限与实际耗时冲突等问题，建议进一步完善审计法等相关顶层制度设计，具体可采取修改审计法、审计法实施条例或出台解释条文等方式，细化完善处理处罚依据、整改程序及时限要求，明确被审计单位及其管理部门的整改义务、责任等，确保整改检查有章可循、整改处罚有据可依，强化扶贫整改检查的权威和绩效。

（二）建立扶贫政策跟踪审计整改评价标准体系

针对扶贫政策跟踪审计整改评价标准体系缺失，扶贫整改成效评判标准不统一、不明确等问题，建议联合相关职能部门，组织精干力量，依据各地区、各部门、各行业的实际情况，逐步出台系统、客观、明确、可操作的扶贫整改评价标准，科学界定扶贫整改与否及扶贫整改成效。具体可从扶贫整改力度、广度和深度三个维度进行量化，力度指是否分门别类、精准施策、对症下药，逐项严格落实扶贫整改要求进行整改；广度指是否举一反三，对照审计查出的问题认真查找同类及相似问题；深度指是否针对具体情况查找问题根源，通过建章立制解决阻碍改革和发展的体制机制缺陷问题。

（三）完善扶贫政策跟踪审计整改结果公告制度

审计结果的公告是连接审计监督和群众监督、舆论监督的信息通道，能够提升社会公众参与度，增强扶贫整改监督合力和实效。公告的范围越广、内容越全，关注度就越高，舆论压力就越大，扶贫整改动力就越强。2019 年 3 月，审计署发布的《中华人民共和国审计法（修订草案征求意见稿）》强化了审计公告，明确审计机关应当向社会公布审计结果，并要求被审计单位应当在审计机关公布审计结果后，向社会公布整改结果。建议以即将出台的新审计法为基础，结合新法颁布后修订审计条例等契机，进一步完善审计公告制度，制定审计结果、扶贫整改结果公告操作指南或具体操作办法，对审计结果及扶贫整改结果公布的内容、程序、发布范围、发布形式，以及责任及救济等进行细化，进而将审计对象的扶贫整改措施及成效全面公开，让其接受社会各方面的监督，用社会力量促进扶贫政策跟踪审计整改。

（四）完善扶贫政策跟踪审计整改跟踪检查制度

审计机关应完善扶贫整改跟踪检查制度，明确责任单位、工作规程及相应责任，对扶贫政策跟踪审计整改持续跟踪检查。强化扶贫政策跟踪审计整改在审计实施过程各阶段的管理，在审计实施方案编制、审计业务实施、审计文书出具等过程中明确并体现扶贫政策跟踪审计整改检查的内容和成果。强化扶贫政策跟踪审计整改跟踪检查核实，对审计对象提交的扶贫整改报告及材料，要进行汇总、分析，对重点事项定期实施跟踪回访和"回头看"进行核实，形成扶贫政策跟踪审计整改检查报告。通过上述多重措施，确保审计指出的问题及时整改，推动举一反三，建立长效机制。

二、 强化扶贫政策跟踪审计整改问责和审计结果运用，夯实扶贫整改责任

目前,社会公众对"屡审屡犯"的问题感到"审丑疲劳",根本原因是扶贫整改责任落实不够到位。为夯实扶贫政策跟踪审计整改责任,可通过强化扶贫政策跟踪审计整改问责和审计结果运用的方式传导压力。

(一)强化扶贫政策跟踪审计整改问责

具体操作上,可由审计机关所属党委、政府联合出台扶贫政策跟踪审计整改责任追究办法,按照依法依规、实事求是、权责一致、宽严相济的原则,对审计监督对象和承担督促、协助落实扶贫政策跟踪审计整改责任的职能部门及主要人员开展责任追究的主体、客体、情形、目标、方式、程序、信息披露、申诉救济等进行细化明确,审计机关将应当追究扶贫政策跟踪审计整改责任的事项提请纪检、监察和组织、人事等部门按照干部管理权限进行调查问责处理。同时,积极探索其他形式的问责问效,如通过人大代表和政协委员民意问责、媒体新闻问责、网络问政等形式。问责内容包括扶贫整改方案、扶贫整改措施和扶贫整改效果等,形成问责合力,推进扶贫政策跟踪审计整改。

(二)强化审计结果运用

探索通过更多层次和渠道的审计成果挖掘整合,使审计成果的运用深入行政监督领域、法纪监督领域、干部管理领域和宏观管理领域。加强与纪委、监委、司法、业务主管等部门的协作配合,将扶贫政策跟踪审计整改与巡视、督查、检查等工作进行衔接,推动审计对象加强管理、完善制度、深化改革、加强扶贫整改。加强审计成果的考核效能,加强与组织、人事部门的协作配合,将审计报告反映的问题、被审计单位及时整改的情况,作为领导干部考核、晋升、交流、改任和降职的重要参考,并纳入党政领导班子的绩效考核指标体系进行

考核。加强审计结果的警示教育和信息参考作用,将审计结果运用到领导干部的日常教育和监督,增强警示作用。加强体制机制分析研究,提高服务党和国家中心工作的能力,将审计结果运用到党委、政府的决策过程中,推动完善体制机制。

三、 创新扶贫政策跟踪审计整改跟踪检查方式,探索完善扶贫政策跟踪审计整改联动机制

(一)创新扶贫整改跟踪检查方式

首先,依托"金审三期"探索建立扶贫问题整改销号库、疑点问题线索库,对扶贫问题的整改情况进行对账销号管理,横向加强不同类型项目的统筹,纵向加强不同层级审计机关的统筹,在组织实施各类审计时加强审计疑点、审计信息、审计结果、审计整改等数据的互通共享,审计项目伊始,分发前次审计发现的扶贫问题的整改情况作为重要检查内容,分发疑点线索组织核查,在缓解审计机关人少事多矛盾的同时减轻被审计单位的负担。其次,通过扶贫整改工作前移,提升扶贫整改效能,对于审计过程中发现的问题,建议审计对象及时整改,对审计过程中扶贫整改到位的问题不在审计报告中作为问题反映,一方面可以提高审计单位的整改积极性,另一方面也减轻了后续整改检查的压力。最后,积极争取政府的支持,把扶贫政策跟踪审计整改纳入政府督查,通过强化协作配合和信息共享,形成"审计查问题、政府抓整改"的格局,政府督查部门将督查结果及时沟通和反馈给审计部门,持续推动扶贫整改落实见效。

(二)探索完善扶贫整改联动机制

扶贫政策跟踪审计整改是一项系统工程,特别是体制机制问题的解决,更需要多部门参与协作。推动建立政府主导、人大监督、部门联动、审计跟踪、纪监督促的扶贫整改联动机制,是有效推动扶贫整改落实的机制保障。按照现

行法律法规的规定,审计机关是扶贫整改检查主体,审计对象是扶贫整改执行落实主体,各级地方政府及相关监督管理部门是监督管理主体。应进一步加强完善党委、政府牵头,纪检、监察、组织、人事、发展改革委、财政、税务、工商、政府督查等职能部门参加的扶贫政策跟踪审计整改联席会议制度,加强信息共享和分类推进,避免"联而不动",做实日常管理,研究整改难点,细化整改职责,共同推进扶贫整改。同时,要强化扶贫整改检查信息反馈机制,对应整改未整改、整改不到位、整改效果不佳的事项,要及时反馈联席会议,由联席会议安排后续检查并督促相关部门持续推动扶贫整改。从审计实践看,开展联动整改的成效较为显著,如针对贫困对象识别不精准的问题,一些地方通过加强扶贫与教育、金融、卫生、公安、民政、工商、税务等部门的信息共享,建立了跨部门大数据比对机制,该问题得到了较好的解决。

四、　探索构建联合惩戒机制,将扶贫政策跟踪审计整改情况纳入社会信用体系

市场经济是信用经济,建立健全社会诚信制度和信用体系,是市场经济的内在要求。按照党中央、国务院部署,国家发展改革委、中国人民银行牵头建立社会信用体系建设部际联席会议制度,统筹推进信用体系建设各项工作,信用体系建设日趋完善,相关规章制度和标准密集出台。截至 2019 年 11 月,国家发展改革委已会同 60 多个部门累计签署 50 多个信用联合奖惩合作备忘录,推出联合奖惩措施 100 多项[1],涉及发展改革委、财政、金融、生态环境、自然资源、住房城乡建设、交通运输、商务、税务、市场监管、海关、知识产权等部门及监管领域。基于有效解决扶贫政策跟踪审计整改领域存在的屡审屡犯、虚假整改等问题,建议尽快将扶贫政策跟踪审计整改失信纳入社会信用体系。一方面,审计署适时与相关部门签署联合奖惩合作备忘录,基于扶贫政策跟踪

---

[1]　彭训文、李和君:《不守信用　寸步难行》,《人民日报(海外版)》2019 年 11 月 18 日。

审计整改到位与否、虚假整改情节恶劣程度等,结合个人隐私、商业秘密和国家秘密保护相关法律法规,研究出台扶贫政策跟踪审计整改失信评价指标体系和评价方法,出台包含失信等级划分、红黑名单确定退出等具备实操能力的红黑名单管理办法;另一方面,争取将扶贫政策跟踪审计整改失信惩戒纳入信用建设地方性法规。截至 2019 年 11 月,地方层面,陕西、湖北、上海、河北、浙江等5 省(直辖市)已出台信用建设地方性法规①,其他地方的信用建设地方性法规建设也在稳步推进中,建议审计署积极协调地方政府、人大,争取将扶贫政策跟踪审计整改失信纳入地方性法规,为扶贫政策跟踪审计整改夯实基础。

通过上述措施,在现有行政处罚措施的基础上,通过扶贫政策跟踪审计整改失信惩戒机制,推动各监管部门在市场监管和公共服务的市场准入、资质认定、行政审批、政策扶持等方面对扶贫政策跟踪审计整改失信主体进行联合惩戒,构建"整改失信,处处受限"的整改大格局,提高审计整改失信成本,增强扶贫政策跟踪审计整改内生动力,营造良好的扶贫整改信用环境、降低扶贫整改核实成本、防范扶贫问题虚假整改风险。

五、 提升审计质量,增强监督和服务效能,精准把握改革方向,提高扶贫整改建议科学性和操作性

(一)通过专业审计提升质量,充分发挥监督和服务作用

坚持依法审计、文明审计,确保审计符合法定职责、权限和程序,审计结果内容完整、事实清楚、用词恰当、定性准确、建议适当,注重加强交流,充分听取审计对象和相关方面的反馈意见,全面辩证判断问题,提高审计对象及其管理部门对审计结果的认可度,增强审计权威性和公信力。强化分析研究,特别是对历史遗留问题、难以整改的问题,坚持立足长远,服务党和国家中心工作,通过分析问题产生的规律性、倾向性和趋势性,从体制机制方面找原因,增强审

---

① 彭训文、李和君:《不守信用 寸步难行》,《人民日报(海外版)》2019 年 11 月 18 日。

计的针对性、建设性、宏观性和前瞻性，推动完善解决问题的长效机制。加强经验总结和案例挖掘，对各级政府和相关部门在经济发展中先行先试进行积极探索取得的成功经验进行总结并宣传推广，对被审计单位勇于担当、积极创新，整改扶贫历史遗留问题，破解机制体制难题的案例进行挖掘宣传，鼓励创新方式推进扶贫整改。

（二）精准把握改革方向，提高扶贫整改建议科学性和操作性

审计机关应提高扶贫整改建议的科学性和操作性，着力做好三个方面的工作。其一是要坚持客观求实和审慎包容，严格落实"三个区分开来"的重要要求，在深入研究被审计单位的行业背景、管理模式、历史变革和改革动向的基础上，全面客观地研究问题后提出扶贫整改建议，避免脱离实际。其二是要坚持鼓励创新和推动发展，对经济社会发展中的新情况新问题要加强研究，要保护新业态、新产业和新模式，以及有益于脱贫攻坚的改革创新，从推动新生事物蓬勃健康发展的角度，从鼓励扶贫主体干事创业的角度反映问题。其三是要加强分析审计移送办理情况和被审计单位整改情况，尤其是加强对历史遗留问题、难以整改问题和审计发现的新情况新问题的研究分析，立足长远和宏观全局，找准消除问题的核心，提高整改建议的针对性、建设性和前瞻性，更好发挥审计监督作用。

第七章　新时代扶贫政策跟踪审计问责机制分析

　　推动加强新时代扶贫政策跟踪审计问责机制建设,是国家审计充分发挥监督职能作用,更好服务扶贫治理体系和扶贫治理能力现代化的内在要求。我们认为,新时代扶贫政策跟踪审计中的"问责"并不等同于"责任追究",而是具有对履职情况给予说明解释和对不良后果承担责任的双重属性。对履职情况给予说明解释是指责任主体在问责动态过程中,对其履职情况接受询问并进行解释,通过被问与应答的互动提高责任意识和扶贫绩效;对不良后果承担责任是指责任主体因未履职或未正确履职造成特定后果并承担惩罚等不利后果。因此,新时代扶贫政策跟踪审计问责机制,是指新时代扶贫政策落实中被审计单位及相关主体就国家审计机关出具的审计结果反映的扶贫政策落实情况,未履职或履职不当造成不良后果后向其所在党委、人大、政府及相关部门和社会公众作出交代、解释、说明,并对履职尽责不到位和造成的不良后果承担责任的制度安排。

第一节　扶贫政策跟踪审计问责的
政治基础及现实意义

一、　扶贫政策跟踪审计问责的政治基础

（一）推进审计问责是坚决贯彻落实精准扶贫战略的具体举措

《中共中央 国务院关于打赢脱贫攻坚战的决定》明确提出，要加强审计等工作，建立扶贫资金违规使用责任追究制度。我国问责基本框架和体系，由宪法、法律等规范性文件予以确定，具体由党内问责、人大问责、行政问责、民主问责、司法问责、审计问责、社会问责、舆论问责等有机组成，审计问责是其重要组成部分。扶贫政策跟踪审计，是对扶贫政策落实开展的常态化"经济体检"工作，能够起到查病、治已病、防未病的作用，审计机关必须落实好脱贫攻坚监督的政治责任。推进审计问责，是贯彻落实中央精准扶贫战略的具体举措，是加强提升审计监督效果和能力的需要。

（二）推进审计问责具备坚实的宪政基础

国家审计是国家根本大法《宪法》所确定的监督制度安排，具有稳固性、强制性和权威性。审计法及其实施条例等法律法规对审计的职责、权力等进行了具体规定。国家审计依据法律授权，按照法律规定标准和程序行使监督权，监督扶贫政策、法规贯彻执行情况，依法查处扶贫领域违规违纪问题，维护法律权威和尊严，促进扶贫政策贯彻落实。按照法律法规赋予审计部门的问责权限，审计机关对审计中发现的违反国家规定的财政收支、财务收支行为，通过出具审计决定书作出处理处罚决定；对审计中发现的案件及违纪线索，按照相关规定移送公安机关、纪检监察机关或有关行政主管部门。可见，审计机

关可在自身权责范围内依据法律授权对问责客体直接进行处罚问责;同时还可作为问责工具,为其他问责主体开展问责提供依据、线索等,进而促进其问责工作。

(三)各级审计委员会的成立为拓展问责范围提供了政治保障

《中共中央 国务院关于打赢脱贫攻坚战的决定》明确提出,要强化脱贫攻坚领导责任制,实行中央统筹、省负总责、市县抓落实的工作机制,县级党委和政府承担主体责任,书记和县长是第一责任人。各级审计委员会的成立,更加强化了国家审计在党和国家监督体系中的地位和作用。通过各级审计委员会,审计问责能够有效融入党内问责,高效贯通衔接其他问责,能有效解决原有审计问责范围过窄、权威性不足、问责渠道不畅等问题。通过各级审计机关向审计委员会报告扶贫政策跟踪审计结果,能够将扶贫监督、扶贫问责和纪检监察、巡视巡察、组织人事、政务督查等有机贯通衔接,拓展审计问责范围、审计问责结果运用及影响。

二、 扶贫政策跟踪审计问责的现实意义

国家审计是党和国家监督体系的重要组成部分,推行审计问责是审计监督本质的内在要求,也是贯彻落实精准扶贫战略的具体举措。在扶贫政策跟踪审计中,推行审计问责能够有效保障扶贫政策的贯彻落实。

(一)提高扶贫政策贯彻执行能力

毛泽东同志说:"政治路线确定之后,干部就是决定的因素。"[1]在扶贫政策落实中大力推进审计问责,能够通过传导解释应答压力、惩处淘汰压力来警醒各级干部,促进其责任意识,提高其贯彻执行能力。审计问责的推行,能够

---

[1] 《毛泽东选集》第二卷,人民出版社 1991 年版,第 526 页。

实现各级干部从权利主体向责任主体的转变,提高其失职渎职、不作为慢作为乱作为的机会成本,使其头顶高悬"达摩克利斯之剑",积极正确履行职责和义务,推动扶贫政策有效贯彻落实。

(二)规范扶贫权力运行,防治扶贫权力腐败

国家审计是国家治理体系中依法用权力监督制约权力的一项制度安排,是一种权力制约工具。扶贫政策贯彻落实过程,实质是党和政府部门通过运用公共权力,支配或引导社会财富再分配,以矫正市场缺陷、先天自然禀赋差异等导致的不公正、不平等。相对而言,审计问责是对扶贫政策贯彻落实中公共权力运行的监督和制约,是对审计结果反映的扶贫资源、资产和资金的流向、使用效率和使用效果的一种社会反馈和责任追究。一方面,审计问责通过审计机关和其他有权机关的责任追究来为扶贫政策落实提供"硬件"保障;另一方面,审计问责通过审计公告等营造问责氛围和文化来为扶贫政策落实提供"软件"支撑,从而起到规范扶贫权力运行、防治扶贫权力腐败的效用。

(三)压实整改责任,提升整改效能

扶贫政策跟踪审计的目的,是对扶贫政策落实中各类经济活动的真实性、合法性和有效性进行独立公正的全方位监督检查,在掌握扶贫政策落实真实情况的基础上,依法反映财政财务收支及相关活动存在的不足,及时揭示和预警扶贫政策落实中的潜在隐患和风险,综合评估扶贫政策落实整体情况,提出完善扶贫体制机制和促进扶贫发展的对策建议,其出发点在揭示和发现,落脚点在整改和解决。长期以来,一些问题屡审屡犯,整改不及时、不彻底,除体制机制原因外,责任追究不力也是重要原因之一。在扶贫政策跟踪审计中推行审计问责,能够很好地压实整改责任,提升整改效能。

第二节　扶贫政策跟踪审计问责
面临的挑战

近年来,国家审计通过综合反映扶贫政策落实中的风险隐患、违纪违法问题以及影响政策落实效果的问题,为党委、人大、政府和相关部门开展巡视、质询、督查等提供了大量线索和素材,通过严肃问责有力地打击了扶贫政策落实中的贪污腐败、失职渎职和其他经济犯罪。同时,还通过约谈、追回违规所得、移送司法机关、结果公告等方式加强问责,有效地推动了扶贫管理职责的落实,促进了扶贫政策落实见效。从国家审计更好地服务扶贫治理的视角审视,扶贫政策跟踪审计问责还存在问责主体结构失衡、问责客体及客体责任划分不清、问责领域和事项受限、问责法规体系不完善、问责过程和结果不透明等挑战。

一、　问责主体结构失衡，耦合关系不紧密

按照问责主体和问责客体的隶属关系,可将问责分为同体问责和异体问责。同体问责指问责主体和问责客体隶属相同的系统或组织,异体问责指问责主体和问责客体之间没有隶属关系,又称外部问责。扶贫政策跟踪审计中,国家审计通过直接开展处理处罚,移交纪检监察、司法机关,责成被审计单位自行纠正等方式开展问责,取得了积极成效。但从总体上看,审计问责仍以同体问责为主,异体问责较少,影响了问责能力和效果。

（一）审计问责的权威性、有效性不足

我国的国家审计隶属于政府,国家审计机关直接问责和移送政府所属权力部门开展的问责均属行政问责,亦是同体问责。同体问责相较于异体问责,虽然具有及时、灵活、权威、有效等优势,但其主要体现的是问责主体

最高层的意志和价值取向,通常是上级问责下级,这就造成了问责回应和惩戒的价值目标缺乏公正、稳定和彻底的保障。在同体问责中,如何破解"官官相护"的窠臼,是长期以来一直想解决却始终没有很好解决的难题。从扶贫政策跟踪审计问责的一些案件不难看到,当问题暴露,实施问责时,尤其是当上级部门或领导需要承担连带责任的情况下,为了对上级政府负责,为了平息社会舆论,承担问责责任的政府往往倾向于问责下移,视上级政府、社会舆论关注程度相机抉择问责的广度和深度,问责的权威性、有效性缺乏保障。

(二)审计问责和其他问责耦合关系不紧密,影响问责成效

从西方发达国家官员问责制发展的历史经验看,坚持问责主体的多元化是提升问责效果的重要路径之一。从我国的实际国情出发,审计问责只有紧密耦合党内问责、人大问责、行政问责、民主问责、司法问责、社会问责、舆论问责等,才能从根本上提升问责效能。从扶贫政策跟踪审计问责和其他问责的耦合情况看,还存在一些不足。党内问责中依据审计提供的信息、结果、线索开展的问责主要集中在违纪违法层面,对扶贫决策、扶贫效果涉及较少。人大问责中虽然宪法和法律赋予了人大撤销权、质询权、特定问题调查权及罢免权等权力手段,各级政府也定期向各级人大报告审计结果,但实践中鲜有人大依据审计结果启动其职权范围的问责程序实施问责,更多是在党委或司法机关处理结果明确后启动罢免或问责程序。司法问责中和审计问责直接关联的仅限于审计机关移送的案件线索,但受限于办案力量、查核深度等,最终落实的问责有限。社会问责、舆论问责中,审计机关主要通过审计公告向社会传达审计鉴证、评价等信息,其范围和深度直接由审计公告的数量和质量决定,由于保密、公告审批等因素的限制,审计公告对一些重大事项或敏感事项难以进行详细公告,造成社会舆论的"围观效应"有限。

二、 问责客体及客体责任边界不明晰

精准识别责任主体及责任主体应当承担的具体责任,是扶贫政策跟踪审计问责实施的前提。具体地讲,就是在定责和问责中审慎考虑责任单位和责任人的主观动机、客观条件,分清是故意还是过失,区分主要责任、次要责任、直接责任、间接责任、领导责任、一般责任,作出的处理处罚意见和提出的责任追究意见契合责任单位及责任人的岗位职责,依法依规、公平正当、实事求是。从扶贫政策跟踪审计的实践看,由于扶贫管理体制机制的缺陷和审计能力水平的限制,精准确定问责客体及清晰划分客体责任边界还面临不少困难。

(一)党委、政府之间的扶贫责任实践中缺乏清晰的界限

决战决胜脱贫攻坚是党在新时期确定的三大攻坚战之一,是新时期各级党委、政府工作的重中之重,精准脱贫重大决策部署基本由党委谋划决策,政府部门更多负责具体政策细化和执行。从扶贫过程看,扶贫政策从酝酿到落地,是层层细化决策的过程,是多层嵌套决策—分解—落实—再决策—再分解—再落实的过程,党委和政府、上下级党委和政府之间呈现职能交叉和责任划分模糊的特点。从审计对象看,政府审计的对象主要是政府部门及使用扶贫资金、资源的相关组织或个人,很少涉及党委及其组成部门。这就造成审计反映的问题主要集中在扶贫政策细化和实施执行领域,对扶贫政策部署决策反映和问责较少。即便是对不合时宜的政策进行反映,也是从健全体制机制的角度反映。扶贫政策落实中的审计问责,更多地止步于政府部门或政府领导,对扶贫决策的问责不够有力。

(二)精准扶贫责任界定不准影响问责实施及效果

扶贫政策跟踪审计责任界定精准是审计问责顺利实施的前提和保障。按照宪法和法律的规定,各级行政机关实行行政首长负责制,副职及分管领导如

何负责并无明文规定。从精准扶贫政策实际运作机制看,很多政策的出台又是"民主集中制"的产物。行政首长负责制下的问责要求权力具有独占性,"民主集中制"出台的政策又蕴含权力的共享性,二者之间的矛盾极易导致责任认定不精准,进而产生责任追究出现过严或过松的问题。扶贫政策跟踪审计中,审计人员受限于掌握的决策过程信息、核实查证手段、分析技术及认知能力,对扶贫事项管理职责权限没有明确划分的复杂事项,如何进行精准的责任界定缺乏成熟的经验,实践中更多地按照行政首长负责制确定责任,影响问责实施及效果。同时,对一些实际由个人主导的披着"集体决策"外衣的违法违规、乱作为问题,揭露程度不足,面临着集体负责实际无人负责的窘迫。囿于政府审计自身的独立性,个别审计问责也存在过多考虑本级政府和上级政府偏好的情形。

三、 审计问责事项和领域受限

扶贫政策跟踪审计中,审计问责的范围应当由涉及扶贫政策落实的岗位职责及行使公共权力的影响决定,审计问责的内容不能仅限于包含不正确履职或行使公共权力造成的否定性后果,还应包含不履职或不行使公共权力造成的绩效低下。目前扶贫政策落实跟踪审计的问责,聚焦否定性后果的多,对决策不当、绩效低下等关注较少。

(一)否定性后果问责多,消极性作为问责少

精准扶贫政策对脱贫攻坚的作用效果不是即时的,从政策酝酿、出台、执行到发挥效果有一定的时滞。有别于传统的静态审计,扶贫政策跟踪审计强调关口前移、全程监控,目标在于增强预防能力,及时发现问题,及时整改,把问题消灭在萌芽状态,从而提高精准扶贫政策的绩效。但目前扶贫政策跟踪审计问责主要集中在违法违规、贪污受贿、重大事故等否定性后果,对决策失误、懒政怠政等消极性作为涉及较少。以产业扶贫政策为例,产业扶贫政策

能够有效衔接脱贫攻坚战和乡村振兴,科学合理选择产业扶贫的方向、规模和内容,是产业扶贫能否成功的根本性、全局性决定因素,如若可行性研究不足,不仅影响扶贫效果,还会造成扶贫资源的浪费,这比贪污腐败造成的危害更为严重。扶贫政策跟踪审计问责,应当更加关注绩效水平低下等消极性行为。

(二)事后问责多,事中问责少

扶贫政策跟踪审计,是国家审计充分发挥主观能动性,服务国家治理体系和治理能力现代化需求,适应新时代脱贫攻坚现实需要,主动创新审计方式,是对精准扶贫政策落实持续进行的动态监督活动,通过广泛的"经济体检"工作,及时介入,进而预防问题的扩散或扩大,避免损失或浪费。从目前扶贫政策跟踪审计问责的案例看,形成既定事实的问题、损失浪费问责,多属于秋后算账、亡羊补牢,造成的损失无法挽回,这与扶贫政策跟踪审计的目标不相匹配。扶贫政策跟踪审计问责的目的不仅在于通过问责加强对失误的惩罚,更重要的是通过问责纠正和减少失误发生。从扶贫权力运行过程和影响看,问责的关键在于对权力的经常性监督,这就要求关口前移,全程监控,力争风险隐患早发现、早处置,把问题消灭在萌芽状态,避免或防止损害结果的发生。因此,扶贫政策跟踪审计问责应更加注重发挥动态监督的功效,加大对事中的问责。

四、 问责法规体系不健全

现代社会是法治社会,审计问责必然运行于特定的法律环境之中,其标准和程序必须严格依法。扶贫政策跟踪审计是国家扶贫治理的重要手段之一,审计问责应按照权责对等的原则对扶贫主体进行履职绩效的公允评价,并按照规定的程序进行责任追究,以倒逼扶贫责任的落实。推进问责的制度化、规范化、程序化,能够为问责顺利实施提供有效保障。观察审计问责实践,问责法规体系不健全、不完善，造成审计问责刚性约束弱、实践操作性差，影响问责效果。

（一）问责标准不明确

　　统一和规范的问责标准，是保障审计问责有效实施的重要因素之一。扶贫政策跟踪审计问责中问责标准不明确主要体现在两个方面：一方面，定责标准是问责的前导，问责标准是定责的延伸，精准扶贫政策落实责任体系和精准扶贫政策目标体系未能完全精准对接，造成扶贫责任认定不精准，影响问责落实；另一方面，现行扶贫问责法律法规和规范性文件对问责条款的规定缺少法律语言的准确性和严谨性，用语细化程度不足，造成问责过程中问责主体和问责客体就问责条款的理解产生偏差，影响问责实施；具体实施也因标准不明确不可避免地造成自由裁量权过大，导致难以问责或泛化问责情形出现。

（二）问责实施缺乏法律保障

　　邓小平同志指出，"政治路线确立了，要由人来具体地贯彻执行。由什么样的人来执行，是由赞成党的政治路线的人，还是由不赞成的人，或者是由持中间态度的人来执行，结果不一样"[1]。因此，问责效果的实现依赖于问责措施的有效落实，问责措施的有效落实需要制度刚性约束的保障。否则，问责就会产生弹性操作空间，进而扭曲问责秩序和结果。当前的扶贫政策跟踪审计问责中，国家审计机关根据相关法律授权拥有处理处罚权和处分建议权。国家审计直接实施问责的执行效果相对较好。国家审计利用其他有权机构的惩罚权力对责任人进行惩罚的间接问责，由于缺乏有效的后续保障措施和执行刚性约束，以至于有些案件线索移送之后不了了之，不仅没有起到应有的问责效果，还影响国家审计的权威性，问责不到位和疏于问责的问题没有得到很好解决。

---

[1]　《邓小平文选》第二卷，人民出版社 1994 年版，第 191 页。

五、 审计结果及问责公开不足

纵观各国国家审计问责的发展,目前已基本形成国家审计通过审计公告发挥评价和监督功能,衔接其他问责主体对审计对象实行以整改结果为导向的审计问责实施路径。审计结果及审计问责结果的公开,能够有效衔接审计监督与社会监督、舆论监督。但从扶贫政策跟踪审计公开的情况看,社会公众和扶贫政策跟踪审计结果、审计问责之间的信息不对称依然存在,造成人民群众难以充分行使知情权、表达权和监督权,动态问责尚未形成。社会监督和舆论监督是社会问责的重要形式,也是监督其他权力部门持续推进问责实施的重要力量。审计结果及审计问责公开的不充分,为利益团体开脱责任提供了可能,社会公众的有限参与无法对问责主体的问责不力形成有效监督。特别是在现行同体问责为主的问责体系中,如果政府官员为寻求自保或降低连带责任,就会愈发不敢公开审计结果及问责结果,社会问责发挥效用的空间就愈小,问责的整体效果就会愈差。从扶贫政策跟踪审计问责的实践看,组织人事、纪检监察等机关如何运用问责结果、如何根据审计提出的处分建议开展问责,既缺乏明确的规定,也缺乏付诸行动的公开,给社会公众留下了怀疑和猜测空间,更有可能使问责流于形式,产生问责对象形式上问责下台、实则调任转岗,使问责异化为平息民愤、发泄民怨的渠道。

第三节 完善扶贫政策跟踪审计问责
长效机制的框架设计

国家审计的产生和发展源于国家治理的需要,国家治理的需要决定了国家审计的方向、任务、重点和方式。[①] 扶贫政策跟踪审计是国家审计积极

---

① 刘家义:《论国家治理与国家审计》,《中国社会科学》2012 年第 6 期。

适应国家扶贫治理需要的审计创新,其问责长效机制的建设是一个不断试错纠错的渐进过程,应在社会主义民主法治建设的体系内着力抓好以下工作。

一、 加强问责制度体系建设,有机衔接多元主体问责,形成问责合力

(一)完善问责法规制度,促进问责法治化、规范化、程序化

坚持全面依法治国是坚持和发展中国特色社会主义基本方略的重要内容。完善扶贫政策跟踪审计问责法规制度,应当按照科学、民主、依法的原则,把握和遵循立法规律,积极适应法治实践的需要做好相关法规制度的立改废释工作,确保问责条款遵循法理、合乎事理、通乎情理,防止问责"强人之所不能、禁人之所必犯"。完善扶贫政策跟踪审计问责法规制度,应采取实体与程序并重的模式,围绕扶贫政策落实机构的职能、权限,脱贫攻坚的重点任务、关键环节,明确审计定责标准、审计问责标准、审计问责流程及与其他问责主体衔接的具体规则,促进审计问责的法治化、规范化、程序化。如围绕扶贫资金低效无效、闲置沉淀、损失浪费等扶贫领域的具体问题,细化规章制度的问责条款,确保定责标准、问责尺度、问责程序、问责措施等有明确的依据遵循,为审计问责转化为监督效能提供制度保障。

(二)有机衔接多元主体问责,提升问责合力

审计问责是问责系统的重要组成部分,内嵌于问责系统的各个层面,其能力和效果不仅取决于自身能力和活力,还取决于问责系统的整体合力和综合成效。强化审计问责能效,需要坚持问题导向和目标导向,充分发挥各级审计委员会的领导优势,加强审计成果和审计问责的运用,有机衔接审计问责和党内问责、人大问责、其他行政问责、民主问责、司法问责、社会问责、舆论问责等

多元问责主体,形成问责合力。强化审计问责能效,尤其要结合脱贫攻坚党政同责的责任体系特点,加强审计问责和党内监督的衔接贯通。党的十八大以来,以习近平同志为核心的党中央坚持全面从严治党,制定和完善了《中国共产党廉洁自律准则》《中国共产党纪律处分条例》《中国共产党问责条例》等党内法规,为强化党内问责提供了坚实的制度保障。各级审计委员会的成立,为审计结果及审计问责服务于党内监督、党内问责提供了渠道,为审计问责和其他问责的衔接贯通提供了统筹平台。扶贫政策跟踪审计要严格履行监督职责,切实做好常态化"经济体检"工作,精准揭露脱贫攻坚工作中的不足短板和薄弱环节,及时、完整、准确地向各级审计委员会报告扶贫政策落实情况,把审计成果运用到党委、政府的决策中去,切实发挥审计监督的"治已病、防未病"作用。

二、 细化扶贫权责归属、问责标准及实施路径

（一）细化扶贫权责归属,明确问责客体及客体责任边界

扶贫政策落实的过程,是围绕解决"扶持谁""谁来扶""怎么扶"问题的过程。按照中央统筹、省负总责、市县抓落实的要求,具体针对特色产业扶贫、劳务输出扶贫、资产收益扶贫、易地搬迁扶贫、生态保护扶贫、发展教育扶贫、医疗保险救助扶贫、低保兜底扶贫、社会公益扶贫等扶贫政策,因地制宜地细化目标任务,全面推行精准扶贫权力清单、责任清单和负面清单,做到精准扶贫定人、定责、定目标、定时间、定任务、定标准,明确扶贫政策落实各环节责任主体及其责任边界。特别是对截至 2020 年 3 月初 52 个未摘帽贫困县和 1113 个贫困村[1],脱贫攻坚权利责任归属更要细化,突出目标引领和结果导向,强化责任约束。

---

[1]　习近平:《在决战决胜脱贫攻坚座谈会上的讲话》,人民出版社 2020 年版,第 9 页。

（二）细化审计问责标准及问责实施路径

扶贫政策跟踪审计中，审计机关开展问责的主要法律依据是审计法及其实施条例，问责主要聚焦于财政财务收支领域，相关条款对问题资金的处理处罚规定相对较为明确；对相关责任人给予处分的，则是提出给予处分的建议，由被审计单位或者其上级机关、监察机关实施并将结果书面通知审计机关，问责实践操作的精细程度和清晰程度缺乏具体规定，后续实施也缺乏保障措施。2019 年 7 月，中共中央办公厅、国务院办公厅联合发布《党政主要领导干部和国有企事业单位主要领导人员经济责任审计规定》，明确规定贯彻执行党和国家经济方针政策、决策部署情况是地方各级党委和政府主要领导干部的经济责任，对领导干部履行经济责任过程中应当承担领导责任事项进行了规定，要求各级党委和政府应当建立健全经济责任审计情况通报、责任追究、整改落实、结果公告等制度。应以相关配套制度建设为契机，细化问责标准及问责实施路径建设，注重扶贫问责标准的清晰程度和精细程度，对问责实施路径予以程序化，通过严密的程序保障问责的有效实施。

三、 立足独立监督，拓展问责范围领域

扶贫政策跟踪审计目标更多体现的是服务扶贫治理的愿景，更加注重过程控制和扶贫绩效。但现行问责更多是对损失浪费、既成事实的惩戒处罚。国家审计服务扶贫治理的目标和审计问责追究责任的现实存在失衡，表现为事后问责多，事前事中问责少；结果问责多，过程问责少；执行问责多，决策问责少。因此，扶贫政策跟踪审计问责应在坚持"三个区分开来"、容错试错、鼓励创新的前提下，以扶贫治理为目标拓展问责范围和领域。

（一）立足独立监督，坚持"三个区分开来"

审计问责范围和领域的拓展，必须以独立监督为前提和基础。扶贫政策

跟踪审计强调审计关口前移,介入扶贫的时间早、范围广、程度深,体现了跟踪审计的优势和特点。具体实施中,应准确区分审计责任和扶贫管理责任,防止审计职能越位或错位。如,不应为具体扶贫事项提供管理意见,或直接参与扶贫具体管理活动,混淆监督者和管理者的角色定位。脱贫攻坚作为一项重大的政治任务,需要留下容错试错空间,为扶贫改革创新提供支撑。"脱贫攻坚工作艰苦卓绝,收官之年又遭遇疫情影响,各项工作任务更重、要求更高"[1],如何啃下最后的"硬骨头",更需要创新工作方式,统筹推进疫情防控和脱贫攻坚。因此,审计问责必须坚持"三个区分开来",从程序、原因、依据、结果等多个维度科学甄别扶贫责任,在预防容错试错被滥用的同时,防止打击脱贫攻坚中干部干事创业、开拓创新的激情。

(二)以服务扶贫治理为目标拓展问责范围和领域

扶贫政策跟踪审计,应充分发挥其常态化"经济体检"的优势,及时跟进、密切关注扶贫政策贯彻落实的全过程,及时发现苗头性、倾向性问题,及早感知风险并发出预警,在防止苗头性问题转化为趋势性问题、局部性问题转化为全局性问题、潜在风险隐患转化为即成风险事实、制度薄弱环节转化为扶贫工作漏洞等方面发挥建设性作用。为保障上述目标的实现,推动相关问题及时整改、有效整改,在坚持财政财务收支审计问责的同时,更应开展决策问责和绩效问责。审计中要更多关注扶贫政策的决策及绩效,加大政策精准性、科学性的审查,检查政策是否明确靶向、对症下药,是否切合实际并达到预期目标,对决策和绩效方面的严重过失及重大问题进行审计问责,保障新时代扶贫政策跟踪审计发挥应有作用。

四、 加强审计公告和审计结果运用,增强审计问责效果

国家审计具有政策落实评价和监督功能,能够向社会问责、舆论问责等问

---

① 习近平:《在决战决胜脱贫攻坚座谈会上的讲话》,人民出版社 2020 年版,第 14 页。

责主体传递信息,可以借助社会公众和社会舆论形成"围观效应"传导压力,促进问责实施并提升问责效果。审计结果的运用,是审计整改、问责的进一步延伸,是有效压实责任的强力措施。

(一)加强审计公告力度

按照理性经济人的假设,扶贫政策落实中政府组织及其他扶贫主体都是理性经济人的组合,具有理性和自利的特征,面对寻租利益和机会成本,总会作出趋利避害的选择。从扶贫政策落实的具体过程看,社会公众对政府组织及其他扶贫主体所拥有的扶贫资源,以及获取、占有、配置和使用扶贫资源的过程缺乏具体了解,这种信息不对称导致社会公众很难对政府组织及其他扶贫主体履行扶贫职责的情况作出客观、合理的判断,为政府组织和其他扶贫主体在扶贫政策落实中推诿责任、不恰当履职、违规决策等提供了可能。进一步加强扶贫政策跟踪审计结果的公告,能够有效解决政府组织、其他扶贫主体和社会公众之间的信息不对称,能够通过增进信息透明度来矫正和防止政府组织及其他扶贫主体在扶贫政策落实中的道德风险和逆向选择。但从扶贫政策跟踪审计结果公告的实践来看,公告发布的数量偏少,多属于汇总型,或典型案例的罗列,公告范围的广度和深度有待提升,需加强审计结果向社会公告的充分性和强制性,通过制度安排,增加审计公告的频次,完善细化公告的内容。

(二)加强审计结果运用

审计结果的运用,是审计整改、审计问责的延续,是关系审计是否"管用"的关键,是有效压实责任的强力措施,是发挥"治已病""防未病"功效的前提。长期以来,各地区各部门对审计结果的运用呈现层次不齐、良莠并存的现状,审计结果运用及其反馈的长效机制不健全,审计问责的实际效果不明显。扶贫政策落实跟踪审计中,可从以下四方面加强结果运用,增进审计问责力度和效果。一是加强精准扶贫政策落实审计结果、审计整改情况在党委巡视、政府督查中的运用,将审计反映的突出问题和整改情况纳入巡视和整改。二是将精准扶贫政策落实审计结果、审计整改情况纳入党政绩效考核,将审计反映的问题数量、金额和整改情况作为具体的考核指标,对整改不及时、不到位和未整改的,增加绩效考核的扣减权重。三是加强精准扶贫政策落实审计结果、审计整改情况在干部管理中的运用,将其作为干部年度考核、任职考察的重要依据,纳入领导干部述职范围。四是建立健全精准扶贫政策落实审计结果运用反馈和公开机制,以一定方式公开结果运用情况,接受社会公众监督。

五、 发展弘扬审计问责文化

审计问责文化是问责文化的有机组成部分。问责文化是社会群体在问责发展过程中逐步形成并普遍认可的价值取向和精神追求,以及辐射社会群体所产生的思想、理念、行为、风俗和习惯,能够渗透到法律政策、规章制度之中,影响"硬"的约束的立改废释,更能为责任主体的自我约束提供道德基础、精神支持和动力源泉,提供"软"的保障。扶贫政策跟踪审计问责机制建设中,要大力发展和弘扬审计问责文化。

(一)围绕精准扶贫实践和社会主义核心价值观发展审计问责文化

扶贫政策跟踪审计中审计问责的有效实施,需要问责文化这种"软"的约束提供道德基础和精神动力。通过营造问责文化氛围来增强政府公职人员和其他扶贫主体的责任意识,培育和增强社会公众的权利意识、监督意识,对于审计问责机制建设和具体实施都具有重要的意义。扶贫政策跟踪审计中,问责文化建设应当围绕脱贫攻坚的伟大实践,牢牢把握正确的政治导向和发展方向,坚持和发展中国特色社会主义核心价值观,借鉴国外、挖掘历史、把握当代、面向未来,坚持严管和厚爱相结合,激励和约束并重。要在问责文化建设中推崇和体现"信念坚定、为民服务、勤政务实、敢于担当、清正廉洁"的好干部标准,引导政府组织成员及其他扶贫主体强化责任意识,将审计问责文化全方位、多层次、全过程地渗透到扶贫政策落实领域的各个层次和环节,营造"有权必有责、用权受监督、失职要问责、违法要追究"的良好氛围。

(二)创新传播手段提高审计问责文化的影响力

传播力决定影响力,任何文化只有广泛传播才能产生更大影响、发挥更大作用。随着网络技术等新技术的迅猛发展,信息传播、获取越来越快捷,传播审计问责文化要充分利用现代传媒技术和方法,创新传播手段、开辟传播平台、拓展传播渠道。具体传播要以先进技术为依托,以内容建设为根本,讲好"审计故事",注重提升审计公信力和树立审计权威,打造审计维护公正廉明、独立客观、依法依规、专业可靠、坚持原则、敢讲真话、敢报实情的审计形象;积极引导社会公众自觉参与和监督审计问责,营造积极健康向上的常态问责氛围,促进各级政府组织和其他扶贫主体成员更好地行使权力,履行职责。

第八章　新时代扶贫政策跟踪 审计服务机制分析

　　服务性和制约性是国家审计发挥作用的两个方向。服务性作用是在批判性的基础上，或提出改进措施和完善建议，或肯定好的做法和先进的经验。批判性是基础，是手段，服务性则是目的和实质。相对制约性作用而言，服务性作用更具有广泛性、主动性、前瞻性，更能体现国家审计的生产力价值。国家审计有必要充分发挥自身的服务功能，构建强有力的服务机制，通过推广典型做法和先进经验进而强化扶贫政策跟踪审计成果的应用，通过发现政策的缺陷和不足进而推进政策措施的科学性和可行性，以及通过对精准扶贫中新问题和新情况的关注进而健全精准扶贫的体制与机制，以此确保扶贫工作落实到位，服务宏观决策，促进体制机制的优化和完善。

第一节　拓展扶贫实践成果的广泛应用

　　强化对扶贫实践成果的传播和应用既是扶贫政策跟踪审计工作的延伸，也是政策落实审计工作的重要组成部分。推进扶贫实践成果的创新运用，对于传播扶贫政策知识，推广典型做法和优秀经验，在审计同行之间广泛借鉴，完善地方政府扶贫工作的建设、提升地方政府的扶贫履职能力以及推进扶贫政策跟踪审计工作的深化发展都具有重要意义。

一、 正确处理扶贫实践成果运用的五项关系

（一）微观与宏观的逻辑关系

若想广泛推进扶贫实践成果的运用工作，则需要国家审计人员在分析和思考问题时既要树立全局观念，又要注重细节，正所谓"大行也要顾细谨"。正所谓细节决定成败，倘若只注重全局而忽视微观局部，很容易造成脱离实际、无据可依的状况；而若只考虑局部而无法统筹全局，很容易造成舍本逐末的现象，进而难以把握正确的方向。因此，国家审计人员在实际工作中需要立足全局与局部，强化三个方面的工作。

其一，树立大局意识和系统观念。从宏观全局思考和把握问题，围绕中央有关精神，明确扶贫实践成果开发以及扶贫政策跟踪审计成果开发的出发点和着力点。需从扶贫政策跟踪审计工作的整体性视角出发，统筹每一个扶贫政策项目的微观层面落实和每一项扶贫实践成果的运用，并以此使扶贫个案为其他地区的扶贫实践提供指导意见。例如，按照当前中央精准扶贫政策的要求，针对贫困户进入退出机制有待完善、结对帮扶精准性等新情况新问题开展更深层次的审计，挖掘具体微观案例背后隐含的本质规律，再从宏观层面探索扶贫政策实践工作的建设思路，强化宏观层面的成果开发，以此强化对扶贫实践工作思路的广泛传播。

其二，坚持具体问题具体分析。扶贫实践成果的运用工作要对症下药、量体裁衣，一方面要从实际出发，将农村扶贫问题的特殊性与偶然性考虑在内；另一方面也要将每个扶贫单位、扶贫部门、扶贫业务的独特性纳入考虑范围，"到什么山上唱什么歌"，这样才能基于国家审计视角在确定扶贫实践成果运用的内容、重点和方式时真正做到有的放矢。同时还要防止纸上谈兵和简单拿来主义，因为适用于某个地方的扶贫政策落实方法，并不一定

适用于其他地区。

其三,注重从微观到宏观的转变。个别扶贫现象通常代表了一般现象,而一般现象又通常包含于特殊现象之中。国家审计人员在对待扶贫政策跟踪审计中发现的问题时,要从微观的个案和问题出发,而不是避实就虚,流于表面;要运用系统的思维,总结和提炼在扶贫政策落实中具有普遍性、规律性的东西,抓住敏感性、指向性的问题,为相关制度和政策的完善提出有效的意见和建议,促进从根本上解决问题,从宏观、全局和前瞻的角度提升扶贫政策落实工作成果的广泛传播和应用。

(二)批判性和建设性的逻辑关系

扶贫政策跟踪审计具有对立统一的特征,这主要体现在两个层面,即批判性和建设性。在扶贫政策跟踪审计中发现问题进而揭示潜在风险,最终作出相关审计处理并构成完整的审计链条,这一系列过程充分体现了扶贫政策跟踪审计的批判性作用。而扶贫政策跟踪审计的建设性作用主要体现在完善被审计对象和有关部门规章制度、解决漏洞的过程中。建设性以批判性为基础,又在此基础上继续发展和升华。扶贫政策跟踪审计实践中,不但要发现问题,更要促进问题的解决,将建设性作用发挥到极致,需要大力传播优秀的经验和做法。根据某些地区的扶贫政策跟踪审计报告,可以发现一些地区依旧存有众多的不合规问题,这种现象表明这些地区并没有真正重视扶贫政策跟踪审计发现的相关问题,也没有真正地解决问题。一些问题的产生可能是由于制度的缺失或制度间的相互矛盾,也可能是制度设计不够合理,这种问题都可以交由相关部门来解决;而另一些问题则与思想认识和执行力有关,不是政府扶贫部门无法做到,而是他们没有足够重视这些问题。对于上述扶贫问题要仔细整理记录,归类于不同的资料库和问题台账,并明确哪些问题是可以立即整改的,哪些问题是由于制度机制引起的,分析问题发生的原因,对症下药,切实解决上述问题。并从上述的记录中归纳思路,确定扶贫实践问题指南,扩大传播面,杜绝类似问题的频繁发生。

针对有关合规性、合理性等方面的扶贫问题,不仅要提出操作层面的建议与整改措施,而且要加大研究力度,尤其是风险问题和突出问题,需要基于全局视角有针对性地解决,进而保障政策能够得以有效执行。[①] 对于地方扶贫部门,国家审计机关提出了整改要求,但是地方扶贫部门整改不到位,使之流于形式,则应予严肃处理。如果经常发生整改不到位,或者敷衍整改问题,应借助相关制度办法,严肃问责。探索与司法机关、纪检监察机关、行政主管机关等各类监督部门的协同运作机制,对于国家审计部门无法处理的,应当转交司法部门或纪检部门,强化对扶贫问题屡审屡犯的问责机制。

(三)全面与重点的逻辑关系

当前,国家审计在扶贫政策跟踪审计工作中面临着诸多困境,如国家审计资源有限、国家审计资源整合力度有待进一步提高、审计技术与方法不够先进、数据资源和信息共享不充分、审计专业能力相对薄弱以及审计组织模式创新力度不足等。扶贫政策落实审计成果运用工作在审计资源相对不足、扶贫政策跟踪审计任务相对繁重的情况下,并不一定能够面面俱到,此时国家审计机关需要从全局性、系统性的角度出发,分清轻重缓急,有重点、有步骤地从更深的层面上有效地解决问题,争取以关键性问题的解决推动整体性工作的发展,推动扶贫政策落实审计成果的运用由小范围向大范围拓展。此外,在以下三个方面需要平衡好全面与重点的关系:审计方案的制定、审计建议的提出与扶贫政策跟踪审计项目的安排。当前,为了彰显扶贫政策跟踪审计的价值,许多审计方案的内容过于全面,导致要调查的内容有很多,尤其是在有关合规性

---

①　李俊杰和吴宜财在《民族地区产业扶贫的经验教训及发展对策》中提出,民族地区产业扶贫经过实践探索积累了政策引导、资源驱动、合作经营、资产收益、组织带领、销售增值、就业增收等经验,也面临着新业不立旧业废、扶强不扶弱、增产不增收、收益不高代价大、投入—产出率低等问题。对此,国家审计人员既要批判性地看待扶贫实践中的问题,同时还要分析问题成因,基于精准选择产业发展与益贫减贫相兼容的战略视角提出解决问题的建设性建议。

问题方面耗费了大量的精力,易于忽视一些问题的重要性,最终降低了扶贫实践成果传播的广度和深度。因此,要在审前进行充分的调研,以便优化审计方案,在开展审计工作时能够更有针对性,突出重点问题,能够总结出更有价值的知识以便向其他地区推广。

(四)数量和质量的逻辑关系

量变引发质变的规律表明扶贫实践成果的运用既要重视扶贫实践成果的数量,更要重视扶贫实践成果的质量。数量的累积,为大数据背景下数据挖掘取证和新时代下扶贫政策的落实提供源源不断的"弹药"。目前,国家审计机关所积累的扶贫政策跟踪审计成果很多,但所提炼的扶贫实践成果较少,特别是有借鉴意义的扶贫政策落实成果极为欠缺;有些扶贫政策跟踪审计报告看上去很厚,但可读性不够强,缺乏有关地区优秀经验和做法的汇总。因此,基于国家审计视角对扶贫实践成果进行开发,既缺乏数量,也缺乏有深度、有观点的高端审计成果;对于扶贫政策跟踪审计发现的问题,要深入分析问题产生以及屡禁不止的原因,同时深入分析解决这些问题的方法,特别要注意的是从个性上升到整体的过程,以及从特殊上升到一般的过程。把握好数量和质量的关系,需要优化扶贫政策跟踪审计产品的供给结构,既要做好"减法",减少重复性、低端性的成果,也要做好"加法",增加有效性、高端性的成果。一方面,应借助数据挖掘、数据分析技术,揭示各个省份、各个扶贫领域的扶贫问题,针对各个扶贫领域的需求开发不同情景下的扶贫实践成果,体现扶贫实践成果的层次性;另一方面,应基于动态化视角,做好深度扶贫政策跟踪审计成果的开发。结合调研和审计工作,在做扶贫项目时牢记任务与问题,在项目结束后提炼出 2—5 个专题调研或典型案例。因此,对扶贫实践成果的评价,一方面要关注实践成果的质量,另一方面还要关注优秀案例分析等附加成果的质量。与此同时,适度简化审计项目,以免贪大求全,给审计人员充足的时间与精力去梳理问题,关注重点问题,提炼先进经验,强化扶贫实践成果的深度。

（五）横向和纵向的逻辑关系

扶贫实践成果的推广和利用需要全方位的考量和分析,因为其本身是一项全局性工作。从横向看,国家审计机关不仅可以将扶贫实践成果运用在本地区内的多个部门之间,还可以在其他不同地区广泛推广运用,如 W 省 T 市审计局所总结的扶贫实践成果可以供 T 市内的各个贫困县、贫困乡镇、贫困村以及相关政府部门采纳运用。从纵向看,优秀的扶贫实践成果,通过向下级所属扶贫部门和地区的宣传,可以使扶贫实践成果充分运用,再通过向上级主管部门提议,充分引起上级主管部门的注意,将优秀扶贫实践成果在更大的范围内得以运用。因此,在合理把握横向与纵向关系后,扶贫政策落实工作的优秀成果才能因在多个范围得以运用而取得更广的成效,上下联动、条块结合、整体推进。为更好地处理横向与纵向的关系,国家审计机关应强化两方面的工作。

一是加强协作,发挥合力。更高层级的审计机关应统筹抓好扶贫实践成果的运用,其他各级审计机关应着力关注重点问题,归纳具有推广价值的优秀经验和做法,建立扶贫实践成果共享平台,各级国家审计机关通过信息平台反馈扶贫实践中遇到的问题,推动审计磋商机制建设,密切关注扶贫政策的落实状况,有力保证审计意见的可用性,推进审计全覆盖目标的实现,协调和配合其他机构及部门实施问题追责等事项,通过信息平台强化扶贫问题的共商,促进扶贫实践成果的推广。

二是发挥条线作用。加强对扶贫政策跟踪审计业务条线的控制,提高扶贫实践成果运用效果的着力点。明确扶贫政策落实工作成果在运用方面的"权""责""利",完善考核和激励机制。国家审计机关可以采用建议书、提示函等形式,基于扶贫实践成果应用层面为各个地区的扶贫部门提供决策支持。建议书不能简单地罗列建议,而应从方便扶贫部门运用扶贫实践成果的角度确定扶贫实践成果应用的着力点,以此强化扶贫实践成果的推广。

二、 推进对扶贫实践成果的创新运用

审计成果不仅高度体现了国家审计权威性、独立性的特征,同时也是完善国家审计治理、推进国家治理进程的必备工具。国家审计机关所提炼的扶贫实践成果是扶贫政策跟踪审计成果的重要组成部分。国家审计机关对扶贫实践成果发挥作用的途径可以分为以下三个:一是向相关部门提供可区别于利益相关部门的独立审计建议及其典型案例;二是加强与纪检等相关部门的合作,联合解决究责问责的现实问题;三是结合社会舆论监督,服务于扶贫工作实际。对扶贫政策跟踪审计而言,向各地区、各部门推进对扶贫实践成果的创新应用,首先,对扶贫政策跟踪审计结果在揭示扶贫问题时应当体现的权威性予以保证;其次,在实施重大扶贫政策、解决重点扶贫问题保证时效性的条件下,保持独立的第三方视角,进行深入的原因挖掘,并为相关部门提供具有针对性、规划性和可操作性的意见和建议;最后,要加大先进经验和优秀做法的宣传力度,拓展扶贫实践成果的影响范围。

(一)完善审计报告编写规范,强化与之相配套的法规建设

审计报告是审计结果的直接展示。《中华人民共和国国家审计准则》规定,"审计报告的主要内容包括:审计发现的被审计单位违反国家规定的财政收支、财务收支行为和其他重要问题的事实、定性、处理处罚意见以及依据的法律法规和标准"。然而,扶贫政策跟踪审计的重点关注对象、所揭示的重要问题已经不仅仅是传统的财政收支及财务收支,而是拓展到更为广泛的其他领域,例如:政策落实情况不佳、条例制度衔接不完善、重大项目进程速度较慢等问题,更为具体的应为"政策的精准性""资金的安全性""项目的绩效性",此类问题一般缺乏合理详细的规定标准作为考量的基础。所以,扶贫政策跟踪审计报告的标准格式有待进一步完善,将国家政策性文件或社会经济发展趋势等作为扶贫政策跟踪审计报告所反映问题的定性和处理依据。

基于扶贫实践成果的应用视角,我国应从以下视角强化对扶贫政策跟踪审计报告的改进。其一是针对扶贫政策跟踪审计,审计报告在有关审计内容上应该做到抓住审计要点,分清主次关系,把会影响到政府进行宏观决策的重大问题、扶贫政策跟踪审计过程中发现的违规违纪问题和相关社会焦点问题等作为重点内容进行充分披露,非重点内容则可选择性地在审计报告中进行非详细化处理。其二是强化扶贫政策跟踪审计报告的责任,扩大扶贫政策跟踪审计报告的运用领域,增加内部控制评价内容。扶贫政策跟踪审计报告的运用领域可以拓展至若干方面,如将扶贫政策跟踪审计报告与政府工作人员的业绩考核相联系,将扶贫政策跟踪审计报告作为对政府问责的根据之一,将扶贫政策跟踪审计报告与公共预算相结合,通过扶贫政策跟踪审计报告的整改进而监督政府对审计建议的采纳和落实情况等。扶贫政策跟踪审计能有效强化内部控制,如审计机关可以发现潜在问题,进而给予恰当的评价,提出合理化建议,通过对被审计单位施加"软"压力进而完善被审计单位的内部控制系统。反之,被审计单位内部控制体系的优化将有助于扶贫政策审计报告质量的有效提升。其三是完善相关配套的法律制度,制定各类与扶贫实践成果公开相关的法规,使扶贫实践成果相关机制的透明化运行能够做到有法可依。建立健全体系完备的扶贫政策跟踪审计报告评价机制及相关规章制度迫在眉睫,进一步对扶贫政策跟踪审计报告制度的法定程序加以明确完善,明确扶贫实践结果公开的相关法律依据及其内含的运行机制,明确扶贫政策跟踪审计公告的监督及法律责任以及违规违纪所必须承担的相应责任和追责时的问责依据。

(二)落实扶贫政策跟踪审计发现问题的执纪问责

根据有关规定,对扶贫政策跟踪审计过程中发现的重大问题,应依据相关法律法规对工作失职、违规违纪人员严肃追责,同时还要整顿有关问题屡纠屡犯等乱象,深究其根源。因此,重视与有关方面协作,做好对扶贫政策跟踪审计发现问题过程中的执纪问责,这是确保扶贫政策跟踪审计工作权威性和严肃性的重要议题。在截至目前的审计工作中,扶贫政策跟踪审计发现的违规违纪类问题都按法律程序转交纪检司法机关处理,但扶贫政策跟踪审计过程中出现的很多不作为、乱作为、慢作为、假作为等问题,尚不能准确问责到相关责任人。鉴于此类状况的频繁发生,以及国家监察体制进行改革的最新进展,建议国家审计机关要结合相关情况,进一步加强与监察机关、纪检机关、巡视巡查部门等的合作沟通,建立健全可实现高效协调配合的组织机制,做到全面覆盖扶贫工作对审计发现问题相关责任人的执纪问责。

完善扶贫政策跟踪审计问责的路径需要从以下四方面着手:其一,建立健全问责沟通协作机制。加强扶贫政策跟踪审计查责与问责主体等不同作业单位之间的合作,建立健全涵盖纪检机关、监察机关等不同监督主体在内的联席会议制度,综合使用多方资源、运用多种方式,弥补各部门的信息真空,降低信息共享成本,推动审计问责的精准化。其二,提高异体监督的审计效用,其目的是解决审计移送之后可能产生的问责不力现象。异体监督指由中国共产党外部以及行政系统外部的其他主体对监督对象实施的监督,具体包括新闻媒体监督、人民代表大会监督以及人民群众监督等。国家审计机关可以编制问责建议清单及直接问责结果清单,并提交人大常委会进行检查和究责。审计机关也可以进一步强化对问责不力等事项的动态跟踪,从而加强扶贫政策跟踪审计的效力和效果。国家审计机关还可以利用社会舆论的影响力强化问责效果,如将扶贫政策跟踪审计问责结果在审计机关网站上予以公示,运用社会监督、媒体监督等方式有效避免问责主体在工作中的失职和渎职。其三,将扶贫政策跟踪审计问责结果作为对相关领导干部工作绩效考核评价的参考依据,其前提是包括审计机关在内的不同问责主体需要将扶贫政策跟踪审计过程中发现的问责事项的结果报告事先向政府机关中的人事主管部门提交。由人事部门将问责结果纳入到其党风廉政建设责任制及单位领导班子民主生活会检查考核绩效指标中,作为任免、奖惩以及考核有关部门领导干部的重要依据,该问责结果还可作为有关部门党政领导班子成员任职考核、述职述廉以及年度考核的重要参照,进而鞭策有关人员避免出现精准扶贫政策落实过程中不作为、乱作为的行为,提高有关人员的违法成本。其四,全面构建同审计问责活动相关的规章制度,其目的是有效解决扶贫政策跟踪审计移送问责之后可能出现的监督缺失问题。完善相关政策规章有利于实现应审尽审、凡审必严、严肃问责的目标,进而保障审计问责效果。

(三)加强扶贫实践成果的宣传力度

目前,扶贫实践成果的宣传工作主要由各地区扶贫办承办,一般在扶贫办官网上宣传,而基于第三方的国家审计机关的宣传则少之又少,这样的宣传现状所产生的社会公众关注度和社会影响力都存在些许不足。本书建议国家审计机关应统筹组织业务部门和宣传部门,促成两个部门合作互助,对扶贫政策跟踪审计过程中发现的重要问题,以问题类型为大纲进行整理汇总,针对既有问题以及先进的经验做法在国家审计机关的官网上进行宣传。此外,还应充分利用有相当影响力的媒体网站、政府的微信公众号、纸质传媒等途径进行宣传报道,基于社会监督力量,拓宽扶贫实践结果发挥监督作用的渠道。国家审计公告制度是将国家审计与社会监督相结合的一种最为有效的方式。国家审计机关应基于扶贫政策跟踪审计成果的宣传和应用机制,广泛拓展社会力量参与扶贫监督的空间和渠道,努力提升社会力量参与扶贫监督的意识和程度,充分调动社会公众和新闻媒体的积极性,基于审计视角全方位加大对扶贫实践成果的宣传力度。

第二节　推进政策措施的科学性和可行性

根据《中华人民共和国审计法》的有关规定,审计机关可以对公共资源、公共资金、公共权力管理和运行的各个方面进行监督。由此,国家审计机关可以掌握精准扶贫政策运行的总体情况和相关数据,具备对扶贫政策措施进行评估的职能和条件。从国家审计参与乡村治理作用机理的角度分析,国家审计机关直接切入扶贫治理基本框架的实际运行层,通过对扶贫政策贯彻落实和公共权力、公共资源配置与运行情况的监督检查,分析和评估相关扶贫领域公共政策的科学性、有效性,进而提出对策建议①,有助于促进公共政策层的优化与调整。

一、 扶贫政策分析及其评估的功能定位

(一)扶贫政策措施制定之初的预警功能

国家审计机关将客观准确、真实可靠的最新信息及时提供给扶贫政策措施制定者,能够为扶贫政策及其措施的制定提供有效的决策参考。在扶贫政策措施制定之初,国家审计机关参与到政府扶贫政策活动的咨询体系之中,融入扶贫政策的设计和规划之内,这些都将使国家审计机关能够为扶贫政策的制定和执行提供智力支持以及信息保障。在扶贫政策跟踪审计过程中,审计机关综合利用多部门、多行业以及多领域的财务数据与非财务信息,发现并提出扶贫政策措施中的潜在问题,突破现有扶贫机制的固有局限,为政府的精准扶贫政策决策提供具有适用性、前瞻性、建设性、战略性的策略建议。预警监测是国家审计发挥作用的重要途径之一,国家审计机关针对精准扶贫工作过程中存在的薄弱环节,能够敏锐地识别、分析、监测和评价相关风险。在扶贫审计实践中,国家审计机关关注和及时反映财政、金融、交通、水利、环境、工程、民生等苗头性和倾向性问题,设定风险防范水平的各项标准,建立风险预

---

① 樊士德在《国家治理现代化视角下政策审计的功能定位与路径选择》中指出,国家审计在国家治理中所承载的功能主要涵盖完善和服务国家治理重大决策的监督功能,完善和服务国家治理重大决策的信息反馈功能以及推进政策落实执行和国家治理的保障功能。通过扶贫政策跟踪审计实践,国家审计具有推进扶贫政策措施科学性的条件,能够发现扶贫政策自身的不足,并能够提出更具针对性的建议。

警指标体系,做好事前与事中审计,实现审计关口前移,达到常态监控的目的,以期加强对精准扶贫工作运行中风险的识别。国家审计机关有必要科学建立精准扶贫风险评价机制和监测预警体系,基于风险量化手段探索扶贫工作中因跨期差异、综合与单项差异等方面所隐含的深层次问题,全方位挖掘风险产生的动因,并将接近风险临界值的扶贫风险事项尽早向精准扶贫政策措施规划部门提交风险评估报告及相关建议书,以便扶贫政策制定者基于具体风险特征对扶贫政策措施的初步制定及时作出调整和完善。

(二)扶贫政策措施制定之中的建议功能

国家审计机关在扶贫政策措施制定方面发表适用性意见和建设性建议,并不会削弱扶贫政策制定者的政策决策权、政策选择权,更不会代替其行使决策制定权。在出台具体的精准扶贫政策措施之前,国家审计机关会受扶贫政策措施制定者之邀向其提供专业化建议。政策措施制定者对国家审计机关的政策建议进行评价后,依据国家审计机关在扶贫政策跟踪审计的实际工作中发现的问题对现有的政策方案作出改进,此过程体现出国家审计机关在扶贫政策制定过程中承担着重要的角色。精准扶贫政策措施的科学性评估,包括关注政策目标是否清晰明确、政策是否具有稳定性、扶贫政策措施调控力度的恰当性以及扶贫政策措施的统筹性。国家审计机关对精准扶贫政策措施开展合理性评价需要考虑三个方面,即精准扶贫政策措施的制定是否遵照实事求是的原则并符合时代需求,精准扶贫政策措施的制定是否依据扶贫政策措施落实的现实状况,以及精准扶贫政策出台与退出的时机是否准确判断并有效把握。对精准扶贫政策措施的可行性评估,包括关注精准扶贫政策措施的执行是否具有现实的可能性,扶贫政策措施的受益群体是否体现公平原则,精准扶贫政策措施是否考虑到参与各方的承受能力,以及扶贫政策措施是否符合国家战略、人民利益、执行成本等。国家审计机关对精准扶贫政策措施开展合法性评价需要考虑以下六方面,即对扶贫政策措施进行决策是否做到程序规范,是否做到公平与效率,是否建立有关于扶贫政策措施决策的管理和问责机制,扶贫政策制定主体是否基于法定职权制定政策,扶贫政策措施的发布程序是否合规合法,扶贫政策措施是否吸纳社会公众、专家学者、政府顾问等多方主体共同参与。

(三)扶贫政策措施实施之后的揭示功能

国家审计机关既有披露权,还有报告权,能够根据扶贫政策措施落实的现实状况提出具有针对性和可行性的建议,从而达到提升精准扶贫政策落实效率、强化精准扶贫政策实施效果的目的。国家审计机关通过跟踪扶贫政策措施的执行情况,及时、准确地揭示影响扶贫政策措施执行的问题[1],阻碍扶贫政策措施落实的情况,或导致扶贫政策措施偏离预期目标的客观影响因素,提出具有针对性、合理性的措施或建议,同扶贫一线人员以及扶贫政策措施决策人员进行充分、及时、广泛、深入的交流和互动,以便及时促进相关部门对具体政策措施的改进与优化。

某项扶贫政策措施在实施之后的走向有三种可能:一是维持既定方针;二是进行局部调整,根据扶贫政策措施执行中出现的新情况和新问题,依据环境的变化,对原来的政策进行适度局部调整;三是完全终结,将不适应最新情况的精准扶贫政策措施废止,或出台新的精准扶贫政策措施来代替。国家审计机关首先应在对精准扶贫政策措施执行效果进行全面系统的分析和科学合理评估的基础上,鉴证精准扶贫政策措施的执行结果与扶贫政策目标的符合程度,评估执行主体在精准扶贫责任履行、资金使用与项目管理等方面的绩效水平,揭示偏差出现的原因,向精准扶贫政策的制定者着力反映政策存在的问题

---

① 周泽将和陈骏在《国家善治导向下公共政策审计优化研究——基于政策科学的视角》中指出,在有关公共政策审计中,对偏离政策情况的揭示,需要从制度的角度对公共政策进行深层次的分析,为公共政策主体传递翔实、客观的政策运行数据信息,促进与公共政策相关的制度、规范、秩序的健全与完善,抵御政策偏离预期目标的风险,提升公共政策运行的效率与效果。

和漏洞,为精准扶贫政策措施的后续完善与有效落实提供建议。

二、　促进扶贫政策措施持续完善的路径选择

近年来,国家审计逐步将政策分析与评估提升到重要位置。但是,国家审计在推进有关于精准扶贫政策措施的科学性和可行性方面具有较大的空间,这主要体现在三个方面:一是目前政策纠偏主要基于孤立的扶贫审计项目开展,缺乏针对乡村治理转型过程中相关领域公共政策调整问题的系统分析,宏观性有待增强;二是规范有效的扶贫审计项目政策评估模式尚未形成,系统性欠缺;三是扶贫政策分析方法比较零散,专业性不强。开展有关于扶贫政策措施的分析和评估,有助于国家审计发挥其内在职能,有益于推动扶贫政策措施的贯彻落实。

（一）审计项目组织层面下的扶贫政策分析和评估

政策分析和评估应当贯穿于精准扶贫审计项目的全过程,按照调查了解、审计实施和审计报告三个阶段各自的任务特点,可以分为对精准扶贫政策措施的基础评估、分项评估和综合评估三个阶段。基于此,国家审计机关有必要构建扶贫政策跟踪审计目标导向下"总—分—总"三段式政策评估审计操作模式。具体可分解为:(1)审前基础评估阶段。审前调查了解阶段,审计人员通过文件收集、与被审计单位座谈、专家研讨、理论前沿资料收集等方式,对扶贫审计领域相关政策进行系统梳理,分析政策的历史沿革、主要目标、调控重点以及未来演进的总体趋势。对其中的一些重要政策,还可以组织专题研讨。通过这些措施达到正本清源的目的,促使审计组初步明晰扶贫审计领域的体制转型目标、政策演进脉络,深度明晰有关扶贫政策措施的框架体系。(2)审中分项评估阶段。审计实施过程中,审计组将对扶贫政策跟踪审计目标层层分解,直至分解到具体的审计事项,并对各个审计事项进行审查。针对扶贫政策跟踪审计中发现的具体问题,审计组按照一定的评估方法从政策层面进行

分析和评估,并且提出对策建议,形成专题审计信息,从而在具体的审计事项上发挥对政策优化的参考作用。(3)审后综合评估阶段。审计现场结束后,审计组应当针对发现的零散、具体问题,紧扣审计目标和该领域改革的整体方向,从政策层面进行系统分析,探寻具体问题之间的内在联系和深层次原因,厘清扶贫政策跟踪审计领域亟待解决的根本性矛盾,提出政策调整的总体方向,系统地分析深层次原因,评估政策制度的科学性与有效性,进而提出具有针对性的扶贫政策措施优化建议。

(二)审计技术方法层面下的扶贫政策分析和评估

当前条件下,严格量化的扶贫政策措施评估技术在扶贫审计实践中还难以实现,但依然可以依据政策评估相关理论并结合国家审计的职能手段,对扶贫政策评估审计方法进行探讨。政策制定和实施的目标在于解决扶贫领域的有关问题。基于国家审计的视角,政策制定和运行涉及四个重要维度,需要进行系统分析,分别是:政策周期、政策投入、政策机制和政策环境。国家审计机关有必要构建以问题界定为逻辑起点,以"四维"分析为逻辑展开,以扶贫政策效果评估为逻辑归宿的扶贫政策措施分析和评估的方法体系(见图8-1)。

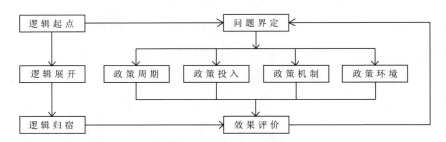

图8-1 扶贫政策措施分析和评价的方法体系

1.准确界定问题

许多扶贫政策措施的实施效果不佳,一些政策反复调整,根源在于没有找准扶贫领域真正的问题①，未能发现问题的本质。扶贫政策跟踪审计应当将准确界定扶贫审计领域的问题摆在有关扶贫政策措施的分析和评估的首要位置，这其中包括广度和深度两个方面。首先，在广度方面，可以按照"陈述问题—分解问题—消除非关键问题—关键问题分析"的逻辑进行，确保找准精准扶贫领域存在的主要问题。其次，在深度方面，可以按照"问题表现—问题成因"的逻辑进行分析，确保找准精准扶贫领域存在的根本问题。只有找准了扶贫领域的主要问题和根本问题，才能为分析和评估扶贫政策措施的科学性、合理性奠定基础。问题界定既适用于扶贫政策跟踪审计之中对具体事项的分析，也适用于扶贫政策跟踪审计之后对扶贫领域的综合分析。审计组应力求着眼于从扶贫政策措施落实的重点、难点和疑点进行探索，找准问题的症结，深层次分析有关扶贫政策措施中的本质性问题。

2.做好"四维"分析

一是政策周期维度分析。从国家审计的角度看，政策运行周期包括试行、实施、终结等阶段，由于调控对象和有关因素的变化发展，每一项政策在不同的阶段会面临不同的问题，因而需要加以具体分析。例如，扶贫政策措施的试行阶段，可能面临资源保障不足、作用难以发挥的问题；扶贫政策措施的实施后期，可能面临调控对象或者外部环境发生重大变化，扶贫问题的实质也随之发生变化，原有扶贫政策措施无法有效发挥调控作用等问题。扶贫政策跟踪审计过程中，审计人员应当分析有关扶贫政策措施在周期演进中所处的阶段，结合内外部因素调查，评估精准扶贫政策落实中所面临的突出矛盾，提出政策完善建议。

二是政策投入维度分析。政策投入是指政策实施的资源保障，从国家审计的角度看，主要包括机构和人员资源、经费资源、配套措施资源等。投入不足会导致政策实施缺乏基础支撑，目标难以实现。国家审计需要围绕扶贫政

---

① 王延军和张筱在《经济政策审计评价作用机制研究》中指出，通过揭示发现问题，保障经济政策的贯彻落实，可以倒逼经济政策制度的完善。

策的目标,系统分析扶贫政策的投入情况,评估是否存在因资源投入不足、配套措施不完善导致扶贫政策缺乏可操作性等问题,进而发现政策设计中的缺陷。

三是政策机制维度分析。政策机制维度分析涉及政策运行机制设计的科学性问题。运行机制设计科学的政策,能够产生促使利益相关者自觉执行扶贫政策的内在驱动力,而不合理的政策机制则需要花费大量的管理和监督成本。扶贫政策跟踪审计中,审计人员应当对扶贫政策运行的机制进行深入分析,关注是否存在因机制设计的不科学导致针对扶贫实践的管理成本和监督成本偏高、执行效果大打折扣的问题,进而从政策措施的设计规划层面促进政策的完善。

四是政策环境维度分析。国家审计视野下,政策环境分析内容主要包括其他相关政策叠加效应分析和社会相关因素分析等。例如政策叠加效应方面,一项扶贫政策往往不是孤立运行的,而是与其他相关扶贫政策交叉运行,这就要求国家审计人员从更加宏观的角度,审视和分析相关精准扶贫政策之间的关系,关注各项精准扶贫政策之间是否存在目标冲突、交叉重叠和调控真空,从而影响扶贫工作整体实施效果的问题。再如社会环境方面,不同的经济发展水平以及技术条件的变化,都会影响扶贫政策的实施效果,国家审计人员应当在深入分析的基础上,深层次评估是否需要对扶贫政策进行调整和优化。

3. 进行政策效果评估

政策效果是政策实施和运行的结果,也是衡量政策目标是否达成的重要标准。扶贫政策跟踪审计中,国家审计人员应当从两个方面进行扶贫效果评估:一是微观层面,即扶贫政策措施的实施结果是否切实解决了扶贫领域中的相应问题;二是宏观层面,即政策设计是否符合扶贫领域体制改革的整体方向。同时,扶贫政策效果评估与问题界定、"四维"分析紧密相连,三者构成不可分割的统一整体(见图8-1)。国家审计人员可以通过扶贫政策效果评估,发现扶贫效果不佳的表现形式,进而通过问题界定和"四维"分析,查找深层次原因,从而达到扶贫政策分析和评估的目的。此外,"四维"分析模式下的扶贫政策分析及评估方法有待在扶贫审计实践中进一步完善,可加入其他元素,并进一步系统化。

第三节　健全精准扶贫的体制与机制

2015 年 12 月,中共中央办公厅、国务院办公厅印发的《关于实行审计全覆盖的实施意见》提出,"注重从体制机制层面分析原因和提出建议,促进深化改革和体制机制创新"。体制涉及产权属性和资源配置,机制涉及管理模式和工作安排。在《辞海》中,"体制"是指国家机关、企事业单位在机构设置、领导隶属关系和管理权限划分等方面的体系、制度、方法、形式等的总称。"机制"借指事物的内在工作方式,包括有关组成部分的相互关系以及各种变化的相互联系。国家审计机关在扶贫政策跟踪审计实践中,需要关注新问题和新情况,对扶贫领域中的体制机制问题进行评判,深层次感知扶贫政策落实中的各类风险。

一、　促进体制机制完善的条件和动因

扶贫工作的体制机制所存在的问题主要体现在扶贫资源管理机制不健全、考核问责激励机制不完善以及扶贫开发管理体制不完备等诸多方面。[①]当前,国家审计已经具备促进扶贫工作体制机制完善的条件和基础。首先,依法独立开展工作。1982 年,《中华人民共和国宪法》提出了有关审计的七条规定,这标志着我国现行审计制度的确定。《宪法》规定了审计机关的主要职

---

① 　刘国斌和马嘉爽在《脱贫攻坚体制机制创新研究》中指出,当前我国精准扶贫实践中,精准识别机制、考核问责激励机制、贫困退出机制以及扶贫开发管理体制还存在较多不合理之处,以问题为导向的脱贫攻坚体制机制创新应聚焦在确保脱贫攻坚工作的精准化、科学化以及规范化。此外,赵曦、汪三贵、陆益龙、芦千文、虞崇胜等学者一致认为应创新资源管理体系,改革和创新扶贫工作机制,完善扶贫监管体系,这些对提升扶贫工作成效至关重要。

责,确立了各级审计机关可以独立行使审计监督权,明确了审计监督的基本原则,相关法律条款为各级审计机关开展审计监督提供了法律保障。只有保障审计监督依法独立,审计才能排除各种因素的干扰和掣肘,实事求是地揭示问题,客观公正地提出建议,真正成为改革发展、完善国家治理的推动力量。其次,模式和方法持续创新。针对复杂事项的审计,上下级审计机关同步审计、异地交叉审计、联网审计、跨区域协同审计以及利用社会中介和内部审计等多种形式,经过在实践中探索,逐步得到大力推广和应用,能够较好地整合人力资源,促进协作交流,提升审计综合业务能力,有利于在较大区域乃至全国范围内统一组织调配审计资源,在更大范围内实现人力资源的整合和协同协作,确保扶贫政策跟踪审计在更大区域内的协同实施。而且,随着大数据、云计算的渐趋成熟和广泛应用,大数据审计势在必行,传统的审计模式将发生根本性变革,从揭露风险、查错防弊转为对各种云平台运行的安全性、有效性进行审计。

国家审计在国家治理中发挥着重要作用,国家审计通过对国家治理体制机制的不完善之处提出改进要求,进而推动国家治理系统发生渐进性或实质性变革。① 国家审计促进扶贫工作体制机制完善的动因主要体现于:(1)促进体制机制完善是新常态形势下国家审计职能转型的需要。在经济新常态背景下,经济形势的变化对现有体制机制的运行带来深刻影响和挑战,而体制机制运行产生的问题迫切需要审计职能不断加以完善。为完善国家治理中的体制与机制,持续发现我国国家治理工作中的新问题以及实时追踪国家政策落实中的新情况已经逐步成为国家审计工作的重要内容。(2)促进体制机制完善是国家审计落实党中央、国务院决策部署的重要安排。党中央、国务院相继出

---

① 徐荣华和程璐在《国家审计促进体制机制完善的路径研究》中指出,国家审计体制机制完善的一般路径为"审计内容→发现问题→审计成果→促进体制机制完善",国家审计依此路径,首先明确国家审计的功能定位,明确审计目标,通过公共资金审计、金融审计、资源环境审计等发现现有体制机制存在的问题。在揭露问题的同时,要充分发挥建设性作用,重在揭示反映体制性障碍、制度性缺陷和重大管理漏洞。

台相关文件,在改革审计管理体制的同时,对国家审计发挥的职能不断提出新的要求。这些文件反复提到要求国家审计能够发挥促进体制机制完善的作用。因此,落实党中央、国务院文件的精神为国家审计促进体制机制的完善提供了动力。要更好地落实系列文件精神,国家审计的首要任务就是不断提高审计工作质量,揭示现有体制机制存在的问题,推动体制机制完善,以促进国家治理现代化和国民经济健康发展。国家审计机关更加需要提高自身政治站位,更加自觉维护党中央权威和集中统一领导,更好地发挥审计在党和国家监督体系中的重要作用,努力提升其服务价值。

二、　促进体制机制完善的路径分析

（一）强化国家审计理念和机制的创新

"理念"源于古希腊哲学家柏拉图的著作《理想国》,意指为现实世界之源的、永恒的、独立的、非物质的精神实体。莫茨与夏拉夫最早提出审计理念,指出审计是独立的科学,为解决问题需要抽象出审计理念。对于新时代带给国家审计理念的深远影响,部分审计人员缺少足够的重视和清晰的认识,彼此在视野格局、思维观念以及创新思想等方面存有诸多差异。国家审计在新时代的内涵应理解为国家审计机关以大数据、云计算为背景,依照特定的法律法规和标准规范,运用审计科学、大数据科学、网络科学、信息科学以及计算机科学的程序与方法,对国家机关、行政事业单位和国有企业的预算收支事项、行政管理活动以及相关资料的可靠性与科学性开展独立性的专业监督活动。新时代国家审计拥有独立性、开放性、继承性、动态性、协同性以及建设性等特征,具备数据处理、应用服务以及资源开发等要素相融合的大数据审计操控能力,其自身建设的高级目标即实现审计治理的信息化、数字化、立体化、智能化与常态化。

新时代对国家审计理念的冲击主要有:(1)审计思路。新时代国家审计将从追求因果关系决策转向追寻关联逻辑取证,从碎片化测试转向网格化治理,从事后取证转向持续性监测,从静态化制约转向动态化管控,从粗放式管理转向精细化治理,从封闭式监督转向开放式服务。(2)审计范围。新时代国家审计将从运用随机样本抽样转向运用全体数据审验,从探索精确数据取证转向融合异构化等混杂数据核查,从关注被审计单位内部对账取证向推进外部全网络稽核审计。(3)审计职能。传统审计职能涵盖经济监督、经济评价与经济鉴证。新时代国家审计职能应广泛拓展,应成为承载感知、识别、测试、评价、揭露、监测、预警、防御、服务、促进等任务于一体的职能体系。新时代国家审计的功能变革主要是由批判式审计转向建设服务型审计,实现由"审计风暴"向"免疫系统",再向"服务促进"的渐进式发展。(4)审计方法。传统审计方法涵盖查询法、核对法、审阅法、观察法、分析法、抽查法、详查法、盘存法、函证法与鉴定法等内容。新时代,国家审计在审计思路、审计范围、审计职能和审计方法等方面正在发生着改变,审计人员需要与时俱进,紧跟时代发展,注重理念创新。

新时代我国国家审计机制的创新是一种全方位的创新,要实现建成"集中统一、全面覆盖、权威高效的审计监督体系"的创新目标,国家审计机关必须从体制和制度改革、理论体系完善、质量保障体系等层面的创新与发展着手。首先,在体制和制度改革方面,国家已经建立中央审计委员会,从组织和制度方面建成在党的领导下集中统一的审计监督体制。目前,这项创新目标已基本实现或在改革中正在逐步实现。其次,在理论体系完善方面,国家审计机关应研究在构建集中统一的审计体制的前提下,如何建成全面覆盖、权威高效的审计监督和服务机制,如何形成一套成熟的国家审计理论体系。最后,在质量保障体系方面,国家审计机关应制定科学的质量管理方案,提供正确的长短期规划体系,分析质量管理计划的落实程度,遵循全员参与、制度完善、过程控制、协调配合、责权匹配和持续改进等原则,从职业道德保证、质量标准管理、组织协调保障、控制制度保障、人力资源管理、技术方法管理以及动态监测评价等方面多视角提升审计质量水平,创新国家审计的体制和机制,充分发挥国家审计所承载的各类功能。

(二)基于审计视角推进扶贫工作管理体制的创新发展

在扶贫政策跟踪审计中发现,扶贫政策落实工作中的激励和约束机制尚未形成有机的统一。约束机制主要在于及时制定各级责任主体扶贫指南或名录,建立扶贫工作责任清单,划定扶贫开发行为边界,加强财政监督检查和审计、稽查等工作,强化纪检监察机关的监督监察作用,严格督查问责。激励机制主要在于创新考评体系,提高减贫指标在考核指标中的权重,落实取消限制开发区域和生态脆弱的贫困县地区生产总值考核的要求,尽快出台扶贫绩效考核办法。国家审计机关需要通过审计手段促进扶贫部门的权责利分配,实现约束和激励的有机融合,促进扶贫工作的统筹协调,精准管理扶贫资源,加快推进行政体制改革和脱贫攻坚管理体制机制的创新。

推动各项脱贫攻坚工作顺利实施、有效提升扶贫开发效率有赖于脱贫攻坚管理体制的创新和完善。国家审计机关应更多地发现扶贫实践中的深层次问题,推进脱贫攻坚的法治化进程。一是从审计层面将扶贫立法提上重要议事日程。加快脱贫攻坚立法工作,使得扶贫开发以及脱贫攻坚走上法治化轨道具有重要的意义。加快脱贫攻坚的立法工作,有助于脱贫攻坚的长效化和常态化,有助于从法律层面加强对扶贫主体的约束性,以法律手段解决扶贫开发以及脱贫攻坚所面临的问题。二是基于审计层面促进扶贫立法的优化设计。国务院根据国家扶贫开发以及脱贫攻坚发展现状,并结合以往出台的法律法规、方针政策以及规划等文件,综合考量,听取各方意见,制定一部全面的、高层次的、强约束性的《扶贫法》,以统筹指导全国扶贫开发和脱贫攻坚工作。各地方政府依据中央制定的《扶贫法》,结合地方的扶贫特点以及经验,制定适合本地区实行的《脱贫攻坚条例》,并根据不同的扶贫部门以及不同的脱贫攻坚工作,制定更为详细的规章办法。至此,形成了从中央至地方,不同部门不同工作的、完善的脱贫攻坚法律法规体系。在扶贫审计实践中,国家审计机关能够全方位发现相关法律法规所存在的不足。为此,审计机关需要总结问题,并将有关信息传递给有关立法部门,以此促进扶贫脱贫法规的修正和完善。

　　促进脱贫攻坚长效化以及可持续化发展,在其体制机制设置上需要遵循科学化的指导原则。国家审计机关需要全面发现脱贫攻坚相关指标体系中存在的问题,并提出完善建议。科学、完善的指标体系,是规范各项脱贫攻坚工作,规范各部门扶贫行为的重要前提。一是国家审计机关和相关部门共同完善贫困识别指标。构建完备的贫困识别指标体系有助于准确识别出帮扶对象以及致贫原因。二是国家审计机关和相关部门共同完善贫困退出指标。构建全面的贫困退出指标体系是实现贫困户精准管理、扶贫资源精准配置的重要基础。三是国家审计和相关部门共同完善脱贫攻坚考核评估指标。脱贫攻坚的考核评估指标体系则是监督评估各级政府、各扶贫部门脱贫攻坚工作的前提条件。此外,国家审计机关需要建立社会公众参与机制,通过公众渠道广泛了解扶贫工作中存在的体制机制问题。社会公众参与是审计发现问题的重要保障。人民群众对扶贫实践中存在的问题、工作不到位等情况具有话语权。因此,无论是确定审计计划、实施审计过程、梳理审计线索还是处理审计问题等环节,都应当注重听取来自人民群众的意见,从社会公众所反映的问题中探索扶贫工作中的体制机制问题,进而基于社会公众渠道推动扶贫工作管理体制的创新。

第九章　大数据技术在扶贫政策跟踪审计中的应用

　　党的十九大报告提出,"中国特色社会主义进入新时代,这是我国发展新的历史方位"。新时代,大数据、互联网、区块链以及人工智能同实体经济深度整合,数字经济、共享经济与颠覆性技术生成社会发展的新动能,学科交融日益显著,这些因素迫切要求国家审计亟待改革管理体制,注重创新驱动,激发创新活力。新时代下,如何在扶贫政策跟踪审计中引入大数据技术,以及大数据技术在扶贫政策跟踪审计中如何应用已经成为学术界和实务界亟待解决的问题。

　　2014 年 10 月,国务院印发的《关于加强审计工作的意见》指出,"构建国家审计数据系统,探索在审计实践中运用大数据技术";2015 年 12 月,时任审计署审计长刘家义在全国审计工作会议上提出"推进以大数据为核心的审计信息化建设是应对未来挑战的重要法宝";2015 年 12 月,中共中央办公厅、国务院办公厅印发《关于实行审计全覆盖的实施意见》,提出"构建大数据审计工作模式,适应大数据审计需要,构建国家数字化审计平台";2016 年 6 月,审计署印发《"十三五"国家审计工作发展规划》,提出"拓展大数据技术运用,建设国家审计云,探索多维度、智能化大数据审计分析方法"。当前,我国关于大数据技术在扶贫政策跟踪审计应用的实务进展相对缓慢,亟须创新大数据审计理论对新时代扶贫政策跟踪审计实践进行指导,进而大幅提升扶贫政策跟踪审计主体运用信息化方式挖掘问题、评价判断与宏观分析的能力和水平。

第一节　大数据技术在审计中应用的发展态势分析

一、理论研究动态

(一)国内关于大数据审计的理论研究

1.大数据对传统审计的影响

大数据技术对审计范围、抽样技术、取证模式、报告方式、风险准则等方面都产生深远影响。秦荣生(2014)认为,大数据技术的产生和发展,正在逐渐影响审计技术和方法的发展,大数据技术促进了持续审计方式的发展、总体审计模式的应用、审计成果的综合应用、相关关系证据的应用以及高效数据审计的发展。鲁清仿(2015)认为,大数据对审计风险准则第1211号的影响主要体现在相关性关系和内部控制环境评价两个方面,对审计风险准则第1231号的影响主要体现在审计程序的性质与范围两个方面。王雯婷(2016)认为,大数据技术带给注册会计师(Certified Public Accountant,CPA)审计的机遇是促进审计质量和审计效率的提高,遏制财务舞弊,提高会计信息质量、提高审计的透明性和加强对审计的监管。龙子午(2016)认为,大数据时代对CPA审计风险的影响主要体现在大数据使得抽样审计向全样本审计转变,大数据降低信息不对称发生的损害以及大数据缩小被审计单位舞弊的空间。

2.大数据下审计模式与路径的变革

郑伟(2016)从逻辑流程、网络架构和应用架构等角度对大数据环境下的数据式审计模式进行完善性设计,并设计出数据式审计模式的应用效果评价指标体系。陈伟(2019)提出一种基于模糊匹配的审计模型,并借助自主研发的电子数据审计模拟实验室软件,以某税收数据审计为例,分析模糊匹配审计模式的应用。程平(2016)基于大数据下财务共享服务模式分别建立内部审计与 IT 审计的实施路径。孙泽宇(2016)和赵明浩(2017)通过嵌入大数据思维分别提出财务报告审计重构模型,基于不同类别数据之间的关联性甄别有关财务报告的重大错报风险和检查风险,基于体量庞大的数据样本挖掘可靠的财务报告审计证据,以及基于高速流动的数据验证有关财务报告的审计结论。

(二)国外关于大数据审计的理论研究

国外关于大数据与审计的关联研究极为零散,曹敏(M.Cao,2015)等论述了大数据分析如何提升财务报表审计的效率和效用。海伦·布朗·利伯德(Helen Brown-Liburd,2015)分析了大数据环境下审计师遇到的挑战,以及如何生成审计证据与整合审计过程。尹·科云格(Kyunghee Yoon,2015)等认为大数据分析应用于审计领域,将丰富传统审计证据的可靠性与相关性,并运用审计证据框架评估大数据的适用性。迈克尔·艾尔斯(Michael Alles,2016)等基于实证证据研究大数据技术纳入财务报表审计的优势与障碍,并确定可能使审计师受益的大数据的具体方面。

(三)文献述评

学术界对大数据审计的文献积累相对偏少,尤其在国外。大数据审计横跨审计学、数据科学、信息科学以及计算机科学等若干学科。基于学科领域视角,当前大数据审计研究存在的关键问题是研究视角基本停留在社会科学领域,仅就"审计学科"论述大数据审计,基于"数据科学"与"信息科学"等视角阐释大数据审计运行机理的文献极为稀缺,且不够深入,搜索到的相关文献仅有 5 篇,其中,南威亚·弗朗西斯(Navya Francis,2015)等基于 Mapreduce 框架研究了大数据货运审计,程平等(2016)阐述了基于 DBSCAN 聚类的大数据审计抽样,吕劲松等(2017)分析了大数据环境下商业银行审计非结构化数据的采集存储与处理分析。在未来,大数据审计理论研究应基于"工程学"视角,深化大数据技术在审计领域的广泛运用,深层次论证数据挖掘、机器学习、可视化等理论在大数据审计体系中的运作机制,从"技术"层面真正实现"大数据审计"理论研究"质"的飞跃。

二、 实务发展动态

2017 年 4 月,世界审计组织大数据工作组首次会议在南京召开,来自 18 个成员国的代表分别就本国大数据审计实务的发展情形进行主题交流。从会议分享的情况看,世界各国在大数据审计工作中都积累了一定的经验。英国在大数据审计分析中重点关注文本挖掘与机器学习的引入。美国通过立法确保审计大数据采集的准确性与可靠性,并在审计大数据分析中广泛应用数据挖掘技术、并行计算方法以及 Hadoop、SPSS 等软件与工具。印度尼西亚的中央财报数据在 2015 年为 6.4 亿条、在 2016 年为 7.1 亿条,预测性分析技术缓解了本国近 4000 名审计人员的压力。奥地利借助 R 语言实施大数据审计分析并建立 R 语言导师机制。挪威运用 R/Shiny 等开放源代码软件深入开发大数据审计应用程序。泰国基于 ppapt 等管理工具建立大数据审计应用软件包,并运用访问控制列表保障审计大数据安全。印度通过建立实施标准模型,广泛应用数据仓库、可视化等技术,大幅提升大数据持续审计能力。

近年来,我国大数据审计实务工作进展有序。2014 年 4 月,时任审计署审计长刘家义在天津调研时指出审计数据处理需要关注五个方面的关联。秉承"关联"理念,成都市审计局采集 10 余个重点行业下 3000 余家被审计主体的 20 余类电子数据,自主研发"大数据综合管理平台",湖北省审计厅建立以"一大网络、三大中心、六大系统"为中心的大数据审计平台,"一大网络"即电子政务外网,"三大中心"即交换中心、数据中心与数据备份中心,"六大系统"即 OA 管理系统、AO 实施系统、联网分析系统、结果分析系统、网上审理软件以及风险监控系统。①

　　梳理发现,我国大数据审计实践有以下不足:一是数据容量不够大。大数据技术处理的数量容量一般达到 PB 级,数据容量愈大,数据间的关联价值越高。目前我国特定审计主体的数据容量大多处于 PB 级以下,并未实现真正意义上的大数据。二是缺乏对大数据预处理、建模与分析等方面的技术与方法的系统性应用。尽管湖北省恩施州在医保审计中尝试运用 GIS 等可视化技术②,湖北省武汉市审计局在数据处理中应用 AO 与 SQL 技术③,但不够深入,还无法适应 PB 级以上审计大数据处理的需求。如今,国外在大数据审计中已广泛应用数据挖掘、机器学习、语义引擎、预测分析以及可视化等技术,而我国在此方面进展迟缓。当然,上述问题还有待于学术界与实务界的共同努力。

第二节　扶贫政策跟踪审计对大数据
技术的需求分析

一、　大数据审计需求及大数据关键技术的分析

　　需求分析是扶贫政策跟踪审计有效运用大数据审计技术的首要条件,它可使扶贫政策跟踪审计主体事先明晰任务需要与目标要求。大数据审计有横

---

　　①　资料来源于湖北省人民政府网站,见 http://www.hubei.gov.cn/zwgk/bmdt/201611/t20161117_919056.shtml。

　　②　资料来源于湖北省人民政府网站,见 http://www.hubei.gov.cn/xxbs/szbs/estjzmzzzz_54954/201811/t20181113_13 68164.shtml。

　　③　资料来源于湖北省武汉市审计局网站,见 http://sjj.wuhan.gov.cn/sjdt_32/zhlt/202009/t20200916_1450394.html 和 http://sjj.wu han.gov.cn/sjdt_32/zhlt/202008/t20200817_1423343.html。

向需求与纵向需求之分。大数据技术的应用能为审计监督全覆盖提供更好的技术支持,审计效率得以提高,原有的审计模式也得到优化。[①] 同时,扶贫政策跟踪审计监督全覆盖也面临着大数据技术所带来的各种挑战。

大数据审计横向需求涵盖理念变革需求、组织管理需求、安全运行需求、规范与标准需求、过程优化需求、内外在环境需求、技术动力需求、理论与经验需求以及事件决策需求等诸多方面。大数据审计纵向需求是基于特定业务的总体任务需求、具体任务需求、流程需求、功能需求、组件需求、建模需求、取证需求、核验需求和决策需求。扶贫政策跟踪审计主体有必要以扶贫政策跟踪审计对象及类型为基准,基于战略全局视角发现扶贫政策跟踪审计"需求"的本质,秉承层次性、相关性、可靠性以及重要性等需求分析原则,确保扶贫政策跟踪审计应用大数据审计技术的可控性、效益性和可验证性。

大数据关键技术是扶贫政策跟踪审计顺利实施的技术前提。抛开大数据科学下的技术架构与数据智能,任何大数据审计理论与实践都将无从谈起。大数据有五项关键技术,即采集技术、预处理技术、存储与管理技术、分析与挖掘技术以及展现与应用技术。其一,采集技术承载着即时数据采集、既有数据采集、文字数据采集、日志数据采集、文件数据采集、图片数据采集以及视频数据采集等功能,相应技术有 ZeroMQ、ActiveMQ、Flume、Sqoop 及 Kafka 等。其二,预处理技术承载着大数据的加载、清洗、转换、脱敏、脱密以及抽取等功能,相应技术有 RestFul、Socket、Dubbo 及 Web Service 等。其三,存储与管理技术承载着结构化数据与异构化数据的存储及管理功能,相应技术有 S3 云存储、Neo4J、Solr、Hdfs、Lucene 及 Kudu 等。其四,分析与挖掘技术承载着大数据的实时分析、准实时分析、离线分析、机器学习、语音识别以及图片识别等功能,相应技术有 MapReduce、Spark、Akka、Mahout 及 Flink 等。其五,展现与应

---

① 马志娟和梁思源在《大数据背景下政府环境责任审计监督全覆盖的路径研究》中指出,大数据审计监督全覆盖提供了技术支撑,促进审计监督全覆盖的思维变革,促进总体审计模式在审计监督全覆盖中的应用。

用技术承载着文字展示、图画展示以及动画展示功能,相应技术有 iCharts、Echarts、Springy 及 Tableau 等。针对审计全局策划,审计主体需要规划关键技术与审计业务的融合策略,合理筹划特定功能需求下适用技术关于"which""why""when""where""what""how"的实际应用问题,突出技术优势,强化技术协作,力求为大数据扶贫政策跟踪审计方法的创新应用提供源动力。

二、 大数据扶贫政策跟踪审计的作用因素分析

大数据扶贫政策跟踪审计的过程开展、平台建设与流程再造有其特定的作用条件与依托效应。影响大数据扶贫政策跟踪审计开展的主要因素有四项。

第一项是挑战、风险、困境与变革。大数据时代,扶贫政策跟踪审计数据的真实性与全面性遇到挑战,大数据的控制、保护、分析、存储及其平台选择面临诸多风险,且大数据财务流程将更为注重异构数据的核算、归纳、处理与监控,以满足组织内部动态、实时、全面的战略管理需求,以及财务信息外部需求者多样化与个性化的决策需求,这些都为大数据扶贫政策跟踪审计带来现实困境。借此,扶贫政策跟踪审计主体应在依据证据、技术方法、组织管理以及策略架构等方面实现理念变革与模式创新,与时俱进,做好大数据扶贫政策跟踪审计的理念设计。

第二项是人员胜任能力。大数据扶贫政策跟踪审计是审计人员的主观见之于扶贫政策跟踪审计客观大数据的物化活动,其成功的关键在于审计人员的胜任力与团队行为的科学化。面对大数据扶贫政策跟踪审计跨学科等特征,扶贫政策跟踪审计机构在策划审计业务团队时,务必集合不同学科的专业人才,聘请相关背景的专家定期研讨,塑造和谐共荣的团队文化,实现知识互补、技术协同与经验共享,基于跨学科异质性知识的耦合致力于人员素质与团队力量的全方位提升。

第三项是扶贫政策跟踪审计运作方式。大数据时代,扶贫政策跟踪审计

运作方式发生"质"变,未来的扶贫政策跟踪审计将会实现从运用随机样本抽样转向运用全数据建模,从探索精确数据取证转向融合混杂数据建模,从追求因果关系决策转向追寻关联逻辑建模,从依托审计经验预测转向借助技术工具建模。

第四项是审计智能服务。大数据时代,人工智能将逐步成为扶贫政策跟踪审计实践的主流。当前,安永会计师事务所已尝试运用计算机技术辅助审核收入合同,运用机器学习分析大批量贷款合同,并估值测试。[①] 对于大数据扶贫政策跟踪审计智能服务的事前规划,审计主体应谋划两方面问题:其一是智能平台架构,该平台可设置审计用户登录、审计大数据导入、服务匹配、数据管理、智能取证、可视化报告以及历史查询等模块;其二是平台要素协同,该服务平台由系列大数据关键技术模型及其诸多相应组件组合而成,它们不是简单的叠加与凌乱的堆砌,而是目标的统一、功能的融合、任务的协调以及行为的协作。此外,大数据扶贫政策跟踪审计需要相应质量控制体系以保障常态化运行,其质量标准设计应事先融入全局筹划之中,重点考评计划的科学性、准备的充分性、实施的完善性、定性的准确性、分析的透彻性、判断的正确性以及成果的应用性。

三、 大数据扶贫政策跟踪审计策略体系的模块构成

大数据扶贫政策跟踪审计策略构建是抽象的知识凝练过程,它是针对每一个扶贫政策跟踪审计业务,在多类"经验选择"的最优解下,对扶贫政策跟踪审计流程执行行为的记录、分类与归纳,并发现普遍性规律。大数据扶贫政策跟踪审计策略体系可分解为以下六个方面。

其一是大数据扶贫政策跟踪审计规范与指南。该模块建设需要遵循实用性、科学性、全面性与持续性原则,涵盖基本要求、执业指南、技术标准、审计条

---

① 资料来源于 ZAKER 新闻官网,见 http://www.myzaker.com/article/585e1c1a1bc8e07924000004/。

例与质量目标等诸多方面,它们是扶贫政策跟踪审计主体执行业务程序的可操作性建议,是出具大数据扶贫政策跟踪审计报告的客观尺度。

其二是大数据扶贫政策跟踪审计风险评估与管理。大数据扶贫政策跟踪审计风险包含固有风险、控制风险与检查风险三个层面,且它们与环境风险、组织风险、人员风险、操作风险、数据可信风险、机密性风险、完整性风险以及技术黏合风险等相融合,该模块旨在全面梳理扶贫政策跟踪审计风险类别,确定风险评估机制,建立风险管理策略。

其三是大数据扶贫政策跟踪审计跟踪与挖掘。该模块要求审计主体事前策划与事后提炼大数据扶贫政策跟踪审计的持续跟踪机制,评判各类大数据挖掘技术、算法与工具的优劣之处与适用条件,组建"算法库""工具库""协议库"与"规则库",明确具体业务下不同挖掘技术的竞争与共生机制。

其四是大数据扶贫政策跟踪审计模式构建与流程取证。该模块要求审计主体将特定业务划分为若干过程,建立每一过程下的实施步骤,如采集过程下数据源如何获取,异构数据如何传输与接入;再如抽取过程下如何实施数据的增量抽取与全量抽取,以及在取证环节中如何实现模型构建、实质性测试、模式发现以及模型评估。

其五是大数据扶贫政策跟踪审计威胁诊断与预警。该模块要求审计主体如何设计威胁数据的采集、诊断与管理,如何监控"威胁源"并与"预警源"相衔接,如何促进审计预警信息的集合、修正与发布,对多源多模态信息集成、数据时效性检验以及元数据管理等预警技术如何正确应用,如何界定威胁等级并确定预警策略响应。

其六是大数据扶贫政策跟踪审计免疫自稳与免疫防御。该模块要求审计主体基于既有经验推进大数据扶贫政策跟踪审计策略决策功能的参数化与标准化,运用自有"记忆"提升新业务决策供需的一致性、耦合性与自稳性,基于非特异性免疫防御利用现有制度、经历与文化甄选多样化风险控制方案,基于特异性免疫防御研判大数据扶贫政策跟踪审计中遇到的新问题,拓展与深化大数据扶贫政策跟踪审计技术方法、模式流程与策略建议,通过持续同"威胁源"发生作用进而促进扶贫政策跟踪审计执行力,培育特定知识实现对扶贫政策跟踪审计新威胁的即时应答。

第三节 大数据技术应用于扶贫政策
跟踪审计的理论分析

一、 大数据采集技术在扶贫政策跟踪审计中的应用

基于大数据技术的扶贫政策跟踪审计需要借助足量且有效的数据证据,才能实现查错与监控的目标。2016 年 6 月,审计署发布的《"十三五"国家审计工作发展规划》指出,截至 2020 年将实现对经济社会各类主要信息数据的全归集。当前,这一愿景还未实现。大数据下,如何确定扶贫政策跟踪审计信息数据的采集范围,是深层次问题。在传统审计时代,扶贫政策跟踪审计数据的采集仅停留在被审计单位货币性的财政、财务以及经营信息,扶贫数据呈现结构化特点,基本的统计方法即可实现。

在大数据时代,扶贫政策跟踪审计数据呈现类型多、容量大等特点,扶贫数据采集渠道广泛延伸(见图 9-1)。扶贫政策跟踪审计数据的渠道主要来自四个方面。其一是互联网平台下的媒体资讯、门户网站、搜索引擎以及社交网络等数据。其二是被审计单位货币性数据,以及经营战略、技术研发、社会关系、治理能力、组织环境等一系列非货币性数据。其三是审计主体内部的经验数据、业务数据、管理数据以及预测数据。其四是其他渠道,如日志数据、传感数据、经济数据、行业数据、政策数据等等。上述渠道数据半结构化与非结构化居多,有文本、文档、日志、网络、图像、图片、音频、视频、报表、HTML 以及 XML 等诸多形式,潜藏着巨大的应用价值。

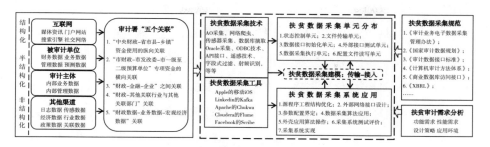

图 9-1　大数据采集技术在扶贫政策跟踪审计中的应用设计

絶大多数零散扶贫数据并不产生审计效用,只有从 GB 级数据群中,将相关价值数据整合于一体,按特定逻辑关联建立主题数据库,扶贫政策跟踪审计大数据才能够彰显其关联协同价值。基于此,扶贫政策跟踪审计大数据并非上述渠道的散乱式获取与机械化堆砌,而是在特定逻辑框架下的指导性定域与有机化融合。审计署关于审计数据工作的"五个关联"思想为扶贫政策跟踪审计大数据采集提供科学的指导,即中央、省、市、县、乡的纵向关联,市各级预算单位的横向关联,财政、金融、企业的跨业关联,财政、其他行业、其他部门的跨界关联,财政、业务、宏观经济的跨域关联。该指导思想解决扶贫政策跟踪审计大数据采集范围问题,实现扶贫政策跟踪审计大数据采集的针对性、目的性、关联性与时效性。扶贫政策跟踪审计主体有必要借鉴该"关联"理念,强化扶贫政策跟踪审计大数据采集的事前规划与统筹,避免数据的全范围采集,减少数据过载与人力耗费,持续优化扶贫政策跟踪审计大数据采集的范域培植。

扶贫政策跟踪审计大数据采集体系离不开技术与工具的强力支撑。基于扶贫政策跟踪审计层面的大数据采集技术有很多(见图 9-1),如 AO 采集、网络爬虫、传感器采集、数据库摘取、ODBC 技术、遥感技术、网络流量、元搜索、射频识别以及基于属性、关系与信息的多层过滤机制,等等。对于结构化与半结构化扶贫政策跟踪审计数据的采集,可以运用 AO、Oracle、SQL Server、FoxPro、DB2 等技术,如乌鲁木齐市审计局运用 ODBC 技术,在 ACCESS 数据库中导入财政系统 2015 年度决算报表.dbf 电子数据,并转换至 SQL Server 数据库,再依照报表结构的汉化数据表实现数据采集。未来,扶贫政策跟踪审计大数据将实现整个经济社会领域的全归集,数据量会在 PB 级基础上向 EB 级或 ZB 级延伸,非结构化数据将占较大比重。非结构化数据类型繁多,无标准格式,对其采集需要专业技术。如扶贫反腐败审计中,微信数据采集方式为经过 OAuth 2.0 网页授权认证后,运用相应 API 接口截取扶贫腐败数据;再如,对于富文本文档(RFT),Microsoft 等公司开发 RichTextBox、TRichTextBox 等控件,扶贫政策跟踪审计主体可以借助相关控件,直接获取 RTF 数据。此外,Facebook、Apple 等公司分别开发 Scribe、iOS 与 Chukwa 等数据采集工具,扶贫政策跟踪审计主体可以基于数据采集的功能需求、性能需求、设计策略与应用环境予以改进,建立适用于自身的非结构化数据采集技术方案。

过程建模是扶贫政策跟踪审计大数据采集系统构建的关键环节,它依托 Hadoop、HBase 以及 RDBMS 等基础系统,受数据采集标准与规范所约束,并寓于数据采集下技术工具、单元分布与系统应用等支持模块之中。扶贫政策跟踪审计大数据采集建模主要包括:(1)传输。扶贫政策跟踪审计主体可以运用 Sqoop 工具建模,在 postgresql、mysql 等数据库与 Hadoop 等系统之间实现数据互动,在 Hive、HBase 与 RDBMS 之间进行数据传递。(2)接入。数据接入的作用是数据缓冲,主要解决数据采集与预处理的速度非同步问题。扶贫政策跟踪审计主体可以利用 Kafka 系统同步接入浏览与搜索等有关于网络的所有动作流数据,同时执行关于数据接入的上线处理、实时处理与离线处理。现实中,有许多成熟的数据采集建模系统可供扶贫政策跟踪审计主体借鉴,如 Splunk、Flume、Fluentd 与 Logstash 等,其中,Splunk 系统通过 Search Head 进行数据的聚合与搜索,依托 Indexer 执行数据的提取与索引,运用 Forwarder 实现数据的收集、变形与发送;Flume 系统支持任何格式的分隔符文件,支持 Netcat、Thrift、Avro 等各类源协议,支持扶贫政策跟踪审计流数据源动态传输实时数据至 HBase 或 HDFS 之中,是高扩展的开源性扶贫领域数据采集系统。

二、 大数据预处理技术在扶贫政策跟踪审计中的应用

扶贫政策跟踪审计大数据预处理体系由数据的存储、抽取、清洗、转换与加载等模块组合而成(见图9-2)。近年来,扶贫政策跟踪审计大数据存储基本采用传统存储模式,主要基于 IDE、SAS、SCSI、FC、SACA 等接口实现服务器和硬盘的连接。随着审计云平台的出现,新兴的 Hadoop 分布式存储系统运用网络联结各离散存储单元,凸显无接入限制、低成本以及高可扩展性等优势。该系统融合 MapReduce(并行处理)与 YARN(作业调度),将成为扶贫政策跟踪审计大数据主流的网络存储模式。扶贫政策跟踪审计主体应熟知各类分布式存储技术,其核心是网络存储技术,包括 iSCSI、DAS、SAN 与 NAS,此外还涵盖高效元数据管理、系统弹性拓展、应用和负载的存储优化、存储层内优化、数据动态调度与优化、数据容灾以及针对存储器特性的优化等技术。扶贫政策跟踪审计主体需要基于大数据结构特征选取适用的数据存储子系统,对于结构化数据,采用分布式数据库存储;对于简单式半结构化数据,采用分布式键值存储;对于复杂式半结构化数据,采用分布式表格存储;对于视频、图片等非结构数据,则采用分布式文件存储。

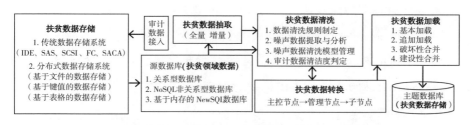

图9-2 大数据预处理技术在扶贫政策跟踪审计中的应用设计

扶贫政策跟踪审计大数据抽取有全量抽取与增量抽取,全量抽取是将扶贫领域源数据库中的全部扶贫数据进行复制与迁移,增量抽取是在前者基础上抽取自源表中新增、删除、修改的数据,其具体方法包含时间戳、触发器、日志对比与全表对比。扶贫政策跟踪审计主体应改进上述方法并建立适用于自

身的扶贫大数据抽取方案,如 Web 结构化数据可以采用页面标签抽取算法,半结构化数据可以采用基于本体的 Web 信息抽取算法,非结构化数据可以选择基于规则的数据抽取算法。此外,还有基于工作流、元数据抽取以及标签树匹配的系列抽取模型以供大数据审计借鉴。

数据清洗对提高扶贫政策跟踪审计大数据质量至关重要,对于数据一致性检测以及缺失值与无效值的处理,有诸多传统方法可供扶贫政策跟踪审计主体运用,如优先队列算法、排序邻居算法以及基于粗糙集、聚类分析、领域本体、规则引擎与遗传神经网络的清洗技术等。当前,新兴技术"云清洗"出现,其依托 Hadoop 框架,运用 MapReduce 模型,支持大数据清洗领域的广泛清洗操作,适应了未来扶贫政策跟踪审计大数据属性多样化及其更新频繁的清洗需求。扶贫政策跟踪审计主体应将其纳入预处理体系,基于实体识别、不一致性检测与修复、缺值填充以及真值发现等视角,完善扶贫政策跟踪审计大数据清洗规则,丰富噪声数据清洗理念,科学判定数据清洁度。

数据转换是将不同格式与语义的源数据转化为被扶贫政策跟踪审计用户所理解且与目标数据相一致的数据整合过程,其涵盖数据量纲的改变、数据格式的转化、数据内容的截取以及数据的拆分与合并。基于大数据技术的扶贫政策跟踪审计需要数据转换模块的支撑,如山西省审计厅与九鼎软件公司联合开发数据转换平台等。图 9-2 展示了数据转换模块的运行需要关注的五个方面,即 SQL Server、MySQL、Oracle 等各类数据库之间数据的转换,CSV、XML、ADO.NET 与 XSLT 等不同格式数据文件的转换,消息队列中的格式转换,不同数据模型之间的转换,以及特定数据模型下内容与结构的转化。扶贫政策跟踪审计主体应该借鉴 ODBC、MD5、OLEDB 等系列数据转换算法明晰上述方面的运行机理,基于本质实现由主控节点向管理节点再向子节点的层次转变。

数据加载是将转换后数据保存至主题数据仓库的过程,扶贫政策跟踪审计大数据加载方式主要有基本加载、追加加载、破坏性合并与建设性合并。数据加载模块下,扶贫政策跟踪审计主体应依据所属加载方式,融合 SQL Loader、World Wind、并行式数据加载以及分布式数据加载等相关技术,确定加载规则,全方位将价值数据映射至主题数据库相应字段之中,力求实现扶贫政策跟踪审计目标数据的批量装载。

三、 大数据分析技术在扶贫政策跟踪审计中的应用

由 IT 时代转向 DT 时代,传统分析技术已无法适应以非结构化为主流的扶贫政策跟踪审计大数据分析。面向未来的扶贫政策跟踪审计大数据分析系统的构建,扶贫政策跟踪审计主体需要深度融合 Hadoop 系统并以此作应用支撑(见图 9-3)。Hadoop 是一种基于 Java 的分布式系统基础架构,也是基于超大型数据集处理的高扩展的分布式计算系统。对于扶贫政策跟踪审计大数据而言,Hadoop 系统的组件相对完备,其中,MapReduce 框架由 MAP、Reduce 与 main 等函数相整合,适用于海量扶贫政策跟踪审计大数据集合的并行运算;HDFS 文件系统可以为扶贫政策跟踪审计主体提供高吞吐量的流式访问;HBase 数据库适用于非结构化扶贫政策跟踪审计大数据的分布式存储;Pig 流处理为复杂扶贫政策跟踪审计数据的并行计算提供若干编程接口,优化 MapReduce运算;Hive 数据仓库工具支持类似 SQL 语言的查询功能,适用于将 SQL 扶贫政策跟踪审计语句变换为 MapReduce 任务进而开展扶贫政策跟踪审计大数据常规性分析;Avro 工具可便捷压缩二进制数据并序列化,适用于远程大规模扶贫政策跟踪审计数据的交换应用以及动态语言结合;Zookeeper 运用层级命名空间实现分布式集群系统的进程协作,支持扶贫政策跟踪审计大数据分析的域名服务、组服务、分布式同步与配置维护。Hadoop Manager 涵盖安装、部署、配置、监控、预警与访问控制等服务,其任务是基于上述层面实现 Hadoop 基础框架与扶贫政策跟踪审计大数据分析系统的对接与融合,以 Hadoop 应用为视角对大数据扶贫政策跟踪审计分析实施全局管理与集群监控。

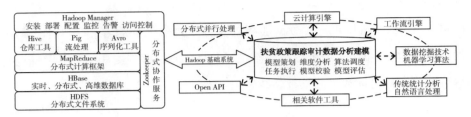

图 9-3　大数据分析技术在扶贫政策跟踪审计中的应用设计

构建扶贫政策跟踪审计大数据分析系统必须依托过程建模,这是因为过程模型能够满足不同功能下扶贫领域审计的决策需求。扶贫政策跟踪审计大数据分析建模的动力因素涵盖五个方面。其一是分布式并行处理。面对容量巨大的扶贫政策跟踪审计数据,集中式串行处理有诸多弊端,扶贫政策跟踪审计主体只有借助分布式并行处理系统,才能将海量目标扶贫数据分割成块,由多台计算机协同处理,并基于时间与空间的并行计算同时执行多项指令,及时扩充问题求解规模进而解决复杂扶贫政策跟踪审计计算。其二是引擎组件。图 9-3 主要包含云计算与工作流两项引擎。云计算适用于超大规模的虚拟化计算,扶贫政策跟踪审计主体可借助云引擎开展各类功能的应用设计,也可运用同一个"云"执行不同需求的扶贫政策跟踪审计分析。工作流是开发适用的过程逻辑并确保扶贫政策跟踪审计分析的弹性、易维护性与稳定性,扶贫政策跟踪审计主体需要基于流向管理、流程的节点管理与流程样例管理,运用分片式处理器增强扶贫政策跟踪审计分析的引擎,促进扶贫政策跟踪审计分析的同步实施与效率优化。其三是方法库。图 9-3 中分析建模的适用方法有很多,如传统统计分析、自然语言处理、MOLAP 技术、OLAP 分析、语义分析、SQL 查询等,其中,数据挖掘技术与机器学习算法是扶贫大数据审计分析的核心手段。其四是相关软件工具。扶贫政策跟踪审计大数据分析系统需要融合现有成熟的分析软件,如 SPSS、SAS、R 语言、OA、RapidMiner、Oracle、Iat aBridge、HPCC、KNIME 与 Weka 等,它们的运用将丰富扶贫政策跟踪审计分析的多样性,降低分析流程的开发与测试成本。其五是 Open API。其为扶贫政策跟踪审计大数据分析系统提供与第三方系统开放式扩展的数据应用接口。图9-3的过程建模恰恰在上述诸多因素的驱动下,实现有关扶贫政策跟踪审计大数据分析的模型策划、维度分析、算法调度、任务执行、模型校验与模型评估,进一步推进扶贫政策跟踪审计大数据分析的智能化建设。

数据挖掘是扶贫政策跟踪审计大数据分析的高层级应用,其分为结构化数据挖掘与文本挖掘,前者是基于关系型数据库的数字挖掘,后者是基于自由开放文本的半结构化或非结构化的文本挖掘。数据挖掘技术在图9-3中分析建模的运用可分为两个步骤:一是数据降维,二是挖掘模型算法设计。扶贫政策跟踪审计大数据降维方法有线性与非线性之分,具体包括主成分分析、独立成分分析、线性判别分析、随机投影分析、等距离映射、局部线性嵌入、扩散映射、几何局部嵌入以及基于准点、统计相关与自适应的降维算法等。挖掘模型算法可分为有监督与无监督两类,其中,有监督模型涵盖以决策树、贝叶斯、K-邻近与逻辑斯蒂为主导的分类方法,以及以一元回归、多元回归、逐步回归与 Logistic 回归为主导的回归分析;无监督模型涵盖以层次、密度、网格、K-means、模糊 C-均值、K-中心点、K-原型、量子、粒度与高斯混合为主导的聚类方法,以 Apriori、FP-Growth、串行、频繁项集与频繁子图为主导的关联规则,以及基于分布、深度、距离、密度、偏离与频繁模式的离群点诊断。数据挖掘关键在于从上述系列技术中如何选择最为合理的方式,发现扶贫政策跟踪审计大数据的结构与关系,执行简约计算与群智计算,深度挖掘扶贫政策跟踪审计信息中的内在知识与规律。为此,扶贫政策跟踪审计主体应结合应用数学、统计学、大数据科学、信息科学和计算机科学等相关学科理论,熟悉各类挖掘技术的特点与适用条件,明确挖掘目标,做好相应算法的调整、移植与改进,建立正确的挖掘模型,实现扶贫大数据下的科学审计取证。

机器学习是一种使获取知识自动化的计算方法的智能学习,其以信息论、控制论、计算复杂性理论、人工智能、神经生物学以及生理学等学科为理论基础,广泛应用于金融等众多领域。2016 年 7 月,国务院发布的《"十三五"国家科技创新规划》指出,大力发展先进计算技术,重点加强机器学习等技术的研发与应用。此外,审计署发布的《"十三五"国家审计工作发展规划》强调,加强大数据技术运用,积极探索数据挖掘、智能分析等新兴技术。根据图 9-3 分析建模系统,可适用的机器学习算法技术包括 K-近邻法、支持向量机、朴素贝叶斯、决策树、人工神经网络、隐马尔可夫、迁徙学习、半监督学习、无监督学习以及 Bagging、Boosting 等集成学习。数据挖掘中大部分取证分析工作都是运用机器学习来实现的,机器学习算法是数据挖掘的核心构成,其深度融合于扶贫政策跟踪审计大数据挖掘技术应用之中。扶贫政策跟踪审计主体应用机器学习的任务具体有:(1)构架计算机系统与扶贫政策跟踪审计相关者之间的自然语言接口;(2)构造不完全扶贫政策跟踪审计信息的推理机制,加强自动规划审计大数据分析建模问题的能力;(3)掌握与模拟与扶贫大数据审计分析相关的学习过程,建立可发现新证据的智能扶贫政策跟踪审计流程;(4)优化机器学习在数据挖掘的分类、预测、关联与侦查等方面的运用,辅助数据挖掘完成其相应目标。有鉴于此,扶贫政策跟踪审计主体应做好训练参数的查询管理,基于扶贫政策实施的全学习周期完善分布式训练计算流程,全面优化并行学习等不同机器学习算法的遴选与设计。

四、 大数据可视化技术在扶贫政策跟踪审计中的应用

扶贫政策跟踪审计大数据可视化是基于计算机辅助设计、图像处理、信号处理、图形学以及计算机视觉等学科知识,运用计算机图形图像处理等相关技术,将扶贫政策跟踪审计大数据信息的内在结构转换为图形或图像的形式进行显示,并实施交互处理。图 9-4 的可视化系统涵盖两个层面:一是可视化交互分析,它是图 9-3 分析系统中扶贫政策跟踪审计知识创造的延续;二是可视化结果展示,它是立体化呈现扶贫政策跟踪审计证据的关键要项。人机交互与人工智能是可视化系统运行的基础引擎,智能主体如何由扶贫政策跟踪审计主体转换为理解可视需求的计算机,如何模拟人类智能将大量的隐性

数据按需取舍,如何基于扶贫政策跟踪审计认知在界面中智能化分析与展示显性规律,这些都直接影响扶贫政策跟踪审计的科学取证。

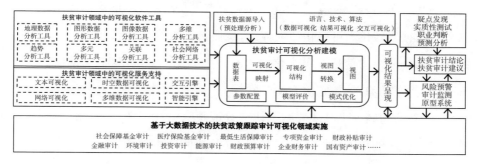

图 9-4　大数据可视化技术在扶贫政策跟踪审计中的应用设计

图 9-4 可视化系统还依托四项可视化分类的服务支持,它们分别是将非结构化扶贫政策跟踪审计文本转换为有结构且可视的文本可视化,将互联网的关联关系与层次结构数据转换为扶贫政策跟踪审计仿真界面模式的网络可视化,将时间标签与地理位置的多态高维扶贫政策跟踪审计数据转化为立体迁移图示的时空数据可视化,以及将若干维数下的属性数据转换为直观维度扶贫政策跟踪审计规律的多维数据可视化。上述不同类型的可视化都有其特定应用条件,扶贫政策跟踪审计主体有必要将可视化的具体任务与相应类型有机结合,力求做好可视化系统运营的正向驱动。

扶贫政策跟踪审计大数据可视化系统必须借助一系列方法才能实现扶贫政策跟踪审计数据向表格、图像、图形、地图、文件和标签云图等形式的转换。当前,已有众多方法可供扶贫政策跟踪审计主体运用,它们既适用于可视化建模分析,同时也适合于可视化结果呈现。对图 9-4 而言,在技术方面,可以选择平行坐标系、旋转坐标系折现、散点图矩阵以及基于图标、层次、几何与像素等可视化技术;在语言方面,可以选定 C、R、VB、Matlab、Dynamo 以及 UML 等可视化语言;在软件方面,可以选用 Excel、D3、Springy、Protovis、Processing、Sigma.js、Modest Maps、TimeFlow、Crossfilter、Gantti 以及 GeoCommons 等可视化工具;在算法方面,可以选取等值线、颜色映射、矢量场、标量场、张量场、并行绘制以及基于 GPU 的快速绘制等可视化算法。

图 9-4 的可视化交互分析过程相对复杂,其基本原理是首先运用可视化映射将数据表转化为可视化结构数据,然后再运用视图转换将可视化结构数据转化为立体视图信息。可视化映射是人与计算机之间对于视觉信息的认知、应用与互动的方式,它由五项要素构成,其中,任务、领域对象与用户为抽象要素,对话与表征为具体要素。扶贫政策跟踪审计主体应事先估测特定任务下最终视图的可能状态与基本知识,以及如何使用颜色、光亮度、形状等各类属性表现最终视图中所隐藏的特征与本质,并基于此优化参数配置,构建抽象要素与具体要素之间的一对一映射模型,借助可视化方法有效生成可视化结构数据。视图转换即图形绘制,扶贫政策跟踪审计主体应运用可视化工具,基于颜色量化、观察变换、图像几何变换、扫描转换与图像动态输出等要项,集合图形节点,梳理节点关联,树立视图容器标识,建立图像转换模型,设计视图动态原语,描述建模对象的状态转化,全力促进扶贫领域信息的立体化目标视图生成。可视化结果呈现是在对目标视图进行评价、修正与优化的基础上,将扶贫政策跟踪审计大数据分析结果直观形象地展示于扶贫政策跟踪审计主体面前,促进扶贫政策跟踪审计疑点发现。如江苏省常州市审计局针对建设项目跟踪审计涉及城市建设的多个领域,在部分建设项目审计中,利用 3S(RS,GIS,GPS)技术开展辅助审计[①],为审计工作的开展提供了强大的技术支持。再如青岛市南区审计局借助可视化技术,通过三维立体动态图示呈现不同时点扶贫预算资金"大盘子"的流动变化情况和变化趋势,有效提升了扶贫政策跟踪审计的科学化管理。

---

① 孟志华等在《3S 技术应用于政府绩效审计的作用机理探析》中指出,3S 技术作为时空数据处理的有力工具,能够从数据管理、查询与统计、空间分析以及结果表达等方面对政府审计提供帮助,且在推动政府审计结果多样化展示的基础上,有利于政府审计过程空间的建模和计量。

第四节　大数据技术应用于扶贫政策跟踪
审计的实践探索

一、　大数据技术助力扶贫政策落实"最后一公里"

（一）案例背景介绍

C 市有国家级贫困县 14 个,主要集中在连片贫困地区,2014 年有 1919 个贫困村、165.9 万贫困人口,截至 2019 年 11 月还有 98 个贫困村、22.5 万贫困人口未脱贫。2017 年,C 市有 5 个国家级贫困县通过国家专项评估检查、实现脱贫摘帽,位列全国第一。为促进中央精准扶贫、精准脱贫各项决策部署落到实处,充分发挥审计在脱贫攻坚中的监督和保障作用,2016 年以来,审计署 C 办严格按照审计署党组的部署,紧紧围绕"精准、安全、绩效"的主线,着力监督扶贫项目建设运营和扶贫资金绩效,跟踪检查扶贫相关政策落实情况,揭露发生在贫困群众身边的腐败和作风问题,完成了对 C 市 12 个国家级贫困县的扶贫审计。

（二）扶贫审计数据情况分析

扶贫相关数据的采集和整理是做好大数据分析的基础,为此审计署 C 办紧紧围绕金审工程数据分析平台,借助审计署统一采集和标准化地方电子数据的契机,按照审计署统一部署,及时归集财政、税务、工商等多个部门的电子数据,同时针对不同类别的扶贫政策分别采集了教育、交通、社保等不同行业主管部门的标准表数据。在此基础上积极利用审计署大数据分析平台的大数据开展多维度的对比分析和关联分析,形成了财政基础数据、行业标准表数据、审计署大数据平台数据互为补充的扶贫审计数据分析库。有关扶贫数据采集和整理情况见表 9-1。

表 9-1　扶贫数据采集和整理情况统计表

分　类	领域/数据来源部门	政　　策
财政基础数据	—	—
工商登记数据	工商	—
企业纳税数据	税务	—
车辆购置税数据	税务	—
个税数据	税务	—
国库集中支付数据	财政	—
财政供养人员数据	财政	—
职工基本养老保险数据	人社	—
医疗救助数据	卫计	—
审计署大数据分析平台数据	审计	—
全国海关报关单数据	海关	—
全国工商登记数据	工商	—
全国增值税发票数据	税务	—
贫困户建档立卡数据	扶贫	扶贫开发建档立卡工作方案
扶贫项目台账数据	扶贫、各部门	扶贫项目管理办法等
农村低保补助数据	民政	贫困户享受低保兜底
种植粮食直补数据	农业	种粮直补政策
农资综合直补数据	农业	农业综合补贴政策
退耕还林补贴数据	农业、林业	退耕还林农户直补和种苗费补助政策
扶贫补贴	扶贫	扶贫补贴政策
社会捐赠、帮扶资金数据	民间组织、慈善机构	社会捐赠、帮扶资金管理办法等
产业扶持周转金数据	扶贫	产业扶贫政策
生态护林员工资数据	林业	贫困户担任"生态护林员"政策
贫困残疾人补贴数据	残联	贫困残疾人补贴政策
小额贷款贴息	金融机构、扶贫、财政	扶贫小额贷款贴息政策
世界银行扶贫项目补贴数据	世界银行	世界银行扶贫项目
惠农补贴一卡通数据	扶贫	—

分　类	领域/数据来源部门	政　策
住房数据	房管	—
住房安全筛查数据	住建	—
危房改造数据	扶贫、住建	农村危房改造政策
易地搬迁数据	发展改革委	易地移民(脱贫)搬迁政策
集中安置数据	扶贫、住建	农村拆迁集中安置政策
贫困户参加城乡居民医疗保险数据	医保、扶贫	健康扶贫政策
贫困户医疗报销数据	医保、卫计、扶贫	建档立卡贫困户医疗报销财政补助政策
贫困户参加精准脱贫商业保险数据	扶贫、各商业保险公司	贫困户投保精准脱贫保等商业保险政策
贫困户参加商业保险理赔数据	扶贫、各商业保险公司	贫困户投保精准脱贫保等商业保险及赔付政策
医疗救助数据	卫计	—
建档立卡贫困家庭学生数据	教育、扶贫	教育扶贫政策
大学教育资助数据	教育	贫困户大学生享受"雨露计划""泛海计划"等教育资助政策
普高教育资助数据	教育、扶贫	贫困户高中生享受教育资助政策
职高教育资助数据	教育、扶贫	贫困户职高生享受教育资助政策
小学教育资助数据	教育、扶贫	贫困户小学生享受教育资助政策
学前教育资助数据	教育、扶贫	贫困户学前生享受教育资助政策
贫困户寄宿生活补助数据	教育、扶贫	贫困户学生寄宿生活补助政策

(三)大数据审计的主要思路与做法

扶贫审计涉及财政、扶贫、民政、教育、医疗卫生、交通、水利、保险、银行等多个部门,各自的政策制度千差万别,信息化程度参差不齐,只能根据不同类型的审计对象,结合各项扶贫政策,对相关部门的信息系统管理、数据传输等节点进行全面摸查,立足扶贫资金管理的数字化信息化基础,科学确定大数据分析的重点环节和重点内容,才能提高审计效率。

1. 突出扶贫项目这个重点,选准延伸审计的突破口

一是以扶贫项目信息为基础,集中归集,按类筛选。首先,从扶贫项目大数据入手,分别前往扶贫办、水利局、公路局等多个部门收集扶贫项目的相关数据和资料,并按固定格式进行清理、转换形成扶贫项目计划和建设情况标准表。其次,以此为基础,按乡为单位归集所有实施的扶贫项目,并根据项目种类、财政补助资金总额、项目进展情况等进行综合排序,拟定待延伸审计的行政乡或村。最后,在该乡或村所有实施的扶贫项目中,按项目投资总规模、财政补助资金总额、项目实施单位的集中度、项目类别等进行综合评估,选定需重点延伸审计的某一类项目,列出项目清单,实现该类扶贫项目在该行政乡或村的审计延伸全覆盖。

二是以扶贫项目资金为导向,关联分析,锁定疑点。通过将国库集中支付平台数据与财政供养人员、工商数据等进行关联比对,发现扶贫资金集中支付给个人或与财政供养人员有关联的企业等疑点和线索,对比项目信息,掌握收取扶贫资金的关联人员名单、项目内容和资金规模,在延伸项目时有针对性地重点关注各类疑点和各类线索。

三是以扶贫项目成效为落脚点,多方比对,发现问题。利用图纸、实施方案、验收图斑等数据,掌握项目分布情况,并利用地理信息系统(Geography Information Systems,GIS)、卫星遥感定位等地理信息技术,分析项目实施的成效,发现问题线索,确定需要延伸的项目和重点调查的乡镇、村。如在对退耕还林项目的实施情况进行审计时,审计组通过将林业部门提供的退耕还林图斑数据和国土部门提供的基本农田保护图斑数据进行对比分析,发现了部分退耕还林地块违规占用基本农田的问题线索。

2. 把握资金流向这条主线,衡量财政资金的使用绩效

一是以财政预算指标为龙头,紧贴资金流向,分析资金分配使用总体情况。通过对预算指标、转移支付、资金拨付等数据进行综合分析,摸清扶贫资金预算安排和分配的总体情况,发现专项转移支付资金占比较高,导致扶贫专项资金沉淀、难以及时有效使用的问题。例如审计发现 C 市某贫困区2016 年专项转移支付收入占比较高,占无专项用途的一般性转移支付收入的 56.82%。

二是关注扶贫资金流向,围绕重点资金、重点项目和重点环节,判断支出范围和内容是否合规。通过使用分类汇总、统计分组、相关分析等统计方法,对扶贫资金或涉农资金重复投向的私营企业和个人数据予以重点关注,审查是否存在重复申报项目、骗取套取等问题;对扶贫工程项目承揽集中度进行分析,审查是否存在无资质的企业或个人借用资质承揽工程等问题;采集金融机构发放给建档立卡贫困户用于特定用途的各类贷款数据,关注是否存在骗取、套取国家贴息资金等问题。对资金流向数据进行追查,重点查证是否有涉及扶贫资金的回流、进行利益输送等行为,发现县、乡、村基层干部利用管理扶贫项目、分配扶贫资金的职务便利假公济私、贪污受贿、谋取不正当利益等问题,为扶贫资金安全保驾护航。

3. 分析政策执行的受众面,确保精准扶贫"一个都不少"

扶贫审计工作的目标,就是促进中央精准扶贫、精准脱贫各项决策部署落到实处,充分发挥审计在脱贫攻坚中的监督和保障作用。因此,在扶贫审计中开展数据分析工作,必须围绕各项扶贫政策的贯彻落实这个中心,在熟悉政策、吃透政策的基础上进行多维度、多角度的数据分析,才能直观全面地说明政策落实情况。

一是研究政策的具体内容和要求,有针对性地提出数据采集需求,全面归集各类电子数据。只有研究掌握产业扶贫、教育扶贫、健康扶贫、金融扶贫、电商扶贫、易地扶贫搬迁等政策的具体内容和要求,才能全面、完整地提出数据采集需求,有效利用数据形成审计思路,建立大数据分析模型。

二是形成有效的分析思路,多方关联对比,审核政策落实的"盲区"。主要围绕《中共中央 国务院关于打赢脱贫攻坚战的决定》对教育、医疗、健康、金融等扶贫政策的要求,关注政策是否落实到位,确保精准扶贫"一个都不能少"。如将建档立卡贫困家庭学生数据与获取教育资助学生数据比对,发现贫困学生未能按规定享受教育扶贫政策的问题;将基本医疗保险参保数据与建档立卡贫困人口比对,发现贫困人口"应保未保"等问题;将贫困人口住院诊疗数据与财政补助数据进行比对,发现存在医疗报销未达到规定比例、未获得医疗救助等问题;将脱贫人口数据与住房、饮水安全等数据进行比对,发现脱贫不精准等问题;将贫困残疾人数据与贫困人口补助数据进行比对,发现贫困残疾人未获得财政补助等问题。

三是关注系统设置的有效性,对照政策复核查验,确保扶贫资金发放准确、完整。如,C 市从 2017 年起开始建立区县扶贫济困医疗基金,要求各区县按照建卡贫困户和民政救助对象人均 100 元的标准建立基金,对医保目录外的自付费用不超过总费用 30% 的部分,以 3000 元为起点设置四档超额累进补贴比率。救助对象享受补贴资金,不用单独申报、审批、计算,而是依托城乡医疗救助信息系统实现"一站式"报销。摸清政策和执行办法后,审计确定了大数据分析重点,按照救助办法规定的超额累进计算方法,对医疗救助信息系统中设定的救助资金计算公式进行了复核查验,发现截至 2017 年 2 月底,某县民政部门尚未将扶贫办甄别认定的建卡贫困人口信息导入医疗救助信息系统,导致部分符合救助条件的建卡贫困户无法享受补贴等问题。

(四)大数据背景下扶贫政策跟踪审计的实践成效

2016 年以来,审计署 C 办严格按照审计署党组的部署,紧紧围绕"精准、安全、绩效"的主线,着力监督扶贫项目建设运营和扶贫资金绩效,跟踪检查扶贫相关政策落实情况,揭露发生在贫困群众身边的腐败和作风问题,完成了对 C 市 12 个国家级贫困县的扶贫审计,共揭示了产业扶贫、教育扶贫、健康扶贫、交通扶贫等 9 大领域的 125 个问题,涉及金额 10.62 亿元,向 C 市纪委移送违纪问题线索 13 起、涉及 19 人。同时,审计署 C 办还注重加强督促整改,助推打通政策落实的"最后一公里"。

1.加强沟通协调,促进立查立改

一方面,审计署 C 办在审计过程中加强与被审计单位的沟通,对因政策认识不到位、信息共享不充分造成的问题,鼓励其立查立改,边查边改,推动扶贫政策尽快落地见效;另一方面,审计署 C 办分季度对审计发现的问题进行梳理,与 C 市审计局一道督促整改工作。同时,联合 C 市信用中心,在公共信用平台增设"政策跟踪审计"专栏,定期将审计署公告的问题进行公示,引起相关部门更多的关注,进一步强化审计问题的及时有效整改。如,审计署 C 办在 2017 年上半年审计中发现 C 市几乎所有贫困县都存在未对贫困户参加医保进行保费资助、未实现贫困人口"先诊疗,后付费"等问题,C 市根据审计结果狠抓整改,2017 年下半年后此类问题已不再出现。

2.积极出谋划策,提高审计整改的时效性

通过深入分析问题形成的原因、与被审计单位加强沟通交流、深入贫困户家庭进行调研等,积极为贫困县做好扶贫审计整改工作出谋划策,提高审计整改的时效性。如审计发现的贫困户患者未及时获得财政医疗补助的问题,通过分析发现,该县社保局和卫计委等部门需要贫困户患者提交医院就诊单据和发票等相应的纸质资料才能予以补贴,但多数贫困户患者由于对政策不熟悉、单据保管不善等原因,在就诊后未能按规定进行申请并提供相关资料,故未能享受到该补贴。审计组建议上述主管部门以医保数据为基础进一步简化补贴申请的手续,该建议得到了县社保局和卫计委等部门的充分认可,经县委、县政府统一研究后制定了细化的整改措施,及时向贫困户患者补发了医疗补助。

3.践行新工作理念,助力脱贫攻坚目标如期实现

审计署 C 办在审计过程中坚持依法审计、客观求实、鼓励创新、推动改革,实事求是地揭示、分析、反映情况和问题,做到"三个区分开来",推动政策措施落地见效,助力脱贫攻坚目标如期实现。如 2016 年,审计发现 C 市 M 县 N 镇 5 名乡镇干部将扶贫工程项目违规发包并收受贿赂的问题线索,通过审

计署移送 C 市有关部门后,相关人员受到撤职、严重警告等党纪政纪处分,涉嫌犯罪问题已移送司法机关依法处理。该问题被审计工作报告采用,中央纪委将其作为八起扶贫领域腐败问题典型案例之一予以公开曝光,在当地引起较大震动,警示作用明显。同时,审计署 C 办还实事求是地总结 C 市脱贫攻坚中的一些好做法,保护基层干部改革创新、干事创业的积极性。如 C 市整合生态移民搬迁补助资金、易地扶贫搬迁资金、市城乡建委管理的农村 D 级危房改造补助资金和市扶贫办管理的专项扶贫搬迁资金 4 个财政专项资金统一用于高山生态扶贫搬迁,审计署对此给予充分肯定,并且认为这是一种值得肯定的探索创新,这让 C 市的干部们吃了定心丸。中央电视台《焦点访谈》栏目对此进行了宣传报道,社会反响较好。

二、 GIS 技术在易地扶贫搬迁审计中的应用策略

扶贫审计的地域主要是广大贫困农村地区,地理空间范围广、跨度大,社会经济条件落后,自然地理环境较为恶劣,需要实施易地扶贫搬迁的地区更是分布在深山、荒漠化、生态环境脆弱、地质灾害易发、地方病多发等缺乏生存条件的地区。囿于审计任务重、时间紧、审计人员不足等因素,传统审计手段难以对易地扶贫搬迁等空间特征突出、业务区域范围大的项目逐一现场核查,也难以将问题地块还原到以前状态以确认审计问题,时间、人力成本高,影响扶贫审计质量和效率。本实践案例结合 C 市 14 个国家级贫困县的易地扶贫搬迁集中安置情况,对 GIS 技术在扶贫政策跟踪审计取证中的实践应用作以系统性分析。

(一)基本情况

如何对贫困地区的扶贫项目实施"无死角"的"审计全覆盖"、确保中央扶贫政策惠及每一位贫困群众,成为扶贫审计工作的"重中之重""难中之难"。借助 GIS 技术强大的空间分析功能和"图上作业"模式,是解决扶贫审计难

题的重要突破口。实际上,扶贫审计利用 GIS 技术可以将不同时点、区域范围的扶贫空间数据进行全覆盖处理,并通过坐标精准定位,提高审计发现问题的精准度和工作效率。表 9-2 阐释了 GIS 技术在易地扶贫搬迁审计中的具体应用,即基于 GIS 技术的易地扶贫搬迁集中安置点地灾评估开展情况分析。

表 9-2　GIS 技术在易地扶贫搬迁审计中的应用说明

应用名称	基于 GIS 技术的易地扶贫搬迁集中安置点地灾评估开展情况分析
业务领域	□政策落实跟踪审计　□财政审计　□税收征管审计　□教科文卫审计　☑农业农村审计　□固定资产投资审计　□社会保障审计　□自然资源和生态环境审计　□金融审计　□企业审计　□涉外审计　□经济责任审计　□通用　□其他
技术类型	☑数据采集技术　□数据预处理技术　□数据存储技术　☑数据综合分析技术　□数据挖掘技术　□数据展现和应用技术(数据检索、可视化、应用、安全等技术)　□综合管理平台　□其他
技术手段	GIS、ArcGIS 软件

(二)应用背景

GIS 技术在计算机软硬件系统支持下,具有对地球表面空间中有关地理分布的数据进行采集、存储、管理、运算、分析、显示和描述等功能。GIS 技术利用地图独特的视觉化效果和地理分析功能,与常规的数据库操作(查询、统计分析等)集成在一起,与其他信息系统相比,其最大的优势在于对空间信息的存储管理和分析能力。目前 GIS 技术已从传统 GIS 发展衍生出网格地理信息系统(Grid GIS)、三维地理信息系统(3D GIS)、时态地理信息系统(Temporal GIS)、移动 GIS 等产品,为解决多场景多层次多目标下地理信息问题提供有效方案。GIS 技术多用于国土规划、城市交通、气象水文、应急救援、动态监测等领域。近年来,随着大数据审计模式的日臻成熟,GIS 技术在国土资源审计、环境保护审计等方面应用越来越多,但较少用于扶贫审计中。

（三）应用功能

GIS 技术方法应用旨在解决两方面审计问题：一是充分挖掘、利用地理空间数据，解决传统审计方法"数据盲区"问题。传统数据分析方法主要基于财务业务数据等结构化、非空间性数据，对非结构化和地理空间数据的挖掘利用存在较大局限性，形成"数据盲区"。如，对于本案例中集中安置点是否位于地质灾害易发区，并没有现成的结构化数据可用，但分析发现，地质灾害防治部门有地质灾害易发程度分区图斑数据，而扶贫主管部门掌握易地扶贫搬迁集中安置点建设数据，这两种数据在空间上具有很强的关联性，因此可以通过解析两者间的空间关联特征来确定集中安置点的地灾分布情况。二是突破地理空间限制，解决审计人员"分身乏术"的问题。在任务重、时间紧、人手不足的情况下，审计人员难以在地理空间跨度较大的多个地区同时进行审计，GIS 技术为空间特征明显的审计场景提供了解决方案。如，在本案例中 3 名审计人员利于 ArcGIS 软件在 2 周内完成对 14 个区县的审计核查。

（四）数据准备

C 市 14 个国家级贫困县易地扶贫搬迁集中安置的相关数据整理如表 9-3 所示。

表 9-3　C 市 14 个国家级贫困县易地扶贫搬迁集中安置的相关数据

序号	数据来源	采集方式	采集量	标准化处理	备　注
1	集中安置点经纬度坐标	组织相关人员利用 GPS 工具箱现场测量	14 个国家级贫困县"十三五"时期新建或续建的 416 个集中安置点	高分辨率遥感影像对经纬度坐标进行校验	—
2	高分辨率遥感影像	地理信息部门提供	14 个贫困县 2018 年的高分辨率遥感影像	影像校正、云层处理等预处理	用于校验经纬度坐标的准确性

续表

序号	数据来源	采集方式	采集量	标准化处理	备　注
3	地质灾害易发程度分区图斑	地质环境监测部门提供	全市地质灾害易发程度分区图	—	用于分析安置点选址是否位于灾害易发区
4	地质灾害评估备案台账	地质环境监测部门提供	14个国家级贫困县"十三五"时期地灾评估备案台账	—	用于初步比对核实未进行地灾评估的集中安置点
5	集中安置点的立项审批资料	发展改革委部门提供	14个国家级贫困县"十三五"时期未出现在地灾评估备案台账的集中安置点的立项审批材料	—	用于确认未进行地灾评估的集中安置点
6	地质灾害发生台账	地质环境监测部门提供	14个国家级贫困县"十三五"时期发生的所有地质灾害登记台账	—	用于初步判断未做地灾评估的集中安置点是否发生过地质灾害
7	地质灾害现场勘查报告、处置情况报告	地质环境监测部门提供	14个国家级贫困县"十三五"时期未做地灾评估且发生过地质灾害的集中安置点的地质灾害现场勘查报告、处置情况报告	—	用于掌握集中安置点地灾损害情况、威胁贫困户人数等信息

（五）应用步骤

1. 收集并校对集中安置点坐标信息，找出选址位于地质灾害易发区的集中安置点

（1）从发展改革委收集"十三五"时期易地扶贫搬迁集中安置点（以下简称"集中安置点"）台账。

（2）利用扶贫办的"全国扶贫开发信息系统"，获取集中安置点的经纬度坐标。

（3）重新采集集中安置点的坐标信息。若通过"全国扶贫开发信息系统"获取的经纬度坐标信息不准确或不完整，需要通过人工重新采集。

a. 请各区县发展改革委组织各个乡镇相关人员，安装使用手持测量工具

"GPS 工具箱"手机 APP,到安置点现场测量,记录经纬度坐标。

b. 校验安置点经纬度坐标的准确性。基于 ArcGIS 软件,利用收集到的安置点经纬度坐标和高分辨率遥感影像,判断安置点是否落在居民点上。经上述两步可获得大部分集中安置点的准确坐标信息。

c. 分析安置点选址是否位于灾害易发区。基于 ArcGIS 软件,利用经校验准确的安置点经纬度坐标,与地质灾害易发程度分区图斑叠加分析,筛选出位于地质灾害易发区的集中安置点。

2. 分别从发展改革委和规划与自然资源局获取数据比对核实出未进行地灾评估的集中安置点

(1)从规划与自然资源局的地质环境监测总站取得 2016 年以来备案的地质灾害评估备案台账,与审计筛选出的位于地质灾害易发区的集中安置点进行比对,初步筛选出没有做过地灾评估的集中安置点(每个安置点做地灾评估前都必须到规划与自然资源局的地质环境监测部门进行地灾评估备案,评估结果出来后要提交地质环境监测部门,组织专家评审,最后由地质环境监测部门审查认定)。

(2)从发展改革委调取未在地质环境监测部门备案安置点的立项审批资料,确认其是否做过地质灾害性评估(地灾评估报告是申请立项的必备文件)。

3. 寻找产生后果的典型案例

从地质环境监测部门获得近三年地质灾害发生台账,然后结合上述分析出的未进行地质灾害性评估的集中安置点,核实是否存在已经发生地质灾害、威胁贫困群众住房安全的情况。如存在,进一步获取地灾现场勘查报告、处置情况报告等资料,掌握安置点地灾损害情况、威胁贫困户人数等信息。

(六)应用效果

该项技术方法的应用较大程度地提升了审计工作的质量和效率。由于 ArcGIS 技术具有很强的地理空间数据利用和分析能力,能够在一定程度上突破地理空间的限制,大幅减少了审计工作对现场核查的依赖程度,一定程度上实现了"图上作业"。在本次审计中仅依靠3名审计人员在2周内即完成了对某市14个国家级贫困县易地扶贫搬迁集中安置点地质灾害危险性评估开展情况的取证工作,反映了"某市9个国家级贫困县易地扶贫搬迁集中安置点未按规定开展地灾评估即开工建设,贫困户住房面临安全隐患"的问题。大幅缩短了数据采集和数据分析时间,扩大了审计覆盖面,节约了审计资源。审计反映问题后,相关部门紧急安排对集中安置点进行地质灾害后评估,并根据评估结果采用防护措施,切实保障贫困群众的住房安全。

(七)应用特点

1. 技术优点

ArcGIS技术具有很强的地理空间数据分析能力,一方面能够高效处理传统数理分析方法难以处理的数据,即无处不在但一般难以有效利用的地理空间数据(非结构化数据);另一方面,能够突破地理空间的限制,减少了审计工作对现场核查的依赖程度,一定程度上实现了"图上作业"和跨地区非现场同步审计。

2. 技术缺点

数据分析结果的准确性取决于坐标数据的准确性和遥感影像的分辨率。一方面,目前各地扶贫工作中对坐标信息的收集管理工作不够重视,坐标数据质量参差不齐,需要组织当地相关部门进行现场测量获取坐标数据,而所测量地区的地形条件、海拔高低又影响测量工具的精准度,因此增加了一定的工作量。另一方面受天气、成像设备、行政等级等因素影响,部分遥感影像数据尤其是乡村地区遥感影像数据的分辨率不一定能够满足数据分析的精度要求,可能对开展ArcGIS分析增加一定的难度。

3. 主要创新点

ArcGIS技术多用于国土规划、城市交通、气象水文、应急救援、动态监测等领域,很少用于扶贫审计领域,尤其是易地扶贫搬迁集中安置点地灾评估方面。审计组利用 ArcGIS 技术实现了在短时间内对地理跨度较大的多个地区的同步审计。为解决已有的坐标数据质量不高的问题,审计组首次尝试组织相关人员利用手持 GPS 工具现场测量坐标数据,取得了较好的效果。

(八)推广建议

1.注意事项

一是确保坐标数据的准确性。坐标数据的准确性影响数据分析结果的可用性,使用坐标数据前应随机选取部分坐标进行校验,确保坐标数据的准确性。坐标数据分为经纬度坐标和平面直角坐标,如果利用的是平面直角坐标,还应注意明确坐标采用的坐标系,只有转换成与 ArcGIS 分析底图(遥感影像或图斑数据)相同的坐标系才能进行叠加分析。二是使用高分辨率遥感影像。遥感影像的分辨率越高,数据分析结果越准确。

2.推广价值

在大力推进审计全覆盖的背景下,审计人员面临的审计任务更重、时间更紧、要求更高,只有向大数据技术要资源和效率,才能不断提升审计质量和效率。ArcGIS 技术的优势在于能够挖掘利用地理空间数据,突破地理空间的限制,减少对现场审计的依赖程度,一定程度上实现了"图上作业"和"跨地区作战",极大提高了审计覆盖面和节约大量审计资源。

3.优化建议

一是优化审计培训体系,将 GIS、高分遥感等大数据前沿技术纳入专项培训计划,培养审计人员运用大数据思维思考和分析问题的意识,增强对地理空间数据等非结构化数据的挖掘利用能力;二是加快建立与地理信息、测绘等技术部门的协作机制,通过购买技术服务,充分发挥"外脑"在审计中的作用。

第十章 研究结论与展望

第一节 研究结论

一、 新时代贫困问题的特点发生重要变化，乡村振兴战略的实施能够实现与脱贫攻坚的辩证统一①

新中国成立以来，我国在扶贫领域取得了巨大成就，特别是党的十八大以来，全国现行标准下的农村贫困人口由 2012 年年底的 9899 万人减到 2019 年年底的 551 万人，贫困发生率由 10.2% 降至 0.6%，连续 7 年每年减贫 1000 万人以上。然而，"农村空心化""农业边缘化""农民老龄化"等"新三农"问题逐渐浮现，并和贫困问题互为因果、相互交织。脱贫领域"低垂的果实"已基本摘尽，深度贫困地区已进入攻坚阶段，相对贫困问题逐渐凸显。同时，贫困问题的特点也发生了重要变化：从原来普遍的经济落后致贫为主演变为相对资产和福利"剥夺"致贫为主；从原来的长期性贫困为主演变为暂时性贫困为主；从原来的外部因素致贫为主演变为内生因素致贫为主。

脱贫攻坚是决胜全面建成小康社会补短板、强弱项的重点任务，乡村振

---

① 本部分内容主要引用吕劲松、黄崑：《乡村振兴战略背景下扶贫审计路径创新研究》，《审计研究》2018 年第 4 期。

兴是全面建设社会主义现代化国家的重大战略,二者之间存在着内在统一的辩证关系:打赢精准脱贫攻坚战,让现行标准下贫困人口脱贫,解决区域性整体贫困问题,是实施乡村振兴战略的重要内容;实施乡村振兴战略,既有利于当前加快实现脱贫目标、巩固脱贫成果,也有利于从根本上改变贫困地区面貌。乡村振兴战略背景下扶贫政策的主要特征,具体体现在以下三个层面。

一是在扶贫政策目标的顶层设计层面。国家扶贫政策逐步走向制度化,扶贫不再仅仅局限于脱贫领域,而是要确保现行标准下全面脱贫,实现我们党"让贫困人口和贫困地区同全国一道进入全面小康社会"的庄严承诺。因此,政策目标由以往的单一"保生存"向"保生态、促发展、惠民生"转变,更加注重推进乡村绿色发展,提供更多优质生态产品以满足人民日益增长的优美生态环境需要,努力打造人与自然和谐共生的发展新格局,乡村振兴战略中所提到的"生态宜居"就是具体体现。

二是在扶贫政策的参与主体层面。政府主导、不同主体参与、制度化的组织保障和激励机制是国家扶贫政策"多元整合"的关键特征。现阶段,国家生态脆弱区、民族地区以及深度贫困连片地区三者的耦合、叠加给乡村振兴带来了巨大挑战。因此,解决制约乡村振兴的现实困境,势必要求政府、市场和社会主体紧密协作,融合多方力量,在清晰界定各自政策边界的前提下,建立相应的激励相容机制,为不同主体的融洽组合、良性互动带来可行性。

三是在扶贫政策的优化组合层面。主要体现在各级政府更加注重救济性扶贫政策、开发性扶贫政策和预防性扶贫政策等精准扶贫政策的优化组合。扶贫政策制定的实践逻辑逐渐由事后贫困援助向降低脆弱性和风险的事前干预迁移,更加注重通过增加"扶智""扶志"等方面投入来提高贫困户抵御陷入"贫困陷阱"风险的方式,进一步寻求解决代际贫困的有效路径。

二、 扶贫政策跟踪审计已经取得积极效果，但预防性和全覆盖程度仍存在不足

党的十八大以来,扶贫政策跟踪审计的显著特征是:努力实现审计全覆盖,建立健全脱贫攻坚政策落实和重点资金项目跟踪审计机制,持续加大扶贫政策跟踪审计力度。根据中华人民共和国审计署官网"审计署 2018 年大事记"公布的信息,截至 2018 年年末,审计署统一组织各级审计机关通过专项审计、跟踪审计等方式扎实推进扶贫审计工作,已累计覆盖全国 832 个国家扶贫开发工作重点县(含集中连片特困地区县)中的 766 个,覆盖面为 92%。审计结果表明,党的十八大以来,在以习近平同志为核心的党中央正确领导下,各地区各部门深入贯彻落实精准扶贫、精准脱贫基本方略,脱贫攻坚取得决定性进展。

扶贫政策跟踪审计在事后监督方面已经发挥了非常积极的作用,能够有效地发现扶贫政策过程中存在的一些违法违规问题。但是,一方面,扶贫政策跟踪审计较少对扶贫政策制定过程保持应有的关注,对政策前期制定和项目论证阶段,审计机关未能进行有效监督,预防性功能缺位;另一方面,现有的扶贫政策跟踪审计,尽管在事后监督方面已经发挥了积极作用,但尚不能将审计较好地嵌入扶贫项目执行过程中,不能有效提高扶贫资金的使用效率效果,不能在扶贫政策执行过程中的违规违纪事实发生之前就予以有效制止,也就不能充分发挥扶贫政策全覆盖跟踪审计的精髓。

作为公共权力监督者的国家审计,需要建立健全扶贫政策跟踪审计机制。完善的机制能够促使扶贫政策跟踪审计监督系统内各要素效能的高效发挥并有助于彼此间形成严密的逻辑关联,能够强力推进其在打赢脱贫攻坚战中审计监督全覆盖目标的实现。因此,有必要从运行、保障、评价、整改和成果应用等层面深层次探索扶贫政策跟踪审计机制,为高效开展扶贫政策跟踪审计提供理论借鉴,指导扶贫政策跟踪审计实践。

三、 大数据时代，需要将大数据技术贯穿扶贫政策跟踪审计的全流程

大数据给新时代扶贫政策跟踪审计带来前所未有的挑战，审计人员如何将结构化数据与非结构化数据相融合，如何在 PB 级数据中快速而精准提取有价值的信息，如何习惯并熟练获取及处理非结构化数据，这些都是"大数据驱动的扶贫政策跟踪审计"中亟待解决的难题。为此，需要从多学科融合视角，正确把握大数据审计的发展态势，在扶贫政策跟踪审计的顶层设计与全局规划过程中，将大数据关键技术全面融合于扶贫政策跟踪审计的全生命周期流程，且形成"风险→取证→预警→防御"的前后逻辑关联，进而由单一目标决策转换为高度融合的全系列目标决策，丰富了以往扶贫政策跟踪审计研究的单一范域，为新时代扶贫政策跟踪审计实务，组织开展扶贫政策跟踪审计提供"一站式"服务与"全覆盖"支持，深化问题解决方案，促进多轮驱动，全局共筑合力。

第二节　政策建议

一、 扶贫政策跟踪审计目标定位需要实现四个并重

针对研究过程中发现的现行扶贫政策跟踪审计已经取得的成果经验及在预防性功能缺位、审计全覆盖等方面存在的不足，为了更好地发挥审计监督在保障扶贫政策措施落实、实现精准脱贫中的积极作用，打好精准脱贫这场对全面建成小康社会具有决定性意义的攻坚战，扶贫政策跟踪审计目标定位上需要实现以下四个并重。

一是推动"单一"政策落实与"整体"战略实施并重。审计机关在扶贫政策跟踪审计过程中，必须树立系统论观点，深刻领会每一项扶贫政策的深刻内

涵及其对实现精准脱贫、全面建成小康社会的重要意义。以乡村振兴战略为例，乡村振兴战略的重大决策部署将其内含的量化思维和技术取向更加明晰化，从农业发展质量、脱贫攻坚、制度性供给等 10 个方面作出具体安排，明确了乡村振兴战略实施的时间表、路线图，构成了实施乡村振兴战略的整体政策支撑。同时也表明乡村振兴战略是中央解决"三农"问题的整体战略部署。

每一项扶贫政策跟踪审计，审计机关必须树立系统论观点，深刻领会乡村振兴战略与脱贫攻坚的深刻内涵及辩证关系，把审计工作放到推动实施乡村振兴战略和解决"三农"问题的高度去统筹考虑，实现从"单一"政策向"整体"战略支撑的转变，从关注脱贫攻坚、农村经济发展、农业产业结构调整等政策入手，重点了解支撑乡村振兴战略的各项政策落地情况，重点关注各地为保障乡村振兴战略顺利实施的配套政策是否符合实际，是否有利于推动城乡要素自由流动、平等交换，是否有利于促进公共资源城乡均衡配置，促进建立健全城乡融合发展体制机制和政策体系，确保乡村振兴战略分阶段实现政策目标。

二是揭示微观问题与提出宏观建议并重。乡村振兴战略事关新时代经济社会发展大局，既有利于推动解决城乡发展不平衡和农业发展不充分的问题，加快补齐农业农村发展短板，健全完善城乡融合发展的体制机制，从根本上破除城乡二元结构体制，促进城乡发展成果共享，也有利于扩大内需，挖掘农业农村消费需求，为新时代经济和社会发展提供新的动力。审计机关在扶贫政策跟踪审计过程中，要充分发挥法定性、权威性、独立性、专业性和全面性的优势，在查处、揭示微观问题的同时，提高政治站位，提升政策研究水平，切实增强宏观思维和把握大局的能力，更加注重从宏观视角关注乡村振兴战略作为一个整体在实施过程中与国家其他战略相关措施是否存在不衔接、不配套，影响各战略协同作用发挥的体制机制问题，从宏观大局角度提出操作性强的建议，更好地为国家经济社会平稳运行清障护航。

三是审计检查与调查研究并重。习近平总书记在 2017 年 12 月 25 日至

26 日召开的中共中央政治局民主生活会上指出,要在全党大兴调查研究之风,推动全党崇尚实干、力戒空谈、精准发力,让改革发展稳定各项任务落下去,让惠及百姓的各项工作实起来,推动党中央大政方针和决策部署在基层落地生根。自从在 2012 年中国共产党第十八次全国代表大会上作出了"不能落下一个贫困家庭,丢下一个贫困群众"的承诺以来,为了实现 2020 年全面消除贫困的目标,习近平总书记多次到我国大部分的特困地区调研,从高海拔的西藏等地到四川等丘陵地区,从"贫瘠甲天下"的甘肃定西到陕西的黄土高坡,都感受到了以习近平同志为核心的党中央给予的温暖。正因为源于对我国贫困现状及原因的精准把握,党中央和国务院才能提出切实有效的方针政策,指引各级政府开展扶贫攻坚工作并取得了决定性进展。审计机关要助力打好脱贫攻坚战,推动乡村振兴战略各项措施落地见效,就必须在方法论上做到审计与调研并重,在审计检查时,在召集群众座谈会、个别访谈以及蹲点调查基础上,多采取现代调查技术方法,如问卷调查、统计调查、抽样调查、网络调查等,不断改进看待问题的角度、转变处理事物的方式、提升体察民情的深度、加快走访基层的脚步。同时,针对扶贫工作中出现的新情况开展调研,积极落实党的十九大报告中关于脱贫攻坚任务的部署,以便早日实现国家的乡村振兴战略目标,做好审计政研这篇"大调研"文章,用审计与调研两翼助推乡村振兴战略各项措施和脱贫攻坚政策落地见效。

四是查处突出问题与推动整改问责并重。审计的基本功能是经济监督。首先在揭示扶贫政策落实和乡村振兴战略过程中存在的突出问题时,应认真践行依法审计、文明审计要求,遵循"三个区分开来",做到善于发现问题、敢于发现问题、深入分析问题、如实反映问题、提升成果质量。发现问题、揭示问题是手段,推动问题解决是目的。因此,应认真做好扶贫政策落实和乡村振兴战略实施审计整改的"后半篇文章",推动被审计单位落实整改主体责任,做到举一反三。对发现敷衍塞责、推诿扯皮等整改不力甚至虚假整改事项,要如实披露、推动问责。要以审计整改为契机,推动被审计单位从体制机制入手,补齐制度短板,健全相关改革配套措施的长效机制,健全相关领域和行业发展的长效机制,健全部门间协作配合的长效机制。

二、 新时代乡村振兴战略背景下扶贫政策跟踪审计路径的创新与完善

（一）聚焦"四个维度",进一步加强扶贫政策跟踪审计与乡村振兴战略相关政策的精准对接

精准是党中央脱贫攻坚方略的基本要求,是各级政府和相关部门实施脱贫攻坚的方法论,是事关脱贫攻坚成败的生命线。乡村振兴战略是党中央新时代"三农"工作的新战略,其核心是"战略"、关键是"振兴"、靶向是"乡村",是一个系统工程。从"产业兴旺、生态宜居、乡风文明、治理有效、生活富裕"20 字总要求可以看出其中的逻辑关系:产业兴旺是基础,生态宜居是前提,乡风文明是关键,治理有效是保障,生活富裕是目标。因此,在扶贫政策跟踪审计中,审计机关必须紧紧围绕"促进中央精准扶贫、精准脱贫各项决策部署落到实处,充分发挥审计在脱贫攻坚中的监督和保障作用"这个总目标,精准对接乡村振兴战略 20 字总要求,确定扶贫需要集中关注的重点,做到发力更加精准有效,确保扶贫政策跟踪审计取得实效。具体来讲,应重点从以下四个维度加以关注。

一是从政府综合施策的维度。农业是弱质产业,自身"造血功能"弱,抗风险能力差,更需要政府从户籍、土地、财政、税收、金融、社会保障等方面建立健全城乡融合发展体制机制和政策体系,通过政策引领资源配置到农村经济社会发展的重点领域和薄弱环节。因此,在审计中要重点关注各地政府贯彻乡村振兴战略制定的财政专项补助政策、金融政策、科技创新政策、农村人才培养政策、基础设施补助政策等是否符合实际情况,能否利用财政资金撬动社会资本进入乡村,发挥工商资本推动乡村振兴的积极作用。

二是从产业的维度。乡村振兴必须以产业兴旺为基础,使市场在农业资源配置中起决定性作用。因此,审计要重点关注各地在落实乡村振兴战略的产业政策过程中,是否因地制宜选择适合经济社会发展水平和资源禀赋的农业产业,产业是否绿色环保、是否有利于拓展农业产业链,带动和吸收更多农村劳动力就业,增加农民收入,实现真脱贫、脱真贫。

三是从资金投入和项目落地的维度。乡村振兴战略的重中之重,就是要使各种项目和资金发挥绩效。具体来讲,要重点审计三方面内容:(1)农村基础设施改善情况,如农村交通、水利、通信和生态环保等设施的投入情况;(2)推动提高农村公共服务水平的情况,如教育、医疗、文化、养老、社保等公共服务的投入情况;(3)深化农村配套改革的政策措施制定和执行情况,如政府部门是否采取措施有效解决传统小农经济自身难以完成或完成成本较高的农业生产环节,实现降成本,使农民收入结构更加稳定,脱贫预期更加稳定。

四是从乡村治理的维度。破解乡村治理困境是实施乡村振兴战略成败的关键。当前,我国农村面临治理危机,"村庄空心化""农户空巢化""农民老龄化"不断加剧,乡土社会的血缘性和地缘性减弱,农民组织化程度低、集体意识弱,突出表现为部分农村公共事务衰败、乡村债务严重等诸多问题;一些农村基层党组织软弱涣散,少数干部作风不实、优亲厚友,"小官巨贪"时有发生,对扶贫项目、惠农项目资金"雁过拔毛"的"微腐败"也不同程度地存在。对此,为了践行党的十九大报告中所提出的"要加强农村基层基础工作,健全自治、法治、德治相结合的乡村治理体系",在扶贫政策跟踪审计中,既要坚决查处虚报冒领、骗取套取、截留侵占、贪污私分、挥霍浪费扶贫资金,违反中央八项规定精神等问题,切实维护贫困群众利益,也要注意发现和总结各地乡村治理工作中有关自治、法治、德治好的经验做法,积极推广运用。

（二）围绕"三个统筹"，进一步推动实现扶贫政策跟踪审计全覆盖，创新完善全覆盖工作机制

2018 年 2 月，党的十九届三中全会审议通过《中共中央关于深化党和国家机构改革的决定》和《深化党和国家机构改革方案》，组建中央审计委员会，加强党中央对审计工作的领导，构建集中统一、全面覆盖、权威高效的审计监督体系，更好发挥审计监督作用。这是对审计管理体制改革的顶层设计，对于进一步推动审计全覆盖具有重要意义。面对新时代、新要求，创新扶贫政策跟踪审计全覆盖工作机制，必须要在审计理念和思路上进一步突出审计为宏观调控决策服务、为改革发展服务的作用，从过去偏重于关注审计扶贫政策执行结果到既要服务决策，又要强化对决策制定、执行过程和结果的审计，围绕"三个统筹"采取措施，有效实现全覆盖。

一是在审计资源的配置上，要加强对中央各部委审计力量的统筹。充分发挥财政审计领导小组的作用，在统筹开展财政部具体组织中央预算执行情况审计、国家发展改革委组织分配中央财政投资情况审计，以及中央各部门预算执行审计时，关注各部门贯彻落实脱贫攻坚任务分工情况，检查财政扶贫资金的分配情况、支出结构优化情况、扶贫和相关涉农资金专项设置、清理整合和管理情况等，将大数据分析的疑点推送给特派办、省审计厅在地方具体审计中核查落实，做好上下联动，在纵向上实现扶贫和相关涉农资金从设立到分配、拨付、管理、使用各个环节的全覆盖。

二是在各业务板块项目之间的衔接上，做好不同审计项目之间的统筹。扶贫专项审计、国家重大政策措施落实跟踪审计、财政收支审计、领导干部经济责任审计、社保审计、投资审计、金融审计、企业审计等各个业务板块横向之间要做好统筹，都要把乡村振兴战略相关政策、扶贫政策措施落实和扶贫资金管理使用情况作为重要内容同部署、同审计，审计结果也要纳入扶贫政策跟踪审计成果统一反映。

三是在审计重点的把握上，要强化审计内容和资金范围上的统筹。从审计内容来看，不仅要审计扶贫资金的分配管理使用情况，而且要审计产业扶贫、教育扶贫、健康扶贫、金融扶贫、社保兜底扶贫等各项精准扶贫政策措施的落实情况；从资金范围来看，不能仅仅局限于财政专项扶贫资金，凡是统筹用于贫困县脱贫攻坚的交通、教育、农业、水利、林业、卫生、环保等行业扶贫资金和各类社会帮扶资金都应纳入审计范围，做到全覆盖。

（三）完善协作机制，进一步增强以审计为枢纽的扶贫政策跟踪审计监督合力，在更高层面整合扶贫政策跟踪审计资源

在现行扶贫工作管理体制下，扶贫资金来源、用途和管理部门种类繁多，资金来源包括中央和地方财政安排的各种专项扶贫资金，在使用方向上内容相似、方向相近，重复使用、交叉投入情况比较突出。在监管上，各部门监督职责既有交叉又有盲区，各监管主体之间的沟通协调不够，多头监管、重复监管特征明显。而且由于扶贫资金的使用末端往往在基层，资金运行链条长，中间环节多，审批流程复杂，扶贫项目分布呈现出点多、面广、地点偏远等特点，单靠现行国家审计资源远不能满足审计需求，迫切需要建立多部门的审计监督协作机制，形成审计监督合力。

在操作层面上，需要构建一个发挥基础性作用的整合联系机制。在扶贫政策跟踪审计创新工作机制上，审计署 C 办和 C 市审计局、财政局、扶贫办和财政部 C 专员办（现为财政部 C 监管局）进行了积极探索，建立了扶贫政策跟踪审计工作协作机制，从审计计划安排、沟通方式、配合协作机制等方面进行了试点，从运行的情况来看，效果良好，有相对可借鉴、可复制的做法，能够以较低的成本投入实现扶贫政策监督体系的整体协调。考虑到国家审计具有法定性、独立性、专业性和全面性等特点，建议在充分厘清各扶贫工作管理部门的监督职责权限、统筹整合各部门监督优势的基础上，形成以审计为枢纽的扶贫政策跟踪审计监督合力机制，改变目前"九龙治水"多头监管的模式，最大

限度地形成扶贫政策跟踪审计合力,实现扶贫领域审计全覆盖。

（四）坚持科技强审,进一步创新扶贫信息化审计方式,向信息化要资源,向大数据要效率

大数据审计是国家审计信息化建设的重要内容,是完成审计全覆盖任务不可或缺的技术手段。2015 年 12 月印发的《中共中央办公厅 国务院办公厅关于完善审计制度若干重大问题的框架意见》明确要求"构建大数据审计工作模式,提高审计能力、质量和效率,扩大审计监督的广度和深度"。2016 年 5 月 25 日,李克强总理在中国大数据产业峰会上指出,"政府要发挥应有作用,特别是打破一个个互不相连的'信息孤岛'、消除'数据烟囱'"。2018 年 1 月 9 日,时任审计长胡泽君在全国审计工作会议上提出了"科技强审,在审计理念、审计方法上不断创新,向信息化要资源,向大数据要效率"的要求。

扶贫政策跟踪审计涉及财政、扶贫、民政、教育、医疗卫生、交通、水利、保险、银行等多个部门,各自的政策制度千差万别,信息化程度参差不齐,只能根据不同类型的审计对象,结合各项扶贫政策,对相关部门的信息系统管理、数据传输等节点进行全面摸排,立足扶贫资金管理的数字化信息化基础,科学确定大数据分析的重点环节和重点内容,才能提高审计效率。一是针对部门间已建立数据传输共享机制的情况,将大数据分析重点确定为部门间打破"信息孤岛"的措施是否真正落到实处;二是针对部门间未实现数据共享、存在"信息孤岛"的情况,进一步推动实现数据共享,将大数据分析重点确定为部门间的数据相互交叉比对,审核政策落实的"盲区";三是针对部分信息系统,存在数据来源于基层工作人员的手工填报,由于责任心、知识水平等原因,造成数据失真等问题亟待完善的情况,将大数据分析重点确定为检查系统的完整性和数据的准确性。

（五）构筑协作平台，进一步加强同各级人大监督的联系，提升扶贫政策跟踪审计整改力度和透明度

扶贫整改成果是扶贫政策跟踪审计监督工作效果发挥最直接的体现。2015 年，中共中央办公厅转发了《关于改进审计查出突出问题整改情况向全国人大常委会报告机制的意见》，这是全国人大常委会推动审计查出问题整改工作、加强和改进人大预算审查监督工作的有力举措，是探索完善人大监督工作方式的重要制度创新。人大预算联网监督，是运用现代信息网络技术加强人大预算审查监督的措施。预算联网监督工作利用"互联网+"和大数据技术，创新了人大预算审查监督的方式手段，同时也为审计整改搭建了良好的信息平台。可以考虑建立各级人大和审计机关、整改单位的联席会议制度，建议由人大牵头，其他相关部门积极配合。同时，在审计机关大数据平台中增加审计整改工作信息沟通协作平台，并与人大联网对接，在监督审计整改工作过程中实现实时的、充分的信息沟通，形成人大监督、审计监督整改合力，提高整改绩效，最大限度地克服整改监督乏力和滞后等问题。

（六）强化整改问责，进一步探索完善政府督查和审计联动机制，推动化解扶贫政策跟踪审计整改难问题

2005 年 1 月，时任浙江省委书记的习近平同志在与浙江省委督查室干部座谈时指出，督查工作很重要，它是全局工作中不可或缺的一个重要环节。近年来，我国督查和审计的联动机制已经日渐成熟，但在新的形势下，建议从以下三个方面采取措施，进一步强化该联动机制的效率与效果，以有效化解扶贫政策跟踪审计整改难的问题。

首先，加强通力合作。针对扶贫政策跟踪审计成果及发现的问题清单，具体问题具体分析，有针对性地"开方抓药"，并加强各级督查部门与审计机构的沟通与协作，增加对整改事项的督查次数，特别是针对重点区域、核心领域

和相关行业,开展以整改督查为目标的扶贫政策跟踪审计专项工作,以切实保障问题能够得到有效解决,精准落实脱贫攻坚政策。

其次,强化信息共享。各级审计机关可以将党中央、国务院,地方党委、政府重点关注的、急需解决的问题纳入正在制定的年度扶贫政策跟踪审计项目计划中,例如政府重点督查单位及其与单位相关的问题事项。另外,对审计过程中发现的一些涉及面较为广泛的、整改有较大难度的和有突出问题的事项,审计机关可以用恰当的方法通报给督查部门,有利于后者进一步掌握督查工作的难点、热点和重点,以便作出及时有效的应对。原则上,对于被审计对象上报给审计机关的整改情况报告,审计机关也应该一并抄送同级的督查部门,以利于督查部门在第一时间内掌握工作的进展情况,也有助于被审计对象更加有效且快速地解决扶贫政策跟踪审计整改工作中存在的问题和困难。

最后,提升联动成效。各级政府督查部门和审计机关要发挥各自优势,选择关注度高、涉及面广的扶贫事项开展联合调查,并对重点整改事项进行"回头看"。此外,可以借鉴党内巡视工作的"机动式"方法,进一步丰富检查监督手段,灵活、准确地发现新问题、新情况。加大督查通报和审计公告力度,督促审计对象严格落实整改要求,及时公告整改结果。对整改取得良好成效的,给予充分鼓励和政策支持;对屡查不改、屡审屡犯的,点名道姓予以曝光处理。

第三节　未来研究展望

《中共中央 国务院关于打赢脱贫攻坚战的决定》要求,到 2020 年,确保现行标准下农村贫困人口实现脱贫,消除绝对贫困等目标。中国共产党第十九届中央委员会第四次全体会议公报明确提到"坚决打赢脱贫攻坚战,建立解决相对贫困的长效机制"。因此,到 2020 年消除绝对贫困后,在相对贫困还会长期存在的情况下,我国扶贫工作的重心逐步会由消除绝对贫困转为解决"相对贫困"问题,探索建立长效机制。解决"相对贫困",就必然要求缓解和缩小城乡在教育、卫生、社会公共服务均等化等方面的差距。

实践发展永无止境,理论研究未有穷期,在扶贫工作转入解决"相对贫困"阶段,我们在新时代乡村振兴战略背景下开展的扶贫政策跟踪审计机制研究提供的政策建议,在未来一段时间仍然具有针对性和指导性。但缓解相对贫困是一项长期任务,面对的新情况新问题还很多,扶贫政策跟踪审计研究需要在哪些方面进一步探索,才能为下一步深化扶贫政策跟踪审计工作、适应扶贫工作重心的转变提供理论支持和实践指导呢? 这将是扶贫政策跟踪审计实务工作者与研究工作者在未来亟待共同探索的重要课题。

主要参考文献

[1][印度]阿马蒂亚·森:《贫困与饥荒——论权利与剥夺》,王宇、王文玉译,商务印书馆 2001 年版。

[2]白描等:《中国精准扶贫政策体系的演变》,见《扶贫蓝皮书:中国扶贫开发报告(2017)》,社会科学文献出版社 2018 年版。

[3]白晓波:《我国产业化扶贫及其对策研究——基于铜仁地区的实践分析》,华北电力大学 2015 年硕士学位论文。

[4]蔡春、唐凯桃、刘玉玉:《政策执行效果审计初探》,《审计研究》2016 年第 4 期。

[5]曾盛聪:《资产收益扶持制度在精准扶贫中的作用及其实现》,《探索》2016 年第 6 期。

[6]曾稳祥:《深化政策评估审计 推动完善国家治理》,《审计研究》2012 年第 4 期。

[7]曾小溪、汪三贵:《中国大规模减贫的经验:基于扶贫战略和政策的历史考察》,《西北师大学报(社会科学版)》2017 年第 6 期。

[8]陈平泽、方宝璋:《审计如何破解政策落实结构性困境——基于三个支农政策项目资金审计案例的分析》,《审计研究》2015 年第 2 期。

[9]陈伟:《基于可视化分析技术的大数据审计案例研究》,《中国注册会计师》2019 年第 6 期。

[10]陈新秀:《财政扶贫资金绩效审计探究》,《时代金融》2016 年第 26 期。

[11]陈志、丁士军、吴海涛:《帮扶主体、帮扶措施与帮扶效果研究——基于华中 L 县精准扶贫实绩核查数据的实证分析》,《财政研究》2017 年第 10 期。

[12]程承坪、邹迪:《新中国 70 年扶贫历程、特色、意义与挑战》,《当代经济管理》

2019 年第 9 期。

　[13]程平、白沂:《大数据时代基于财务共享服务模式的 IT 审计》,《会计之友》2016 年第 24 期。

　[14]崔雯雯:《基于国家治理的国家审计问责机制:理论与实证研究》,北京交通大学 2017 年博士学位论文。

　[15]《邓小平文选》第二卷,人民出版社 2014 年版。

　[16]杜润生:《杜润生自述:中国农村体制变革重大决策纪实》,人民出版社 2005 年版。

　[17]樊士德:《国家治理现代化视角下政策审计的功能定位与路径选择》,《中国行政管理》2016 年第 12 期。

　[18]房巧玲、李登辉:《基于 PSR 模型的领导干部资源环境离任审计评价研究——以中国 31 个省区市的经验数据为例》,《南京审计大学学报》2018 年第 2 期。

　[19][美]米尔顿·弗里德曼:《资本主义与自由》,张瑞玉译,商务印书馆 2004 年版。

　[20]付卫东、曾新:《十八大以来我国教育扶贫实施的成效、问题及展望——基于中西部 6 省 18 个扶贫开发重点县(区)的调查》,《华中师范大学学报(人文社会科学版)》2019 年第 5 期。

　[21]谷志军:《决策问责及其体系构建研究》,浙江大学 2014 年博士学位论文。

　[22]顾春、黄俊晨:《审计机关地位、审计目标定位与政府审计整改》,《会计之友》2014 年第 7 期。

　[23]郭春甫、薛倩雯:《扶贫政策执行中的形式主义:类型特征、影响因素及治理策略》,《理论与改革》2019 年第 5 期。

　[24]国家行政学院编写组编著:《中国精准脱贫攻坚十讲》,人民出版社 2016 年版。

　[25]国家统计局:《改革开放 40 年经济社会发展成就系列报告之五——扶贫开发成就举世瞩目 脱贫攻坚取得决定性进展》,2018 年。

　[26]国务院扶贫开发领导小组办公室编:《扶贫工作文件汇编(1978—2000)》,2004 年。

　[27]国务院扶贫开发领导小组办公室编:《中国农村扶贫大事辑要(1978—2000)》,2001 年。

　[28]何菊莲、王善平:《脱贫攻坚效能审计:监管困境与机制完善》,《湖湘论坛》2019 年第 2 期。

[29]侯丽芳:《审计整改问题的制度渊源和长效化解机制》,《会计之友》2018 年第 18 期。

[30]胡大力、罗果信:《财务报告内部控制缺陷、整改与审计收费"粘性"》,《税务与经济》2017 年第 5 期。

[31]黄承伟、刘欣:《新中国扶贫思想的形成与发展》,《国家行政学院学报》2016 年第 3 期。

[32]黄承伟:《我国新时代脱贫攻坚阶段性成果及其前景展望》,《江西财经大学学报》2019 年第 1 期。

[33]黄承伟:《中国扶贫开发道路研究:评述与展望》,《中国农业大学学报(社会科学版)》2016 年第 5 期。

[34]黄溶冰:《国家审计的威慑性、回应性和预防性的协同效应》,《系统管理学报》2017 年第 1 期。

[35]黄溶冰:《基于 PSR 模型的自然资源资产离任审计研究》,《会计研究》2016 年第 7 期。

[36]黄溶冰:《审计处理、审计整改与财政收支违规行为》,《财经理论与实践》2017 年第 2 期。

[37]靳思昌:《双罚制视阈下国家审计整改效果研究》,《宏观经济研究》2019 年第 7 期。

[38]靳永翥、丁照攀:《贫困地区多元协同扶贫机制构建及实现路径研究——基于社会资本的理论视角》,《探索》2016 年第 6 期。

[39]寇永红、吕博:《财政扶贫资金绩效审计工作现状及改进措施》,《审计研究》2014 年第 4 期。

[40][美]讷克斯:《不发达国家的资本形成问题》,谨斋译,商务印书馆 1966 年版。

[41]雷安琪、杨国涛:《中国精准扶贫政策的国际比较——基于印度、巴西扶贫政策的案例分析》,《价格理论与实践》2018 年第 12 期。

[42]雷俊生:《基于信息管理的审计整改报告机制研究》,《社会科学》2017 年第 12 期。

[43]雷俊生:《审计问责研究》,南京大学 2013 年博士学位论文。

[44]李博英、尹海涛:《领导干部自然资源资产离任审计方法研究——基于模糊综合评价理论的分析》,《审计与经济研究》2016 年第 6 期。

[45]李丹、李鹏、杨璐:《民族地区精准扶贫与农村低保制度联动研究》,《农村经

济》2017 年第 12 期。

[46]李军:《国家扶贫资金审计监督的深化探讨》,《现代经济信息》2016 年第 3 期。

[47]李俊杰、吴宜财:《民族地区产业扶贫的经验教训及发展对策》,《中南民族大学学报(人文社会科学版)》2019 年第 5 期。

[48]李培林、魏后凯、吴国宝主编:《中国扶贫开发报告(2017)》,社会科学文献出版社 2018 年版。

[49]李鹏、朱成晨、朱德全:《职业教育精准扶贫:作用机理与实践反思》,《教育与经济》2017 年第 6 期。

[50]李鹏杰:《浅谈财政扶贫专项资金绩效审计》,《财会研究》2016 年第 6 期。

[51]李齐辉:《国家治理视角的制度审计探讨》,《审计研究》2013 年第 5 期。

[52]李晓星、杜军凯、傅尧:《基于结构熵权—模糊综合评价的企业环境绩效审计模型构建》,《企业经济》2018 年第 2 期。

[53]李渊文:《我国扶贫资金审计监督机制创新研究——以重庆市扶贫资金审计监督为例》,西南大学 2010 年硕士学位论文。

[54]李越冬、崔振龙、王星雨、聂光光:《最高审计机关在维护财政政策长期可持续性领域的经验与启示——基于 48 个国家最高审计机关的审计实践》,《审计研究》2015 年第 3 期。

[55]李志平:《扶贫开发与社会保障政策的最优组合与效果模拟》,《经济评论》2017 年第 6 期。

[56]李周:《社会扶贫的经验、问题与进路》,《求索》2016 年第 11 期。

[57]联合国:《千年发展目标 2015 年报告》,2015 年。

[58]刘国斌、马嘉爽:《脱贫攻坚体制机制创新研究》,《商业研究》2018 年第 6 期。

[59]刘国城、陈正升:《大数据审计的发展态势、总体策划与流程分析》,《会计之友》2019 年第 8 期。

[60]刘国城、黄崑:《扶贫政策跟踪审计机制研究》,《审计研究》2019 年第 3 期。

[61]刘国城、王会金:《大数据审计平台构建研究》,《审计研究》2017 年第 6 期。

[62]刘国城、王会金:《基于 AHP 和熵权的信息系统审计风险评估研究与实证分析》,《审计研究》2016 年第 1 期。

[63]刘家义:《论国家治理与国家审计》,《中国社会科学》2012 年第 6 期。

[64]刘建民:《农村金融制度创新支持精准脱贫的难点与对策——基于我国中西部金融扶贫的调研》,《学术论坛》2018 年第 5 期。

［65］刘静：《完善扶贫资金审计的对策研究》，《审计研究》2016 年第 5 期。

［66］刘俊生、何炜：《从参与式扶贫到协同式扶贫：中国扶贫的演进逻辑——兼论协同式精准扶贫的实现机制》，《西南民族大学学报（人文社科版）》2017 年第 12 期。

［67］刘利：《国内外政策执行效果审计比较及借鉴》，《财务与会计》2016 年第 19 期。

［68］刘明慧、侯雅楠：《财政精准减贫：内在逻辑与保障架构》，《财政研究》2017 年第 7 期。

［69］刘同德、郭振：《电子商务对农村扶贫开发工作的影响分析——以青海省民和县"农村淘宝"项目为例》，《青海社会科学》2016 年第 6 期。

［70］刘玉蓉、定明捷：《政府利益对政策执行的影响及应对》，《湖北行政学院学报》2003 年第 1 期。

［71］龙子午、王云鹏：《大数据时代对 CPA 审计风险与审计质量的影响探究》，《会计之友》2016 年第 8 期。

［72］鲁清仿、魏欣媛：《大数据对审计风险准则影响探究》，《财会通讯》2015 年第 7 期。

［73］吕劲松、黄崑：《乡村振兴战略背景下扶贫审计创新研究》，《审计研究》2018 年第 4 期。

［74］吕劲松、王志成、王秦辉、徐权：《大数据环境下商业银行审计非结构化数据研究》，《软科学》2017 年第 1 期。

［75］吕劲松、张金若、黄崑：《扶贫政策跟踪审计能促进脱贫攻坚吗？——基于西南四省/直辖市的经验证据》，《财政研究》2019 年第 5 期。

［76］［英］马尔萨斯：《人口论》，周进编译，北京大学出版社 2007 年版。

［77］马志娟、梁思源：《大数据背景下政府责任审计监督全覆盖的路径研究》，《审计研究》2015 年第 5 期。

［78］马志娟：《腐败治理、政府问责与经济责任审计》，《审计研究》2013 年第 6 期。

［79］孟志华、李晓冬、余瀚：《3S 技术应用于政府绩效审计的作用机理探析》，《西安财经学院学报》2018 年第 2 期。

［80］欧阳煌：《精准扶贫战略落实与综合减贫体系构建思考》，《财政研究》2017 年第 7 期。

［81］秦荣生：《大数据、云计算技术对审计的影响研究》，《审计研究》2014 年第 6 期。

［82］邱玉慧、吕天阳、李建新：《基本养老保险政策执行情况审计指标体系研究》，

《审计研究》2013 年第 1 期。

[83]曲明:《我国政府绩效审计评价标准体系框架构建》,《财经问题研究》2016 年第 5 期。

[84][美]保罗·萨缪尔森、威廉·诺德豪斯:《经济学》(第十九版),萧琛主译,商务印书馆 2015 年版。

[85]上海市审计学会课题组:《政策措施落实情况跟踪审计实务研究》,《审计研究》2017 年第 3 期。

[86]审计署重庆特派办理论研究会课题组:《政策措施落实情况跟踪审计中提高审计判断质量的路径分析》,《审计研究》2017 年第 3 期。

[87]世界银行:《2000/2001 年世界发展报告:与贫困作斗争》,中国财政经济出版社 2001 年版。

[88]宋才发:《教育扶贫是巩固民族地区精准脱贫效果的重大举措》,《南宁师范大学学报(哲学社会科学版)》2019 年第 5 期。

[89]宋常、赵懿清:《投资项目绩效审计评价指标体系与框架设计研究》,《审计研究》2011 年第 1 期。

[90]宋卫平:《深化扶贫审计路径探析》,《审计月刊》2018 年第 12 期。

[91]苏孜、程霞、卫冰清:《自然资源经济责任审计评价指标体系探究——基于层次分析法》,《南京审计大学学报》2017 年第 2 期。

[92]孙德超、曹志立:《产业精准扶贫中的基层实践:策略选择与双重约束——基于 A 县的考察》,《社会科学》2018 年第 12 期。

[93]孙久文、林万龙:《中国扶贫开发的战略与政策研究》,科学出版社 2018 年版。

[94]孙泽宇:《基于大数据的财务报告审计方法研究》,《会计之友》2016 年第 8 期。

[95]汤二子:《新时代全面深化改革之战略及策略的国家审计研究——以旅游扶贫审计为例》,《财贸研究》2019 年第 2 期。

[96]汪磊、汪霞:《易地扶贫搬迁前后农户生计资本演化及其对增收的贡献度分析——基于贵州省的调查研究》,《探索》2016 年第 6 期。

[97]汪三贵、胡骏:《从生存到发展:新中国七十年反贫困的实践》,《农业经济问题》2020 年第 2 期。

[98]王稚文、华小琴:《低水平均衡陷阱与临界最小努力理论模型探析》,《西北成人教育学报》2012 年第 3 期。

[99]王爱国、杨美艳、刘毅:《我国生态文明绩效审计评价指标体系构建与应

用——以山东省为例》,《山东社会科学》2017 年第 5 期。

[100]王爱云:《改革开放 40 年中国农村扶贫开发历程与经验》,《泰山学院学报》2019 年第 1 期。

[101]王春飞、张雅靖、郭云南:《中央预算执行审计:问题及整改——基于国家治理的视角》,《学术研究》2016 年第 9 期。

[102]王翠琳、赵珈:《基于审计整改的国家审计效果研究》,《财会月刊》2017 年第 24 期。

[103]王帆、谢志华:《政策跟踪审计理论框架研究》,《审计研究》2019 年第 3 期。

[104]王海宝、施国庆、严登才:《精准扶贫视角下扶贫移民成本分担机制的构建》,《云南社会科学》2016 年第 6 期。

[105]王建华、杨才园、谢玉梅:《农村扶贫方式的政策取向及其演进逻辑——基于中央"一号文件"的文本梳理》,《改革》2019 年第 9 期。

[106]王静、包翰林:《国家审计是否带来了财政资金安全?——来自地方审计机关的经验证据》,《南京审计大学学报》2018 年第 6 期。

[107]王平波:《我国政策执行跟踪审计基本问题研究》,《财政研究》2013 年第 2 期。

[108]王善平、谢妙、唐红:《财政扶贫资金审计监管的"无影灯效应"改进研究》,《湖南师范大学社会科学学报》2013 年第 4 期。

[109]王素梅:《中国特色常态化行政问责机制中的国家审计理论创新与实践探索》,《会计研究》2015 年第 7 期。

[110]王薇、曹亚:《基于 BP 神经网络的政府突发事件应急管理能力评价》,《科技管理研究)》2018 年第 19 期。

[111]王维、向德平:《风险社会视域下产业扶贫的风险防控研究》,《陕西师范大学学报(哲学社会科学版)》2019 年第 5 期。

[112]王雯婷、张小竹、陶然、高烨松、蒋红光:《大数据对 CPA 审计的影响》,《中国注册会计师》2016 年第 7 期。

[113]王晓军、刘加林、朱强:《互联网金融精准扶贫认知及其行为影响研究》,《统计与决策》2018 年第 24 期。

[114]王薛:《国家监察制度改革背景下的政府审计整改推进研究》,《财会通讯》2019 年第 10 期。

[115]王延军、张筱:《经济政策审计评价作用机制研究》,《管理世界》2017 年第 7 期。

[116]王志章、韩佳丽:《贫困地区多元化精准扶贫政策能够有效减贫吗?》,《中国软科学》2017年第12期。

[117]魏建祥:《大数据环境下政府审计模式的转变》,《财会月刊》2016年第22期。

[118]魏乾梅:《内部审计评价指标体系研究》,《社会科学家》2015年第5期。

[119]吴梓境、张波:《引导基金参与产业扶贫的机理与模式探索》,《人民论坛学术前沿》2018年第24期。

[120]《习近平扶贫论述摘编》,中央文献出版社2018年版。

[121]熊丽、李达:《乡村精准扶贫:历史演进、管理构建与未来发展》,《攀登》2017年第4期。

[122]熊丽:《立下愚公志　共奔小康路——党的十八大以来我国扶贫开发工作取得的成就》,《经济》2017年第11期。

[123]胥毅:《新常态、新理念下精准扶贫政策落实跟踪审计研究》,《审计与理财》2016年第10期。

[124]徐荣华、程璐:《国家审计促进体制机制完善的路径研究》,《中国审计评论》2019年第2期。

[125]徐向真、陈文慧:《公共政策与我国农业政策审计研究》,《华南农业大学学报(社会科学版)》2014年第2期。

[126]许汉泽:《新中国成立70年来反贫困的历史、经验与启示》,《中国农业大学学报(社会科学版)》2019年第5期。

[127](东汉)许慎:《说文解字》,吉林美术出版社2015年版。

[128]燕连福、赵建斌、王亚丽:《70年我国农村扶贫工作取得巨大成就　创造史上伟大奇迹》,《经济日报》2019年10月16日。

[129]杨骅骝、周绍杰、胡鞍钢:《中国式扶贫:实践、成就、经验与展望》,《国家行政学院学报》2018年第6期。

[130]杨阳:《地方党政领导干部经济责任审计评价与管理路径》,《社会科学家》2018年第11期。

[131]杨志银:《扶贫资金安全运行与监管研究——以贵州省为例》,《上海经济研究》2017年第4期。

[132]叶敬忠、豆书龙、张明皓:《精准脱贫与社会建设的有机衔接:理论逻辑、实践困境与路径选择》,《南京农业大学学报(社会科学版)》2019年第5期。

[133]张超、王嘉薇、万光彩:《西藏连片特困地区精准扶贫综合绩效评价研究》,

《西藏大学学报（社会科学版）》2018 年第 4 期。

［134］张川、娄祝坤、甘甜：《政府审计效能对审计工作成果的影响研究——来自中国省级审计机关的经验证据》，《会计与经济研究》2013 年第 3 期。

［135］张春美、黄红娣、曾一：《乡村旅游精准扶贫运行机制、现实困境与破解路径》，《农林经济管理学报》2016 年第 6 期。

［136］张道潘、刘世林：《新时代我国政府审计机制创新路径研究》，《中国审计评论》2019 年第 2 期。

［137］张冬雪、牛海鹏：《基于熵权模糊综合评价法的耕地保护经济补偿农户满意度评价——以成都市耕地保护基金为例》，《资源开发与市场》2018 年第 3 期。

［138］张海兰、张月明：《试论构建审计发现问题督导整改机制研究》，《经济研究参考》2013 年第 41 期。

［139］张思锋、汤永刚、胡晗：《中国反贫困 70 年：制度保障、经济支持与社会政策》，《西安交通大学学报（社会科学版）》2019 年第 5 期。

［140］张松彪、曾世宏、袁旭宏：《精准扶贫视阈下城乡居民低保资源配置差异及瞄准效果比较分析——基于 CHIP2013 数据的实证》，《农村经济》2017 年第 12 期。

［141］张伟宾：《扶贫政策、收入分配与中国农村减贫》，《农业经济问题》2013 年第 2 期。

［142］张文娟、马凯悦、金良：《基于多维贫困测度的贫困识别及扶贫策略研究——以内蒙古自治区兴安盟科右中旗为例》，《干旱区资源与环境》2019 年第 12 期。

［143］张翼：《当前中国精准扶贫工作存在的主要问题及改进措施》，《国际经济评论》2016 年第 6 期。

［144］张振波、金太军：《国家治理体系中政策审计体制改革研究》，《行政论坛》2018 年第 5 期。

［145］赵景媛：《政策跟踪审计方法及成果运用探析》，《财会通讯》2018 年第 13 期。

［146］赵明浩、谢军：《企业财务报告审计：大数据作用机理与实现路径》，《财务与会计》2017 年第 17 期。

［147］郑伟、张立民、杨莉：《试析大数据环境下的大数据审计模式》，《审计研究》2016 年第 4 期。

［148］曾小溪、汪三贵：《中国大规模减贫的经验：基于扶贫战略和政策的历史考察》，《西北师大学报（社会科学版）》2017 年第 6 期。

［149］中国国际扶贫中心课题组：《世界各国贫困标准研究——中国国际扶贫中心

研究报告》,2010年。

[150]本书编委会编写:《一个都不能少:中国扶贫故事》,当代世界出版社2020年版。

[151]中华人民共和国国务院新闻办公室:《中国的农村扶贫开发》,2001年10月,见 www.gov.cn/zwgk/2005-05/26/content_1293.html。

[152]周睿:《长江经济带沿线省市生态现代化综合评价》,《现代经济探讨》2019年第9期。

[153]周泽将、陈骏:《国家善治导向下公共政策审计优化研究——基于政策科学的视角》,《江海学刊》2017年第5期。

[154]朱小玲、陈俊:《建国以来我国农村扶贫开发的历史回顾与现实启示》,《生产力研究》2012年第5期。

[155]Danielle Lombardi, R. Bloch, etc., "The Current State and Future of the Audit Profession", *Current Issues in Auditing*, Vol.9, No.1, 2015.

[156]Dash, S., Das K.K., "Study of Food Security Schemes in Odisha: A Performance Evaluation", *International Journal of Research in Economics and Social Sciences*, Vol. 6, No.8, 2016.

[157]Helen Brown-Liburd, Hussein Issa, Danielle Lombardi, "Behavioral Implications of Big Data's Impact on Audit Judgment and Decision Making and Future Research Directions", *Accounting Horizons*, Vol.29, No.2, 2015.

[158]Helen Brown-Liburd, Miklos A., "Vasarhelyi. Big Data and Audit Evidence", *Journal of Emerging Technologies in Accounting*, Vol.12, No.1, 2015.

[159]Hussein Issa, H. Brown-Liburd, etc., "Behavioral Implications of Big Data's Impact on Audit Judgment and Decision Making and Future Research Directions", *Accounting Horizons*, Vol.29, No.2, 2015.

[160]K.Setty, R. Bakhshi., "What is Big Data and What Does it Have to Do with it Audit?", *Molecular Biology of the Cell*, Vol.18, No.9, 2013.

[161] K. Yoon, L. Hoogduin, Z. Li, "Big Data as Complementary Audit Evidence", *Accounting Horizons*, Vol.29, No.2, 2015.

[162] K. C. Moffitt, M. A. Vasarhelyi, "AIS in an Age of Big Data", *Journal of Information*, Vol.27, No.2, 2013.

[163]M.Alles, G.L.Gray., "Incorporating Big Data in Audits: Identifying Inhibitors and a Research Agenda to Address hose Inhibitors", *International Journal of Accounting Informa-*

tion Systems, Vol.22, No.7, 2016.

[164] M.Cao, R.Chychyla, T.Stewart, "Big Data Analytics in Financial Statement Audits", *Accounting Horizons*, Vol.29, No.2, 2015.

[165] M.Costonis, "Tackling Big Data", *Bests Review*, Vol.33, No.7, 2013.

[166] Mitra, S., "Disability Cash Transfers in the Context of Poverty and Unemployment: The Case of South Africa", *World Development*, Vol.38, No.12, 2010.

[167] N.Francis, S.Kurian, "Freight Audit Using Mapreduce Framework for Big-data application", *International Journal of Latest Trends in Engineering and Technology (IJLTET)*, Vol.5, No.2, 2015.

[168] Townsend, P., "*The Meaning of Poverty*", British Journal of Sociology, 1962.

[169] UNDP, *The Human Development Report 2016: Human Development for Everyone*, New York: United Nations Development Programme, 2016.

[170] World Bank, *World Development Report 2000/2001: Attacking Poverty*, Oxford, England: Oxford University Press, 2001.

[171] Yamamori, T., "*The Smithian Ontology of 'Relative Poverty': Revisiting the Debate between Amartya Sen and Peter Townsend*", Journal of Economic Methodology, 2019.

[172] Yesudian, C.A.K., "Poverty Alleviation Programmes in India: a SocialAudit", *Indian Journal of Medical Research*, Vol.126, No.4, 2007.

策划编辑：郑海燕
封面设计：石笑梦
封面制作：姚　菲
版式设计：胡欣欣　王欢欢
责任校对：黎　冉

图书在版编目（CIP）数据

新时代扶贫政策跟踪审计机制研究/吕劲松 等 著. —北京：人民出版社，2021.2
ISBN 978－7－01－023085－6

Ⅰ.①新…　Ⅱ.①吕…　Ⅲ.①扶贫-研究-中国　Ⅳ.①F126

中国版本图书馆 CIP 数据核字（2021）第 002175 号

新时代扶贫政策跟踪审计机制研究
XINSHIDAI FUPIN ZHENGCE GENZONG SHENJI JIZHI YANJIU

吕劲松　等 著

人民出版社 出版发行
（100706　北京市东城区隆福寺街 99 号）

中煤（北京）印务有限公司印刷　新华书店经销

2021 年 2 月第 1 版　2021 年 2 月北京第 1 次印刷
开本：710 毫米×1000 毫米 1/16　印张：17.25
字数：240 千字

ISBN 978－7－01－023085－6　定价：72.00 元

邮购地址 100706　北京市东城区隆福寺街 99 号
人民东方图书销售中心　电话（010）65250042　65289539